從
查理大帝
到歐元

歷史激盪與變局中
的歐洲統一夢

FROM
CHARLEMAGNE
TO
EURO

EUROPE'S DREAM TO BE INTERGRADED

DW《德國之聲》經濟記者
張丹紅————著

獻給我深愛的父母——張清政和戴存改

PREFACE

繁體中文版序
致臺灣讀者

大家好！

我和臺灣很有緣。一九八八年底我離開北京的父母來德國留學不久，便結識了一位來自臺北的陳大哥。他對我很關照，為人正派、誠懇。可惜他後來轉學去了其他城市，我們失去聯絡。一九九〇年我到「德國之聲」中文部工作，受到當時第一播音員張先生的耐心指點。他曾是臺灣央廣的「大腕兒」（重要台柱），據說當年播瓊瑤小說的時候迷倒了一批少女。沒想到張先生是老北京，京腔兒圓潤正宗，讓我自慚形穢。

當初簽合同的時候，德國之聲中文部主任對我說：「如果您願意的話，可以在這裡工作四十多年。」我當時無論如何不能想像。可是現在一晃已經過去了二十七年。在這期間我出差採訪無數，最難忘的是二〇〇八年春天的臺灣之行。那時候臺灣選戰正酣，每位計程車司機談起政治來都頭頭是道。我每天從早忙到晚，和新聞局的工作人員都混熟了。他們那麼淳樸熱情，盡全力為世界各地的記者提供便利。可惜那一次沒有觀光的時間，只是在奔赴機場之前匆匆看了故宮博物院的珍藏。我感慨萬千：原來北京的宮殿不過是空殼，裡面的寶貝都在臺北。

那年從臺灣回到德國之後，馬上面對因北京奧運會而掀起的中國熱。我參加電視臺的脫口秀，接受報紙採訪，為德國人講解中國，雖然搭進了幾乎所有的業餘時間，也是樂在其中。後來發生的事情臺灣也有報導。我的兩個體會是：一個人出名往往是意外的事故；所謂的公眾人物很容易被貼上標籤。我希望讀者不給我貼標籤，而是讀了我的書之後再做評判。

回過頭來，我要感謝二〇〇八年的那場運動，因為它讓我從中文部轉到了經濟部，從遠距離關注中國到零距離體驗並理解歐洲。這讓我開闊了視野，磨練了德語。二〇一五年，作為對我多年工作的認可，德國之聲給了我一個專欄園地「閒話德國」，讓我成為德國少數幾個非母語專欄作者之一。

在用德語把我對德國的心得與德國人分享的同時，我開始用中文梳理歐洲的歷史。經過與長江文藝出版社副社長黎波先生的交流，我決定用統一夢這條紅線來講歐洲的故事，並由此找到了與中國歷史的切合點。由於歐洲融合的工程還在繼續，我在書的最後一章不能不涉及時政。這就留下了一個遺憾：當把最後校對的一版發給出版社的時候，之後發生的事情我就無法向讀者報告或為讀者分析了。

換句話說，二〇一七年歐洲的變化我在書中都「鞭長莫及」了。而偏偏這一年歐洲的政壇精彩紛呈。今年歐盟四個重要國家——荷蘭、法國、德國和奧地利舉行大選。荷蘭和法國的民粹黨咄咄逼人，並揚言一旦當政就退出歐元區和歐盟舉行公投。結果，荷蘭自由黨和法國國民陣線都敗下陣來，讓歐盟傳統政黨和主流社會鬆了口氣。

兩國國情不同。荷蘭自由黨是歐洲各國民粹勢力中最偏激的，綱領只有一個：禁止《古蘭經》，關閉清真寺。該黨黨員只有黨主席維爾德斯（Geert Wilders）一人。也許他的潛在支持者也認為這個黨抗議可以，執政就太不靠譜（可靠）了。而且在任的保守黨向右邁出一大步，上天又在選舉前夕為首相呂特（Mark Rutte）提供了一個向土耳其顯示強硬態度的契機，使他順利當選連任。法國擊敗國民陣線的不是兩大傳統政黨當中的一個，而是黑馬馬克宏（Emmanuel Macron）。有人稱他是超性別的誘惑者。意思是說他對兩個性別的人都具有強大的吸引力。馬克宏的當選為歐盟贏得了五年寶貴時間。

德國九月的議會選舉基本沒有懸念——二〇一七年年初社民黨候選人引發的舒爾茲效應如曇花一現，梅克爾（Angela Dorothea Merkel）的支持率已恢復到難民危機之前的水準。她第四任期的唯一未知數是誰來當執政夥伴。梅克爾和馬克宏的蜜月期已經開始，德法發動機將在德國選舉後重新開足馬力。

奧地利將在十月提前大選。新總理很可能是歐盟政治神童庫爾茨（Sebastian Kurz）。在這位三十一歲的帥哥面前，馬克宏都顯得老成了。其實庫爾茨的政治經驗遠比馬克宏豐富。與自由派馬克宏相比，庫爾茨是強硬的保守派，在難民危機中是梅克爾的強勁對手。他的當選將使德奧兩國繼續在難民問題上展開博弈。不過，奧地利關緊國門表面上與柏林唱反調，實際上卻將大大減輕梅克爾面臨的內政上的壓力。這是政治上的辯證法。

同樣聽起來不可思議的是：別看梅克爾最看不上川普（Donald Trump），但川普的當選在某種程度上挽救了歐盟，挽救了梅克爾。因為川普就職後的一系列表現使歐盟明白美國大哥靠不住，要自己掌握自己的命運；同時也讓德國人慶幸地發現，自己的總理太穩重、太值得信賴了。川普越是貽笑大方，梅克爾的支持率就越是上揚。

歐盟得到的另一劑強心針來自倫敦。英國脫歐為歐盟領導層敲響了警鐘，讓他們知道聯盟不斷擴大不是一個自然規律，歷史也會開倒車。本想成為柴契爾夫人第二的德蕾莎·梅伊（Theresa May）徹底失算，毫無必要地提前選舉，痛失議會多數，這與她的前任輕率舉行脫歐公投有著驚人的相似之處。

從短期來說，歐盟的最大挑戰是與英國的退歐談判；中期來說，最大的不安定因素是歐元，國債危機、銀行危機都沒有解決，只不過歐洲央行的量化寬鬆政策暫時控制了火勢；從長期來說，對歐盟的最大威脅可能是一個不起眼的法律條文——避難法。因為這項世界上獨一無二的法律理論上給了歐洲之外六十億人口打官司來歐洲移民的可能。假如他們當中的千分之一起這個念頭，就足以動搖歐洲的文化、宗教和政治根基了。這也許是我下一本書探討的話題。

感謝臺灣大雁文化大寫事業部出版《從查理大帝到歐元》的繁體版。希望讀我的書給您帶來愉快。

張丹紅

二〇一七年七月於科隆

自序

查理的遺骸和施密特的遺訓

只有瞭解歷史，才能理解當今。歐元危機爆發之後，我因為不明白為什麼不能把希臘從歐元區開除；或者德國為何出來單幹，所以就開始讀歐元的歷史，進而一發不可收拾，不斷地追蹤溯源。讀完歐洲血雨腥風、驚心動魄的歷史，感覺拿在手裡的歐元紙幣分量變重了。儘管這個「年輕」的貨幣很不完美；儘管它的前途還不明朗，但它無疑是迄今為止歐洲融合進程中最大的成功。

曾幾何時，歐洲是種族滅絕理論和大規模殺傷性武器的實驗場。二戰結束時，我的第二故鄉——科隆差不多只剩下了一座大教堂。因此，對德國前總理柯爾來說，歐洲融合、貨幣聯盟始終是一個事關戰爭與和平的問題。不過，當歐洲在柯爾和密特朗的率領下走上貨幣聯盟的不歸路，當歐元在二〇〇二年成為看得見、摸得著的貨幣之後，柯爾不得不承認，放棄國家主權的「歐羅巴合眾國」是不現實的，歐洲在現階段只能是一個建立在民族國家基礎上的歐洲。[1]二戰後歐洲大陸的主要領導人當中，只有戴高樂保持了這一清醒的認識，而他在世時曾被嘲笑為思維停留在十九世紀的政治家。

是歐洲的政治精英操之過急了？歐洲層面的決策專案交給老百姓表決時，經常是凶多吉少，直到英國公投退歐——不可能發生的事情發生了。以往政治決策人說「我們沒有第二套方案」的時候，你知道他們只是說說而已，實際上早有替代的計畫。但這一次，他們說的是實話，他們不知所措。

不過，歐洲的歷史其實是一部「統一——失敗——再嘗試」的歷史。第一個實現統一夢想的是西元八九世紀之交的查理大帝（Charles Ier le Grand）。他的帝國囊括今天的德、法、意、荷、比、盧，正是一九五七年歐洲共同體成立之初的版圖。查理大帝還創造了一種統一的貨幣，它是歐元的始祖，可惜這種貨幣和他的帝國一樣短命。查理大帝去世後帝國一分為三，奠定了後來法國和德國的雛形。換句話說，德意志和法蘭西的祖先都是查理大帝的兒子。他們的後裔遍及歐洲其他國家的王室。歐洲各國之間的親屬關係剪不斷，理還亂。

由於查理大帝的出生地不詳，德國和法國競相充當他的祖國。德國略佔優勢，因為查理大帝為帝國選定的首都亞琛（Aachen）是一個道地的德國城市。不過，想通了歐洲本是一個大家庭，那麼追究查理大帝到底是哪國人便完全沒有必要。他是第一個歐洲人。而他選中的首都亞琛雖然地處德國，但其又可說是德國最歐洲化的城市。

亞琛與荷蘭和比利時接壤，有著馬斯垂克（Maastricht）、史特拉斯堡（Straßburg）這類歐洲邊界小城獨特的開放和多元化氛圍。除此之外，查理大帝的身影無處不在。亞琛市歷史博物館名為「查理中心」；「查理之路」帶你領略亞琛市中心的歷史和現代化建築；每年該市頒發「查理獎」，表彰為歐洲融合做出傑出貢獻的人物。我在書中提及的政治家大多是「查理獎」得主。

走進亞琛大教堂的珍寶館，站在承載查理頭蓋骨的皇冠和腿骨的聖龕面前，你似乎能感覺到他的氣場。那座大教堂是查理在世時開始修建的，其最有名的珍藏是瑪利亞遺物箱，裡面有耶穌用過的一塊尿布。[2]查理是虔誠的基督徒，每征服一個地區，便強迫那裡的人民皈依基督教。由此看來，他不但統一疆域，而且還為他的「歐洲聯盟」確定了宗教和文化走向——基督教文化。有意思的是，他稱自己的帝國為「神聖羅馬帝國」，自視為古羅馬遺產的承繼者。

而古羅馬並非是歐洲自我認同的開始。羅馬是站在希臘肩膀上發展壯大的。德國前總理施密特（Helmut Herinrich Waldemar）曾經對我說：「歐洲認同開始於亞歷山大大帝。」所以我的書也將從這位馬其頓國王開始。

二〇一四年秋天，也就是施密特去世前一年，我有幸隨著著名旅德華人、作家關愚謙在漢堡《時代週報》編輯部[3]拜訪了這位智慧的老人。當時已九十五歲高齡的施密特仍然才思敏捷，說出的話加上標點就是一篇文章。越是煙霧繚繞（兩個小時裡他吸了至少十五支煙）、他就越有精神。我們天南地北地聊。在他看來，歐洲貨幣聯盟犯了一個錯誤：好大喜功，誰都要拉進來，其實六七個國家足矣。施密特說：「也許我老了，所以對歐洲的未來比較悲觀。」五十年後歐洲人在世界人口中所占比例將微不足道。「從長遠來說，穆斯林將是世界上最強大的力量。」過去的幾個月裡，我不斷回想起老總理的這句話。

二〇一六年十一月十五日於德國科隆

contents

目錄

chapter 1

宗教統一：沒有群眾基礎

chapter 2

文化統一：缺乏共同語言

chapter 3

武力統一：強摘的瓜不甜

chapter 4

政治統一：各打各的算盤

chapter 5

貨幣統一：歐元在德法較勁中呱呱落地

chapter 6

統一夢未圓已破

CHAPTER 1

宗教統一沒有群眾基礎

二〇一五年七月五日，希臘人民高傲地昂起頭，在全民公投中對債權機構的救助條件說「不」。僅僅一周之後，總理齊普拉斯（Alexis Tsipras）在布魯塞爾的馬拉松峰會上接受了比一周前拒絕的更為苛刻的條件。早知如此，何必當初？換了其他國的人民，當刺刀架在脖子上的時候，很可能選擇妥協。希臘人則發出「寧可站著死，絕不跪著生」的豪語。儘管最終求生的欲望戰勝了英雄氣概，但人家至少在喪權辱國之前過了一次民粹癮，讓歐盟領教了一下希臘式的驕傲。有人可能會說，借錢不還，還有什麼驕傲可言？翻開兩千多年前的歷史，希臘人的輝煌不比中華文明遜色。

宣導東西方通婚的亞歷山大

歐洲文明始於古希臘。那時候的希臘人爭強好勝，總想領先於別人，與今日的希臘人好像關聯不大。他們一邊忙著各城邦之間的征戰、一邊在西元前八世紀發明了奧林匹克運動會；並在西元前六世紀奠定了民主體制。希臘語demos（人民）和kratein（統治）組成了今日的democracy（民主）[4]。兩百多個城邦當中，雅典（Athens）和斯巴達（Sparta）最強。雅典的建築最美、人們最時尚；斯巴達正相反，全民習武，因此戰無不勝。斯巴達境內禁止鑄造金幣和銀幣，只發行鐵幣，外面花花世界的奢侈產品無法進口，也就斷了人們追求物質享受的念頭。今天德國人如果說某人很「斯巴達」，便是形容他很簡樸，具有鋼鐵一般的意志。

就在雅典和斯巴達打得不可開交的時候，希臘北部異軍突起。那裡的馬其頓人既不接受民主、也不稀罕城邦，而是建立了王國。不過馬其頓的上層完全認同希臘文化，國內官方語言是一種希臘方言。西元前四世紀，腓力二世（Philip II of Macedon）一個接一個地征服了希臘各城邦，西元前三三八年啃下了雅典這塊「硬骨頭」。至此，他控制了整個希臘。腓力二世馬不停蹄，緊接著策劃進攻波斯。不過還沒有出征，他便於西元前三三六年在女兒的婚禮上被毒死。據說參與謀殺的有他的前妻奧林匹亞絲（Olympias）。他們的兒子亞歷山大（Alexander III of Macedon）繼位，年僅二十歲。他便是歐洲歷史上第一位偉大的征服者——亞歷山大大帝（Alexander the Great）。

儘管傳說中的亞歷山大是一位十分仁慈的君王，但這並不妨礙他從上任伊始便清除了所有同父異母的兄弟。這與古代的中國並沒什麼兩樣。「每一位統治者都以甩掉家族中的所有其他成員作為防範措施，直到他漏掉的某位親屬找機會把他給幹掉。」[5]鞏固了王位後，亞歷山大開始完成父親未竟的事業。西元前三三三年，他率領的希臘大軍在伊蘇斯（Issus）附近擊敗波斯人，那是軍事史上的一次奇蹟。亞歷山大以寡敵眾，統率三萬步兵和一萬騎兵擊潰了波斯國王大流士三世（Darius III）的三十萬步兵和十萬騎兵，而大流士三世險些被俘。德國文藝復興時期的著名畫家阿爾特多費（Albrecht Altdorfer）的畫作《伊蘇斯戰役》（Alexanderschlacht）[6]捕捉了這一影響世界歷史進程的事件：身穿藍、白[7]兩色軍服的希臘兵在落日餘暉中乘勝追擊，落荒而逃的波斯軍隊在崇山峻嶺之間若隱若現。山的後面是地中海，賽普勒斯（Cyprus）清晰可見。阿爾特多費繼續發揮想像力，把紅海甚至埃及通通畫了出來。因此，《伊蘇斯戰役》分成了兩半：下面的一半是亞歷山大征服波斯的寫照，上半則是一張反過來的地圖，暗示亞歷山大在伊蘇斯戰役之後的輝煌。這位征服者確實一鼓作氣，佔領了敘利亞沿海地帶，直取埃及。厭倦了波斯統治的埃及人視亞歷山大為大救星，為他戴上法老的王冠，並為他在尼羅河河畔創建的城市取名「亞歷山卓」（Alexandria）。

拿下埃及之後，亞歷山大徹底降伏波斯，不費一兵一卒佔領了巴比倫（Babylon）。遠征印度雖然首戰告捷，但印度太大，手下兵將也已厭戰，因此亞歷山大見好就收，打道回府。至此，我們通常所說的四大文明古國當中，亞歷山大征服了古埃及、古巴比倫，古印度國王對他死心塌地，只差中國沒有被染指。他的帝國疆域橫跨歐、亞、非三大洲，是當時世界上最大的帝國，希臘語也成了當時的世界語。

在出征之前，亞歷山大像所有希臘人一樣以為他們是世界上唯一的開化民族，所有非希臘人都是野蠻人。他少年時代的老師亞里斯多德（Aristotle）也這樣認為。要是他們當時能見識到中國商代的青銅器，恐怕立刻就會改變這種想法。不過亞歷山大雖與中國無緣，但在埃及和波斯卻對當地發達的文化驚歎不已，並確信他們不是野蠻人，擁有不亞於希臘人的智慧。於是亞歷山大宣導東西通婚，讓一萬名希臘人娶波斯人為妻，自己也以身作則，與大流士三世的一個女兒結婚。他指定巴比倫為新的世界帝國中心。

亞歷山大不僅承認帝國內各民族之間的平等，還主張尊重女性，為西方禮遇女性的傳統開了先河，因此可以說他是歐洲歷史上的第一位騎士。可惜他英年早逝，西元前三二三年，他在巴比倫猝死的時候只有三十三歲。亞歷山大帝國的誕生比秦始皇統一中國早了近一百年。

發明「麵包和競技」的凱撒

秦王嬴政花了十年時間滅六國，於西元前二二一年實現了統一中國的夢想。他自稱為「始皇帝」，是世界上第一位稱帝的君王。秦始皇是位目標明確的政治家，他知道軍事統一還遠遠不夠，需要政治、文化和經濟的統一跟進。於是，他廢除了分封制，推行郡縣制和官僚制，統一文字、貨幣和度量衡。縱觀這幾百年歐洲人為實現統一而前赴後繼的歷史，不得不佩服秦始皇的遠見和果斷。從他統一天下之後，在人們的心裡深深烙上了「一個中國」的信念。「從此人們就認為，分裂是異常的，統一才是正常的。」[8]

回到古希臘。亞歷山大在十幾年的時間裡馬不停蹄地征戰，為以希臘和波斯為主的帝國打好基礎，但由於英年早逝、來不及證明自己的治國能力，帝國很快分崩離析。希臘文化對歐、亞、非的影響仍然持續了三百年，而希臘本土的城邦在政治上像一盤散沙，很快便被地中海沿岸新興的羅馬吞併。

羅馬人建立了世界上第一個共和國。兩名行政官是最高統治者，相當於兩位總統。元老院就好像是今天的議會，其會議如同議會辯論一樣吵得不可開交。羅馬人迅速擴大地盤的秘訣是嚴格的軍事管理。他們發明了軍團，一個軍團最多達六千名士兵。西元前一世紀，羅馬人確立了對地中海的統治時，漢武帝的大軍在中亞、東亞和遠東奠定了一個足以與「羅馬盛世」相媲美的「華夏盛世」。法國著名的歷史學家雷納・格魯塞（René Grousset）甚至認為，如果今天的中國人依然在為「漢人」這個名字而自豪的話，那實在是因為漢武帝這位統治了中國五十多年的偉大皇帝。

最有名的羅馬人、同時也是羅馬最成功的征服者無疑是尤利烏斯・凱撒（Julius Caesar）。為獲得民眾的支持，他發明了一些競技比賽，這便是所謂的「麵包和競技」策略。讓老百姓吃飽，再給他們娛樂，這樣他們就不會對你的施政有太多意見。凱撒之後兩千多年的政治家仍然牢記這個策略。二〇一二年夏天，歐盟政治精英便趁著老百姓沉醉於歐洲杯足球賽的時候，將歐元區的融合推進了一大步。

凱撒最大的軍事成就是奪取了整個高盧地區，並跨越萊茵河把日爾曼人打了個落花流水。就在這位羅馬統治者征服高盧的西元前五十一年，漢人成功製造了匈奴帝國的分裂，兩位匈奴首領反目成仇，其中的一位來到長安對漢宣帝俯首稱臣、另一位逃入西突厥大草原，建立了自己的王國。西元前三十五年，一支中原大軍襲擊了這位匈奴王的營地。他還來不及意識到發生什麼事，腦袋就落地了。匈奴人不僅覬覦中原，還打算大舉進攻歐洲。漢人的這一大膽行動阻止了匈奴人的擴張，不但為中國贏得了時間，而且也保全了歐洲四百年。直到西元三四七年，恢復元氣的匈奴人才再次開始對羅馬帝國和日爾曼的征服之旅。

回到凱撒。與亞歷山大一樣，他也在矮個子偉人排行榜上名列前茅。凱撒身高只有一百五十五公分，但這絲毫沒有減少他在女人眼裡的魅力。埃及絕代美人克麗歐佩特拉（Cleopatra VII Philopator）便借凱撒訪問之機，使出渾身解數引誘這位羅馬強人。據說她身上的中國造絲綢衣袍光鮮照人，可見西漢張騫開闢的絲綢之路當時已經暢行無阻。凱撒在埃及樂不思蜀，與克麗歐佩特拉的甜蜜旅行持續了兩個月，這引起羅馬人的不滿。凱撒又如秦始皇一般，自封為終身獨裁官，更使部分元老感到不安。西元前四十四年，他們對凱撒行刺成功。

諷刺的是，凱撒遇刺的主要原因是他想獨裁，而他的繼任卻堂而皇之地以君主制取代了共和國。凱撒的義子屋大維（Galus Octavius）於西元前十七年稱帝，名奧古斯都（Augustus）。此時的羅馬歌舞昇平，男男女女最喜愛的活動是泡澡。被凱撒征服的日爾曼人要麼在羅馬城的建築工地工作；要麼充當羅馬貴族的保鏢。據歷史學家塔西陀（Gaius Cornelius Tacitus）說，這些人高馬大的日爾曼人酒量超群，而且愛往頭髮上抹奶油，這大概是德國人講究護髮的最初證明吧。

耶穌是哲學家、革命家還是邪教頭目？

就在這些義大利人的祖先享受羅馬盛世的時候，在巴勒斯坦伯利恒（Bethlehem）降生的一個嬰兒將改變人類的歷史。那是大約兩千年前，在今天以色列北部的拿撒勒（Nazareth）住著美麗善良的馬利亞（Mary）。一天夜裡，馬利亞做了一個夢：頭頂金色光環、背長乳白色翅膀的天使加百列（Gabriel）對她說：「你將懷孕生子。」馬利亞不解說道：「可是我還沒有結婚呢。」加百列說：「你腹中懷的是上帝的兒子，你給他取名耶穌，他將是未來的國王。這是上帝的旨意。」馬利亞的未婚夫約瑟夫（Saint Joseph）只有認命。

幾個月後，羅馬帝國的皇帝奧古斯都心血來潮，想知道在自己的疆域內生活著多少幸福的臣民。由於當時缺乏科學的人口普查方法，奧古斯都想出了一個再笨不過的主意：每個人都必須回到自己的出生地，坐等統計。於是，約瑟夫把即將分娩的馬利亞扶上毛驢，緩緩地向伯利恒行進。一百四十公里的路程走了幾天幾夜。也許是伯利恒人像浙江青田人一樣有背井離鄉的傳統，這時候為人口普查而返鄉的人源源不斷，伯利恒的旅店爆滿。小夫妻陷入絕望之時，一家旅店的老闆娘看著馬利亞的大肚子生了惻隱之心：「我們雖然沒有房間給你們，可是馬棚空著。」當晚耶穌降生，馬槽成了他的搖籃。

東方的三位智者也得到加百列的資訊，馬上打點行裝，帶著給耶穌的見面禮，向著星星指引的方向出發。途經耶路撒冷（Jerusalem）希律王（Herodes）的王宮，多疑的國王把他們攔住。當三位智者回答他們正在尋找上帝給猶太人指定的新國王時，希律王震怒：明明自己是猶太國王，怎麼又出了一個？但他表面上不動聲色，讓三位智者繼續趕路，請他們回程時務必告訴他新國王在哪裡，這樣他也可以去朝拜。三位智者剛剛給聖嬰獻上黃金、乳香等禮品，加百列便催促約瑟夫上路：「帶馬利亞和耶穌去埃及吧，不然希律王不會放過你們的。」天使當然也不忘記警告三位智者：「千萬別洩露聖嬰的秘密，希律王不安好心。」

三位智者杳無音信，國王惱羞成怒。他擔心不除掉耶穌將後患無窮，於是想出了最狠毒的一招：將伯利恒和附近村鎮兩歲以下的兒童格殺勿論。可見大救星也可能給人們帶來災難。約瑟夫一家三口等到希律王一命嗚呼，才從埃及回到拿撒勒。耶穌才得以在家鄉茁壯成長。

有關耶穌事蹟的傳說數不勝數。他在以色列巡迴講道，宣揚如何按照上帝的旨意生活。他以奇蹟證明上帝的存在，例如讓瞎子重見光明、讓癱瘓者健步如飛。耶穌過著既貧窮又瀟灑的生活，對清規戒律嗤之以鼻。他的信徒越來越多，很多猶太人認為他就是《舊約聖經》（Old

Testament）中預言的救世主。這使羅馬統治者對耶穌恨之入骨，他們一來擔心自稱上帝兒子的耶穌對自己構成競爭，二來打從心底排斥他宣揚的一神教，因為羅馬人受希臘人的影響，信奉的是多神教。大祭司彼拉多（Pontius Pilate）在希律國王（上面提到的那位國王的兒子）面前惡語相告，說耶穌自封先知，蠱惑人心，不利於社會安定。國王與他的爸爸一樣多疑，於是對耶穌下了逮捕令，並判處他絞刑。

獄方為了使這位自稱是先知的人更不光彩，讓兩名小偷與他一同受刑。三人被釘在十字架上時，烈日當空，饑渴與手足的劇痛折磨著他們。看守找了塊陰涼地方，以死囚的衣服為賭注擲骰子玩。正當太陽升至最高點的時候，天空突然漆黑一團。耶穌大叫：「完成了。」他的頭垂下時仍在喃喃自語：「父啊，我將我的靈魂交到你的手裡。」說完便斷了氣。

第一個見證耶穌復活的是抹大拉的馬利亞（Mary Magdalene）。她是耶穌最忠實的追隨者之一，跟隨他巡迴講道，像現在的追星族。她還主動承擔了廚娘的角色，自我奉獻的精神大於追星。有關她曾經是妓女的說法，《聖經》沒有提供佐證，只是說耶穌曾經從她身上驅趕了七個惡魔。心目中的先知辭世三天之後，抹大拉的馬利亞帶著香精準備為死者擦拭身體，但被眼前的情景驚呆了：墓前的石頭被挪開，棺材蓋打開，裡面空空如也。正當抹大拉的馬利亞傷心欲絕之時，一個園丁模樣的男人朝她走過來。女人問：「是你偷了耶穌的屍體嗎？」話剛說出口，她便認出面前的男人不是別人，正是三天前在十字架上斷氣的大師。這之後，耶穌又多次在朋友們面前出現，四十天後升天。

耶穌是希伯來語「耶和華救主」的意思。猶太人是一個宗教色彩很濃的民族，而且很多人認為「天將降大任於斯人也」指的便是他自己，或是他的兒子，因此，耶穌的名字很常見。於是有人稱基督故事裡的耶穌為「拿撒勒的耶穌」，這樣不至於和張三、李四家的耶穌混淆。「基督」在希伯來語裡的意思是「救世主」，是個頭銜，所以我們常聽到「耶穌基督」的說法，這是耶穌自封的還是別人給他戴的高帽，不得而知。

不管你信不信耶穌是基督，你的生活多多少少與他相關。我們對時間的計算就是從他的生日來的。他降生的那一年是西元前一年，次年是西元一年，西元〇年不存在。基督教世界乾脆直接稱基督後一年、基督後二〇一六年。不過，據歷史學家考證，拿撒勒的耶穌不是在聖誕夜來到人世的，而是一月初的某一天。他出生的年份也有誤，很可能是西元前的幾年。也就是說，基督教世界每年十二月二十五日隆重地為耶穌祝壽很可能是自作多情，以訛傳訛。可以確定的是：約瑟夫不甘只做養父，而是一鼓作氣和馬利亞生了至少六個孩子。他因為相信了聖嬰的故事，而被後來的天主教會封為聖人。

據史料記載，彼拉多於西元（或基督後）二十六年至三十六年擔任巴勒斯坦部分地區的羅馬行政長官。他定期巡視所轄地區，處理司法事務。耶穌正是在此期間傳教，最多不超過三年。彼拉多的死刑判決使耶穌只活到三十歲。很多人深信耶穌是被十二個信徒之一的猶大

（Judas Iscariot）以三十個銀元所出賣，並把猶大等同於猶太人，這讓猶太人倒楣了兩千年。其實，就算猶大出賣耶穌是真，也不說明猶太人比其他民族更卑劣。首先，每個民族都難免有幾個利慾薰心的小人；其次，另外十一個信徒加耶穌本人都是猶太人，十二比一，正能量佔絕對優勢。被基督徒視為先知和救世主的耶穌按照今天的觀點可被稱為傳教士、哲學家或職業革命家，見仁見智，在羅馬當局者的眼裡，他則可能是煽動家或猶太邪教組織的頭目。

耶穌徒弟的徒弟集體抑鬱創作《聖經》

最初猶太人被稱為希伯來人，祖先是亞伯拉罕（Abraham）。西元前一九〇〇年（中國的夏朝），亞伯拉罕帶領族人來到富饒的迦南（Canaan），就是後來的巴勒斯坦。一場大旱逼迫猶太人逃亡埃及。當時已經會修築宮殿和金字塔的埃及人從心底裡瞧不起這些草原來的牧羊人，把他們當奴隸使喚。法老竟下令將猶太人的新生嬰兒扔進尼羅河，以阻止外來族人的數量增長。西元前十三世紀（中國的商朝）的某一年某一天，從事了四十年牧羊工作的猶太人頭目摩西（Moses）看到一名同胞慘遭埃及人的欺淩，挺身而出，一陣拳腳讓那個埃及人歸了西。消息很快傳到法老的耳朵裡，摩西就日夜趕路逃到了紅海對岸阿拉伯地區的米甸（Midian）。在那裡，摩西與當地首領的女兒結了婚，接著當起牧羊人，樂不思蜀。有一天，他趕著羊群到了何烈山（Mount Sinai/Mount Musa）附近，上帝耶和華在燃燒的荊棘中顯現，提醒他不要忘記在埃及的同胞。

摩西肩負重任回到埃及，並上演了《舊約聖經》中最驚心動魄的一幕：猶太人以為神不知鬼不覺地逃脫了法老的魔掌，突然，前面是波濤洶湧的紅海，後面是聞聲追趕而來的埃及人。摩西向大海伸出手杖，紅海便分開一條道路，猶太人輕鬆走過；當埃及人入海時，紅海再度波浪滔天，法老的士兵被海水吞噬，無一生還。

《舊約聖經》跨度幾百年，寫到耶穌誕生前五百年，是猶太教經書的主要部分。成書時間大約是西元前一世紀。越來越多的考古學家和歷史學家證明，《舊約聖經》內容基本不符合歷史事實。摩西離開埃及的記載就很誇張，因為當時還沒有蘇伊士運河，猶太人完全可以從陸地逃離埃及，何苦繞道紅海？在一些專家看來，在燃燒的荊棘中顯靈的耶和華其實是位於沙烏地阿拉伯境內的一座火山，「被上帝選中」的民族也不是猶太人，而是居住在阿拉伯北部地方的遊牧民族沙蘇（Shasu）。

如果以歷史真實性為標準，那麼《新約聖經》（New Testament）也不及格。這並不奇怪——《新約聖經》的作者都是耶穌門徒的門徒，不是歷史學家。而且第一批作者是帶著無限的悲痛和絕望振筆疾書的。某種程度而言，如果沒有羅馬人對耶路撒冷第二聖殿的摧毀，也許就沒有了這部有史以來最暢銷的著作。為什麼這樣說呢？

猶太人堅信自己是被上帝選中的民族。西元前十世紀，所羅門（Solomon）當國王時在耶路撒冷修築聖殿，使該城成為猶太教的聖城。西元前六世紀，古巴比倫國王尼布甲尼撒二世（Nebuchadnezzar II）攻入耶路撒冷，將聖殿連同聖城夷為平地。頑強的猶太民族重建家園，並營造了第二座宮殿。耶穌還曾在那裡講道。羅馬統治者以莫須有的罪名殺害了耶穌之後，繼續視其信徒為眼中釘，認為他們蠱惑人心，唯恐天下不亂，對猶太教區的大屠殺時有發生。在這一點上，羅馬人是納粹的始祖。

哪裡有壓迫，哪裡就有反抗。一批猶太狂熱分子組織抵抗運動，這支只有幾千人的遊擊隊竟然擊退兵臨城下的羅馬大軍，在耶路撒冷負隅頑抗了整整四年。在這期間，他們曾遭到羅馬皇帝尼祿（Nero Claudius Caesar Drusus）的血腥鎮壓。

尼祿的荒淫無度可與商紂王相媲美，把整個羅馬變成了肉欲橫流的城市。這讓人想起幾年前一位精力旺盛的義大利總理。尼祿還是歷史上投錯胎的最有名的例證之一。如果他生在尋常百姓人家，可能會成為一名優秀的歌手或演員。可他的母親阿格里皮娜（Julia Vipsania Agrippina）偏偏是呂后一般政治野心膨脹且不擇手段的女人。她先帶著兒子尼祿嫁給羅馬皇帝克勞狄一世（Tiberius Claudius Caesar Augustus Germanicus），接著說服皇帝過繼尼祿，使其成為皇位的合法繼承人。克勞狄一世的一時神魂顛倒不僅葬送了自己親生兒子（比尼祿小三歲）的政治前程，而且更要了這個倒楣孩子的命。西元五十五年，也就是阿格里皮娜毒死克勞狄一世、尼祿繼位的第二年，克勞狄一世的親生兒子不列塔尼庫斯（Britannicus）便遭謀殺，年僅十五歲。這之後的十幾年，尼祿一邊清除所有可能對他構成威脅的親戚——包括自己的親生母親——一邊練嗓子、駕馬車，空閒時間處理一下國政。這位年輕皇帝野心不小，用今天的話說，他既想在一級方程賽車奪冠；又想拿歐洲熱門歌曲大獎賽上的第一名。西元六十七年，他參加古希臘四大競技會，獲得一千八百多個獎項。尼祿一高興，便把希臘人的稅全給免了。這使很多希臘人直到今天還不習慣繳稅。

不過，尼祿和耶穌的信徒有什麼過節呢？這與西元六十四年七月羅馬城的那場大火有關。兩千年前的建築防火性能不佳，火災時有發生，但那一場大火肆虐六天，讓羅馬人深信世界末日將至。當時羅馬的十四個城區中，只有四個倖免於難。[9]尼祿不是像他的前任皇帝一樣身先士卒投入救火，而是在城外觀望，直到自己的宮殿被毀才趕回羅馬城。最不可思議的是：皇帝竟把火焰當作舞臺背景，放聲高歌。這使得當時就有人懷疑縱火犯正是尼祿本人，目的是按照自己的設想重新修建羅馬。其實火災的原因至今不詳。

為了證明自己的無辜，尼祿決定嫁禍於耶穌的追隨者。他在羅馬城內下令逮捕他們，將他們釘上十字架後讓惡狗咬死。這裡請大家注意：尼祿迫害的是一批狂熱的猶太人。他們雖然稱得上是耶穌的信徒，但並不是後來意義上的基督徒，因為當時基督教還沒有誕生。基督教概念的形成是在尼祿死後的幾十年。而尼祿迫害基督徒的說法早已在歐洲成了既定事實。由此我們可以看出，史書是人寫的，一般是為當時統治者的利益服務。後人應當多動點腦筋，有時候只需要計算一下年份就知道可能不是這麼回事。無論如何，尼祿這個暴君迫害基督徒劊子手的形象被「維護」了近兩千年，不管跳進什麼河也洗不清了。

尼祿的繼任維斯帕先（Vespasian）繼續迫害耶穌教派。西元七十年，他派遣數萬士兵再攻耶路撒冷。由於力量對比實在懸殊，猶太軍事武裝決定放棄耶路撒冷城，集中全部六千人誓死捍衛聖殿。兩邊展開了驚心動魄的肉搏戰：一邊是視死如歸的猶太人，另一邊是對這些宗教狂熱分子敬畏三分的羅馬雇傭軍。猶太人以寡敵眾，越戰越勇。這時，不知哪個羅馬士兵一把火點燃了聖殿，也不知哪個猶太人的一聲慘叫直沖雲霄。遊擊隊員們像泄了氣的皮球，鬥志喪盡。他們要麼直撲羅馬人的刺刀，要麼沖進火焰。倖存的猶太人任憑羅馬軍隊在耶路撒冷燒殺搶掠，沒有反抗，也沒有悲傷，好像他們的身體不過是個軀殼，靈魂則與聖殿一同消逝。這一次，再沒有人重修聖殿。今天猶太人的哭牆展現的是聖殿的西牆。

西元七十年的猶太人陷入集體抑鬱狀態。只有兩個猶太教分支找到了向前看的力量，其中一個便是耶穌運動。核心人物是耶穌門徒的徒弟。他們雖然沒有見過這位傳奇人物，但聽自己的老師的描述，耳朵已經聽到長繭了。他們不甘心猶太人的輝煌歷史就此結束，於是開始奮筆疾書，把他們聽到的耶穌事蹟記錄下來。這些人也許是人類歷史上第一批以寫作來治病的憂鬱症患者。他們當時不會知道，這一集體智慧的結晶日後將成為全世界傳播最廣、銷量最大的作品——《新約聖經》。《新約聖經》是用希臘語寫成的，一百多年後才有了拉丁語的版本。「基督教」這個概念則大約形成於西元一一〇年。[10]

當時猶太人不但和羅馬人不共戴天，而且猶太人內部的分歧也愈演愈烈，特別是堅信耶穌為上帝之子的猶太教分支與猶太教主流越來越格格不入。「仇恨貫穿著《新約聖經》。儘管說《新約聖經》反猶太教有些過分，畢竟作者都是猶太人。但很多耶穌的信徒對猶太教非常失望。」[11]《新約聖經》反映了聖殿被摧毀之後猶太社會的恐懼、絕望和動盪，社會分裂的過程加劇。部分耶穌教派的信徒為了向非猶太世界開放，不惜為羅馬人開脫殺害耶穌的罪責，聲稱上帝之子死於猶太人的內訌。甚至對猶太教相對溫和的盧卡斯（Noah Lucas）也將以色列一分為二：耶穌信徒代表善良的以色列，那些自以為是的法利賽人（猶太教主流）則是邪惡以色列的象徵。

漸漸地，耶穌教派形成自己的宗教——基督教。猶太教和基督教的最大區別是：前者只認耶和華，後者則信仰上帝和他在人間的代表耶穌，最大的共同點是兩者都是一神教。

我們可以說猶太教是母公司，公司守則是《舊約聖經》；基督教是子公司，公司必讀是《聖經》。基督教的《聖經》由《舊約聖經》和《新約聖經》組成。其三大分支天主教、新教和東正教在不同程度上接受了《舊約聖經》，東正教對《舊約聖經》的認可度最高，而新教最低。按照我的理解，三大教派中，東正教最保守，新教最開放。基督教這個子公司很快獨立於母公司，並在幾百年裡傳播到全世界。母子之間時而不共戴天，時而和平共處。

基督教：媳婦熬成婆

就在耶穌派化悲痛為力量創建了基督教的時候，古羅馬帝國達到鼎盛。其疆域西起西班牙、大不列顛王國，東到幼發拉底河上游，南至非洲北部，北到萊茵河與多瑙河一帶，地中海成為帝國的內海。基督教信徒越來越多，但仍然處於地下狀態。「基督徒受到羅馬當局者既零星又十分殘酷的壓制。當基督徒宣佈不再是猶太教教會成員的時候，羅馬人將他們視為背棄父輩傳統的、不信神靈的亡命之徒。」[12]

耶穌本人是一個革命家。他對很多猶太教儀式不屑一顧，公開宣稱比儀式更重要的是仁慈。這與我們的先賢孔夫子是多麼相似。孔子也認為人們不應被禮儀所束縛，並且將儒學的核心定義為「仁」。兩人提出的一些行為準則完全吻合，最典型的例子是「己所不欲，勿施於人」。可以說，耶穌和比他早了五百年的孔子都是道德高尚並有領袖魅力的人。區別在於，耶穌給自己的身世披上神秘的外衣，後人把對他的崇拜變成了宗教；而孔子是名腳踏實地的老師，教弟子怎麼做人，並為人與人之間的關係立下了規矩。弟子傳播他的行為哲學，沒有把儒學變成宗教。他的三綱五常能有維護社會安定團結的作用，因此中國歷代的統治者很少有排斥儒學的例子。耶穌就不一樣了。他自稱天子，挑戰了羅馬皇帝的地位；他還主張「均貧富」，這又與中國古代的農民領袖有異曲同工之妙。難怪羅馬當權者將他視為眼中釘。西元三〇三年，基督徒遭受羅馬當局者的大掃蕩。如果說每個時代都有自己的英雄，那麼羅馬帝國時代的英雄是「生命誠可貴，信仰價更高」的殉道者。

不過，最暗無天日的時候往往是黎明前的黑暗。僅僅十年之後，也就是西元三一三年，看似不可能的事情發生了：羅馬最高統治者君士坦丁大帝（Flavius Valerius Constantinus）宣佈境內臣民享受宗教自由，停止對基督徒的迫害。[13]這要歸功於西元三一二年十月發生的一個奇蹟。當時，君士坦丁大帝在羅馬郊外與他的死敵馬克森提烏斯（Marcus Aurelius Valerius Maxentius）展開決戰，羅馬皇帝的兵力明顯少於對手。交戰前夕的一個中午，君士坦丁大帝在太陽上方發現了一個光芒四射的十字架。決戰前夜，這位羅馬皇帝又夢見了耶穌。大獲全勝之後，君士坦丁大帝對基督教心懷敬畏和感激，這才有了基督徒的出頭之日。有意思的是，他將拜占庭（今土耳其的伊斯坦堡Istanbul）建成基督教的中心，因此，該城也被稱為君士坦丁堡。君士坦丁大帝還減輕教會的稅賦，將教士和公務員同等對待（天主教的神父就是被這麼慣出來的），把周日變成了休息日，讓大家有時間去教堂。可以說，沒有羅馬人的迫害，《聖經》和基督教的誕生至少會推遲；而沒有羅馬帝國的擴張，基督教不會如此迅速地傳播，就像佛教從西漢征服西域中獲益一樣。

隨著基督教的合法化，殉道不再流行，修士成了新的時代英雄。從四世紀初開始，一批批修士遁入埃及和敘利亞的沙漠地帶，過起斷絕欲念、終日祈禱的生活。不過，修士並非與世隔絕。相反，修道院很快受到政治決策人的青睞。避開塵世的喧囂，審時度勢，理順思路，與修士海闊天空地交談，往往會茅塞頓開。修士的人生態度多像道家的「無為」而治。而老子所說的「不出戶，知天下」不正是道士也可勝任政治顧問角色的證明嗎？修士或道士不僅是傾聽者，同時也是心理醫生，為前來諮詢者排憂解難。最有名的修士大概要屬生活在六世紀下半葉的本篤派格裡高利（Saint Gregory the Great），後來當選教皇，可見修士也並非斷絕所有欲念。這位老兄只活到四十四歲，這也許與他的悲觀不無關係。在他看來，人類已經擺脫不了亞當偷吃禁果的原罪，無藥可救。

對《聖經》的闡釋權從一開始就掌握在這些修士和教士的手裡，因為只有他們懂拉丁文和希臘文。《聖經》最初的語言是古希臘語，後來翻譯成拉丁文。東、西歐的兩大語言也為基督教日後分裂為東（東正教）、西（羅馬天主教）教會埋下伏筆。不管是古希臘語還是拉丁語，做彌撒時，信眾只見教士們口中念念有詞，聽天書的感覺更增加了教會的神秘感。越是神秘，就越可信，這是老百姓的邏輯。

至此，書寫歐洲歷史的是希臘人和羅馬人，日爾曼人不過是配角。他們雖然人高馬大，但缺乏組織和戰略，不是羅馬人的對手。今天德國的好幾座城市當時都只是羅馬帝國的邊陲，而德國人的祖先則給羅馬人當苦力和保鏢。西元九年，一位叫阿米尼烏斯（Arminius）的侯爵在被羅馬人佔領的日爾曼土地上發動起義。他摧毀了三個羅馬兵團，這相當於當時羅馬部隊總兵力的八分之一。羅馬人從此對日爾曼敬畏三分，放棄建立一個從萊茵河到易北河的羅馬省份的計畫，而以萊茵河為界河，沒有再越雷池一步。德國人後來給阿米尼烏斯取了個很日爾曼化的名字——赫爾曼（Hermann）[14]。十九世紀民族主義大氾濫時，德國人為他樹碑立傳，掀起了赫爾曼熱。

西元三一三年，基督教在古羅馬一步登天，君士坦丁大帝為它平反，並且在一夜之間成為國教。羅馬人當時也確實需要精神上的慰藉，因為他們的帝國已經開始走下坡。經濟危機不斷、土地荒蕪、城市蕭條。這時候，遠道而來的匈奴人和家門口的日爾曼人輪番侵擾，加速了羅馬帝國的滅亡。西元四七六年，入侵的日爾曼人廢黜了羅馬皇帝羅慕路斯•奧古斯都（Romulus Augustulus），羅馬帝國壽終正寢。嚴格來說是西羅馬帝國壽終正寢。您還記得那位篤信了基督的君士坦丁大帝將羅馬東邊兩千多公里的拜占庭建成基督教的中心嗎？打不過日爾曼的羅馬人於是遷都拜占庭，從此開始了東羅馬帝國的歷史。不過，遠離了羅馬的羅馬帝國少了原汁原味，再也沒有綻放光彩。也許正因為如此，它對其他的新興國家構不成什麼威脅，結果苟延殘喘到了一四五三年才被土耳其人消滅。

隨著西羅馬帝國的覆滅，南歐暫時退居「二線」，歐洲重心向西北轉移。

用基督教締造第一個「歐盟」的查理大帝

查理大帝出生於西元七四二年，據說他身高超過一百九十公分，高大魁梧、健壯如牛。他活了將近七十歲，在當時是罕見的高壽，執政時間長達四十六年，更是獨一無二。他是中世紀西歐的第一位加冕皇帝，說他是歐洲中世紀九百年裡最偉大的帝王也不為過。他身上的「之最」還遠不止於此：查理是歐洲第一位請人寫傳記的統治者，他還是第一個試圖以基督教統一歐洲的政治家。這位法蘭克王國加洛林王朝的國王在自己的王位寶座上坐不住，大部分時間都在馬鞍上。每征服一個民族，就逼迫他們皈依基督教，沒有任何商量的餘地。從這個意義上來說，查理大帝也是第一個十字軍東征的騎士。當時無論從軍事還是從宗教來說，最難啃的一塊骨頭是撒克遜人（Saxons）。他們打遊擊戰，頑強抵抗查理的軍隊，也抵制基督教。不過，撒克遜人最終還是寡不敵眾，在頑抗三十二年、死傷無數之後，最終接受了查理的統治，也皈依了基督教。由此看來，近年來德國新興起的PEGIDA[15]（愛國歐洲人反對西方伊斯蘭化）運動偏偏以撒克遜為中心，多少有些諷刺意味，不是嗎？當時誓死不信耶穌的撒克遜人今天自視為基督教最堅定的捍衛者。

經過幾十年不知疲倦的征戰，法蘭克王國的版圖覆蓋了歐洲大片地區，北至北海，南達義大利中部，西抵庇里牛斯山，東到匈牙利，與昔日的西羅馬帝國不相上下。難怪查理大帝自視為羅馬帝國的合法繼承人，並於八世紀末決定將自己的政治中心亞琛變成第二個羅馬。為什麼看上了亞琛這座小城呢？它的地理位置不錯，可以說在查理曼帝國的中軸線上；距離北海不太遠，氣候宜人；不過最重要的還是亞琛地下有一種少見的、具有醫療效果的溫泉，對患風濕病的查理格外具有吸引力。查理大帝在世時已初具規模的亞琛大教堂便是他與羅馬帝國皇帝平起平坐的象徵。教堂融合了拜占庭式和法蘭克式建築風格之精髓，其拱形圓頂和八角形建築是天與地融合的象徵。

查理大帝早就打起讓教皇給他加冕做皇帝的主意。當時的教皇利奧三世（Popo Leo III）生活淫亂。一些大主教看不下去，乾脆把他關了起來，據說還要割舌頭、挖眼球。幸好一個忠心耿耿的下屬把利奧三世放了。教皇絕望之中跑到卡爾堡[16]向查理大帝求救。戰略家查理大帝感到夢想實現的機會來了。他表示願意為利奧三世撐腰，交換條件是教皇給他加冕。西元八〇〇年十二月二十五日晚上，查理大帝實現了畢生的最大夢想，在羅馬接受皇冠。就這樣，他正式成了羅馬帝國的接班人。

這位軍事上的常勝軍和外交高手同時也是一位賢明的君主。他求賢若渴，將全歐洲最知名的學者請到帝國首都亞琛，開設學校，讓既非神父也非教士的人們讀書、識字。他簡化和統一了拉丁文的寫法，讓境內臣民都能看懂。有意思的是，他自己卻始終沒有學習認字，是個百分之百的文盲。也許這個馬背上的將軍認為自己只負責指揮，不需身體力行。查理不僅推廣教育，還讓修士們練習統一的字體，把當時的經典著作重新抄寫一遍。這些著作得以流傳後世可以說是查理大帝的功勞。當然其中也有《聖經》。我曾在科隆的一家博物館看到過一部碩大的《聖經》，就是查理下令製作的手抄本，跟印刷的沒什麼兩樣。手抄一部《聖經》大概需要六個月到一年的時間。

也許是這位君王太傳奇、太閃光，自他駕崩之後，歐洲各國競相充當他的祖國，特別是法國和德國。法國人說他出生在今天的法國境內。實際上查理在哪裡出生誰也說不清，只能說在羅瓦爾河和萊茵河之間。德國人更是當仁不讓，畢竟查理大帝定都亞琛，是德國的地盤。其實，他是哪國人並不重要。可以說查理大帝是第一個歐洲人，在世時就被稱為「歐洲之父」。他還在帝國境內統一了貨幣，這可以說是歐元最早的前身。

短命的帝國和歐洲的分裂

查理留給兒子路易一世（Louis the Pious）一個完整的帝國。路易一世在世時就把帝國分成三份，好讓與兩個老婆生的三個兒子都不吃虧，皇冠歸大兒子洛泰爾一世（Lothair I）。路易一世希望至少保持帝國名義上的統一，結果適得其反，三個兒子發生內訌，在父親斷氣三年後的西元八四三年，三人在凡爾登（Verdun）正式簽署肢解帝國條約。據此，最小的兒子禿頭查理（Charles II le Chauve）得到了帝國的西部，大致相當於今天的法國；東部給了路易（Luis the German）（為區別於父親，他被稱為日爾曼人路易），差不多是今天的德國[17]；帝國中央呈長條狀的土地（從北海沿岸經亞琛到羅馬）是大兒子洛泰爾的領地，相當於義大利，還包括今天德國和法國的一小部分。洛泰爾死後，他的地盤兒又一分為二給了兩個兒子，北部成了後來德、法之間的「金蘋果」——洛林，歸洛泰爾二世（Lothair II）；路易二世（Louis II le Bèque）得到了義大利。而日爾曼人路易[18]的東法蘭克分化為撒克遜、巴伐利亞（Bavaria）和士瓦本（Schwaben）。

西法蘭克和東法蘭克為爭奪羅馬打得不可開交，因為那裡是教皇的駐地，誰得到羅馬誰就能接受教皇的加冕，充當羅馬帝國的皇帝。東法蘭克（也就是德意志諸侯）占了上風，贏得了皇冠，也繼承了皇冠帶來的煩惱。各路諸侯都想稱王，打得不亦樂乎。西法蘭克無「冠」一身輕，很快發展為法蘭西王國，第一任國王于格·卡佩（Hugues Capet）在十世紀末成功確立了世襲制。與德意志諸侯為奪皇冠打破頭的混沌狀態相比，世襲制相對和平。王室權力集中，雖不免專斷，但也給了人民安全感，有助於民族和國家意識的形成。卡佩王朝不僅統治法國近千年，于格的後裔也遍及歐洲其他國家的王室。也就是說，歐洲各國多多少少都沾親帶故，而法蘭西和德意志兩個民族就更是同根而生。

暴力加愚民：中世紀的天主教會

十一世紀中葉，拜占庭和羅馬正式分道揚鑣，基督教會開始有了東、西之分。越來越多的基督徒去耶路撒冷朝聖。他們在路途中過著禁欲的清苦生活，身體力行著耶穌提倡的價值。他們一般是富家子弟，因為窮人沒有那樣的閒情逸致，也用不著刻意過苦日子。朝聖者從耶路撒冷帶來了壞消息：整個巴勒斯坦已被穆斯林佔據。是可忍，孰不可忍——一〇九五年，教皇烏爾班二世（Urban II，1035——1099年）決定用武力奪回聖地。這是第一次十字軍東征，基督教歷史翻開了最為血腥的一頁。一路上，這些信奉基督教的騎士燒殺掠搶；到了耶路撒冷，又一口氣屠戮三萬名猶太人和穆斯林。他們對自己的暴行理直氣壯——耶穌在《聖經》裡說了：「不背負十字架跟隨我的，便不是我的信徒。」騎士們將十字架縫到了自己的戰袍上，一路上見到衣服上沒有十字架標誌的便格殺勿論。可見逐字逐句地理解經書是多麼害人！這就像今天的部分穆斯林，把《古蘭經》的字句生搬硬套到現實生活，並認為只有自己的宗教是正宗。「隨著十字軍東征，歐洲封建社會的殘暴特性受到了基督的洗禮，並成為基督教的一部分。」[19]在隨後兩百年，世俗和宗教的好戰分子六次東征，消滅異教徒，傳播基督教。

剛剛結束血腥的十字軍東征，教會又想出了宗教裁判這一陰招。如果說東征是懲罰遙遠的異教徒，那麼宗教裁判便是清除身邊的異己。從十三世紀起，教會以上帝的名義酷刑、訊問、折磨，最高的懲罰是火刑。天主教會這段不光彩的歷史持續了五百年。

當時教會的罪惡簡直是罄竹難書。除了對不同意見者施以極刑之外，教會還橫徵暴斂，特別是出售贖罪券的生意使教士們越來越惹人恨。想想看，偷竊、搶劫、殺人，各種罪過明碼標價，只要肯花錢，你的靈魂就能得救。這樣的愚民政策有點太明目張膽了。人禍又加天災——十四世紀肆虐歐洲的瘟疫奪去了兩千五百萬人的生命，相當於當時歐洲人口的三分之一。進入十五世紀，先是教會內部的權力鬥爭激化，一度有三人自稱為教皇；之後奧斯曼帝國的土耳其人攻佔基督教的心臟拜占庭，使基督徒心理嚴重受挫。社會普遍的沮喪和信眾對教會的不滿終於在十六世紀初孕育了一場宗教改革。

馬丁·路德廢除了教會的仲介費

馬丁·路德（Martin Luther）是個充滿矛盾的人物。他是神學博士，後來受聘於維滕堡大學（Martin-Luther Universität Halle-Wittenberg）當教授，在當時是少有的學者。但他說話有時十分粗野，甚至可以說他管不住自己的嘴。他的一句名言是：「你們為什麼不打嗝、不放屁，難道吃得不香嗎？」這還是相對文明的。他還說過：「一個沒教育好的兒子不如一個死兒子。」他一方面誠惶誠恐，害怕魔鬼的困擾；另一方面又膽大包天，敢於挑戰教皇的權威。他認為只要相信耶穌，就能得到上帝的憐憫，不需要教會做仲介。言外之意——贖罪券完全是騙人的。一五一七年，他把對贖罪券及其交易的批評寫成《九十五條論綱》，寄給美因茲（Mainz）和馬德堡（Magdeburg）的大主教阿爾布萊希特（Albrecht von Brandenburg）。

這位大主教值得一提。他是勃蘭登堡選帝侯的兒子，因此被稱為勃蘭登堡的阿爾布萊希特。也許因為他是選帝侯的第二個兒子，日後無望繼承父親的職位，因此做了神父，走「曲線救國」的路線。為什麼這麼說？選帝侯，顧名思義，是有權選舉神聖羅馬帝國皇帝的諸侯。當時享受這一特權的有七位，其中五位是世俗諸侯，兩位是大主教。美因茲便是這樣的一個大型教區。既然決定皇帝人選的只有這七位，所以有當皇帝野心的都使勁巴結他們，其特殊地位就像中國唐朝的節度使。阿爾布萊希特擠破頭也要成為選帝侯，世俗路線走不通，就走宗教路線。一五一四年，他出高價從教皇手裡「買」下了美因茲大主教的職位。這麼說羅馬教皇也是個見錢眼開的大俗人。他一邊把主教職位拿出來「拍賣」、一邊又從贖罪券的生意裡抽成。按照天主教會的規定，出售贖罪券所得的一半歸羅馬教廷。而為買教職欠了一屁股債的阿爾布萊希特拼命加大贖罪券的銷量，以改善自己的財政狀況，同時也使貪財的教皇喜笑顏開。可以說，教皇在阿爾布萊希特身上實現了「雙贏」。

阿爾布萊希特與教皇聯手發明的這一套斂錢機制是引發馬丁・路德宗教改革的導火索。他的《九十五條論綱》就是針對這位大主教和教皇的。他甚至不承認教皇的半人半神地位。教皇惱羞成怒，將路德逐出教會，而阿爾布萊希特也成為反路德的領袖。

當時神聖羅馬帝國的皇帝查理五世（Carlos I）要求路德收回其論綱。七位選帝侯的意見不一。有的站在教會一邊，要求逮捕路德；也有的支持路德，希望借此壓一壓羅馬教廷的氣焰。一五二一年，路德被請到沃姆斯（Worms）參加帝國會議。面對選帝侯、皇帝和羅馬教廷代表，路德不卑不亢，堅持自己的觀點，最後大義凜然地說：「我不會昧著良心改變自己的主張。願上帝幫助我，阿門！」說完昂首挺胸地離開會場。查理五世隨後宣佈路德為受蔑視的人。這意味著，他失去了任何權利和保護，誰都可以將他引渡給教廷。同情路德的薩克森選帝侯腓特烈三世（Friedrich III der Weise）將他「綁架」到瓦爾特堡（Wartburg），實際上是給他提供了庇護。路德的矛盾性這時候又表現出來——剛剛還在帝國會議上慷慨陳詞的革命家竟一蹶不振，抑鬱得不能自拔。

還記得《新約聖經》的誕生經過嗎？沒錯，是耶穌門徒的門徒患抑鬱症之後奮筆疾書的產品。路德給自己開的藥方同樣是寫作：他僅用十一個星期便將拉丁文的《聖經》翻譯成了通俗易懂的德文。要知道，長期割據狀態使德國當時根本沒有規範化的德語，是路德給了德語全新的面貌。他的語言生動形象、引人入勝，今天的德語裡有三百多個成語是路德發明的。當時正趕上古騰堡（Johannes Gutenberg）的印刷機趨於成熟，德文版的《聖經》很快成了暢銷書。略有文化的老百姓都能讀懂，不識字的則可以在廣場上聆聽公開的《聖經》朗讀。教會再也不能故弄玄虛地唬弄人了。

馬丁・路德身上最令人費解的一個矛盾是：一方面，他反對暴力，用他特有的粗野語言臭罵暴動的農民，並對某些人將他的宗教改革作為施暴的藉口深惡痛絕；另一方面，他卻對猶太人動用語言暴力，後來被納粹尊為排猶的始祖。我們來看看路德的原話：「燃燒猶太教堂和學校；同樣摧毀他們的住房；禁止他們使用街道；沒收他們的錢幣和金銀。」這簡直是清除猶太人的說明書。

路德的排猶言論雖然令人不寒而慄，但他對德國和世界的積極影響延續至今。他的《聖經》譯本第一次給了德國人民族意識。他的宗教改革將西歐基督教一分為二——天主教和新教。加上東正教，基督教三足鼎立之勢由此形成。新教比較接近民眾，沒有奢華的教堂，沒有等級森嚴的神職人員，沒有教皇，不崇拜聖母，不禁欲，不教條。一句話，新教給基督教帶來了生機。馬丁・路德是其公認的創始人。

為什麼資本主義的老家是歐洲，不是中國？

新教如星星之火，在德國和歐洲燎原。德國的新教信徒數量很快超過了天主教徒。危機意識推動了天主教會的改革。16世紀中葉，教皇邀請還沒有被新教大火點燃的歐洲國家前往義大利特倫托（Trento）召開會議。教宗要求懲罰新教，查理五世則認為應當通過改革提高天主教的吸引力，使一時糊塗的新教徒回心轉意。會議沒有馬上廢除贖罪券的交易，但有所改良，同時要求主教更多地關心教區的信眾。這一系列改革措施部分挽回了天主教會的名譽，贏回了一些信徒。

喀爾文（John Calvin）是馬丁・路德在瑞士的翻版。他原本是法國人，後來定居日內瓦。一五三六年，他發表《基督教要義》，是路德《九十五條論綱》的翻版。喀爾文一方面主張教會民主，神職人員要由選舉產生；另一方面容不得不同意見，認為只有自己對基督教的理解是正解，可見一神論都容易犯偏執的毛病。他的理論可以用「預定論」三個字來概括，把人類分成上帝的選民和棄民：被上帝選中的人必定得救，被上帝拋棄的註定沉淪；至於你是幸運兒還是倒楣鬼，上帝早在創世之前就定好了，這就是所謂的「預定」。這就很讓人鬱悶了。假如你知道沒被上帝看上，也就放水流了，問題是你不知道。照喀爾文的理論，從一個人的生活方式能夠推斷他是選民還是棄民。上帝的模範選民不跳舞、不看戲、不穿奇裝異服，而是勤儉克己，不虛度光陰，只有工作是生活的目的。可以想像，當時的日內瓦到處都是工作狂，只知道積累財富，不屑於享受人間快樂。瑞士正是在這種理念基礎上成為一個富強的貿易國。喀爾文不反對放貸牟利，只是鄙棄放高利貸。換句話說，錢不髒手。這使喀爾文與猶太人較為接近。這也許是喀爾文與反猶的路德之間最大的區別。因此，凡是喀爾文主義比較流行的國家，比如英國、荷蘭和美國，反猶、排猶沒有民間的基礎；而反猶一度成為反映制約的國家，比如德國、法國、西班牙、波蘭和俄羅斯，則都是喀爾文主義沒有生根的地方。[20]喀爾文的理念流傳到英國，變成了清教。清教後來再傳播到美國，對那裡的道德觀影響至今。

十九世紀末二十世紀初德國著名的社會學家馬克斯・韋伯（Max Weber）認為，喀爾文主義對十八世紀的英國、荷蘭、瑞士和德國部分新教地區的工作道德產生了影響，並為工業革命和現代資本主義奠定了基礎。可以說，在喀爾文主義和清教的勢力範圍內，基督教與資本主義融為一體。喀爾文的入世和工作態度與儒家思想有可比性。韋伯對此有精闢的論斷。在他看來，儒教與清教都是理性主義的，區別只在於：儒教主張理性地適應世界，清教則鼓吹理性地把握世界。[21]清教造就了富有冒險精神的商人，而儒教則賦予了中國人成為君子的品質。這也是近代資本主義誕生於歐洲而不是中國的原因。十七世紀到中國傳教的耶穌會教士曾經試圖將儒教與基督教融合。科隆人湯若望（Johann Adam Schall von Bell）甚至充當了正因愛妃董小宛被毒害而心灰意冷的順治皇帝的心理醫生。在耶穌會教士看來，儒家「天」的概念與基督教的「上帝」有相似之處；「禮儀」也可看作對聖賢的崇拜，與基督教教義沒有任何衝突。康熙皇帝也曾持這樣的態度。但一些死腦筋的教會人士堅決反對禮儀，被激怒的康熙於是在一七一七年宣佈禁止基督教的傳教活動。這是題外話。

被路德和土耳其人攪了局的查理五世

在歷史學家看來，儘管查理大帝在八世紀末用基督教統一了今天的西歐，但現代歐洲的概念當時還根本不存在。「當這塊土地上的國家不再自視為羅馬帝國的後裔、不再自認為肩負著在全世界傳教的重任時，我們才能談論歐洲。」[22]照此說法，歐洲概念的形成應當是在中世紀末期，也就是東羅馬帝國衰亡的十五世紀中期。政治上的歐洲概念剛剛誕生，十六世紀上半葉便有一位君王差一點步查理大帝的後塵，以基督教名義統一西歐。他的頭銜可多了：西班牙國王卡洛斯一世、西西里國王、那不勒斯國王、尼德蘭君主，當然流行最廣的稱號是德意志民族神聖羅馬帝國皇帝——查理五世。

我前面提到，西羅馬帝國已經於五世紀滅亡。查理大帝自視為羅馬帝國的繼承人，因此史學家一般認為西元八百年查理加冕也是神聖羅馬帝國誕生的時刻。實際上，在「羅馬帝國」前面加上「神聖」二字是十二世紀一位皇帝的主意，打算再突出一下君權神授的意思。不過，這對覬覦皇冠的諸侯來說，似乎沒有起到震懾的作用，他們依舊為爭奪這個華而不實的東西打得頭破血流。說它華而不實，是因為它沒有給戴皇冠的人帶來什麼實權。神聖羅馬帝國不過是個虛名，或是個空殼，與現代意義上的國家根本沾不上邊。從十三世紀開始，出任神聖羅馬帝國皇帝的主要是哈布斯堡王朝的成員，其轄境雖有伸有縮，但總離不開奧地利和德國的部分地區，因此，羅馬帝國的名稱越來越名不副實。不過，決策者沒有一步到位更名為「德意志帝國」，而是於十五世紀又加了個開頭，變成「德意志民族神聖羅馬帝國」，越來越繁瑣。因此，儘管嚴格來說德國的誕生是在一八七一年，但我對「德意志民族神聖羅馬帝國」的漫長時期也簡稱德國，否則太囉唆了。也許正因這個帝國從一開始就是個怪胎，不對其他國家構成威脅，因此，它直到一八〇六年才在拿破崙成立萊茵聯邦後壽終正寢，好歹也算是個千年帝國[23]。

回到查理五世，我們看他的那些頭銜就能大概知道他當時統治的地區幅員多麼遼闊：西班牙、義大利、德國、荷蘭、比利時、盧森堡。與查理大帝的版圖相比，多了西班牙（因為他是西班牙人），少了法國。法國不服他的領導，並與查理五世數次交鋒。這位西班牙人曾經生擒法國國王法蘭索瓦一世（François I），不過那時候殺人不眨眼的中世紀已經過去。他不但放了法國國王，而且還與他簽署了君子協定。

查理五世是狂熱的天主教徒，抱著將天主教傳播到全歐洲的理想，但偏偏馬丁•路德是他的同代人，把天主教會的地盤奪走了大半。查理五世也曾經因此對路德百般刁難，但畢竟宗教裁判已成為歷史塵埃，他也只有眼睜睜地看著教會分裂。查理五世放路德一馬的另一個原因是土耳其人的騷擾。他們於一四五三年攻佔拜占庭，使東羅馬帝國從地球上消失。在那個「勝者為王，敗者為寇」的時代，鄂圖曼帝國當然不會停止擴張。西進的土耳其人使查理五世分身乏術，讓他顧不上打壓新教。因此，馬丁•路德的追隨者們欠了土耳其人一份人情。

教會分裂使查理五世悲痛欲絕，並在萬般無奈之中提前退位，去一家修道院安度晚年。他在退位時發表的演說今天讀起來仍然令人感動。這位曾經統治歐洲四分之一人口的君王說：「我這輩子曾經犯了很多錯誤。但有一點可以保證：我從未有意傷害過任何一位臣民，對他們施以暴力或不公。如果真有這種情況，我感到很遺憾，並請求原諒。」心灰意冷的查理五世深知沒有自己的權威，帝國難以為繼，於是將自己苦心經營的歐洲帝國分給了弟弟和兒子。十六世紀在基督教名義下的歐洲融合又是曇花一現。

歐洲基督教大戰：三十年戰爭

馬丁・路德和查理五世都已名垂千古之後，歐洲各國仍然為新教還是天主教打成一團，那可是你死我活的鬥爭。最典型的例子是作為新教徒的英格蘭女王伊莉莎白一世（Elizabeth）處死天主教徒、蘇格蘭女王瑪麗一世（Mary Stuart）。神聖羅馬帝國境內的各路諸侯也分成兩派，並分別成立了新教聯盟和天主教聯盟。不過，這些諸侯往往是打著宗教的旗號爭奪地盤。大致上，信奉天主教的諸侯是保皇派；信奉新教的諸侯則反對皇權，因此遭到哈布斯堡王朝的打壓。一六一八年，神聖羅馬帝國的皇帝拿波希米亞（Bohemia）[24]開刀，禁止布拉格新教徒的宗教活動，拆毀教堂，焚燒新教書籍。布拉格的新教徒衝進王宮，把皇帝的欽差從窗戶裡扔出去。這一「擲出窗外事件」成為三十年戰爭的導火線。波希米亞人推舉普法茲（Pfalz）選帝侯腓特烈五世（Friedrich V der Winterkönig）做波希米亞國王。剛剛在美麗的海德堡（Heidelberg）修築了宮殿、準備與英國公主伊莉莎白安居樂業的腓特烈五世這下陷入兩難。直覺告訴他：亂世之時，不能離開自己的根據地。伊莉莎白嘶嘴了：她一直對嫁了一個選帝侯而耿耿於懷，因為丈夫上面有皇帝，還有六個擁有選舉皇帝權利的侯爵與他平起平坐；現在丈夫終於可以當國王，和自己門當戶對了，怎麼能錯過這個機會？腓特烈五世在嬌妻虛榮心的驅使之下，忐忑前往布拉格。事實證明，他的預感是正確的。只過了一個冬天，皇帝便撤了腓特烈五世的職。他因此而得到「冬王」的綽號。這外號聽起來挺浪漫，實際是諷刺他短暫的國王生涯，不過一個冬天而已。被廢黜的腓特烈五世也丟了普法茲的地盤，被流放到荷蘭，可謂人財兩失。唯一令他欣慰的是：英國公主表示願跟隨他到天涯海角——也許她為自己的餿主意害了丈夫而愧疚。兩人在流亡地閑著也是閑著，接連生了十幾個孩子。子女們通過婚姻遍及歐洲王室，也算間接為父親出了口惡氣。這是三十年戰爭的一個插曲。

這場戰爭是德國皇權與諸侯之爭、是天主教與新教之爭，同時也是歐洲列強借宗教展開的權力鬥爭。法國看到德國為宗教、為皇權打得不可開交，於是趁火打劫，想把水攪得更濁，目的是自己稱霸歐洲。儘管法國從上到下信奉天主教，國王卻站到了德國信奉新教的選帝侯一邊，以削弱其皇權，讓德國更加分裂。當然，捲入戰爭的不只是法國，支持新教同盟的還有瑞典、英國、俄羅斯等國；為天主教同盟撐腰的則是西班牙、波蘭等國。在這場歐洲大戰中，德、法第一次成為敵對雙方，或者更確切地說：信奉天主教的一半德國與法國交火。

三十年戰爭是在德國土地上展開的一場歐洲大戰，也是人類歷史上最殘酷、歷時最久的戰爭之一。主戰場德國可被折騰慘了，有的地區甚至銳減三分之二的人口。當時人均壽命只有十七歲，也就是說，很多在戰爭初期或中期出生的德國人根本不知道和平是什麼樣子。一六四四年，參戰各方打得資源耗盡、兵源枯竭之時，各國使節在德國的明斯特（Münster）開始和談。為什麼選擇德國西北部西發里亞（Westfälische）的這個小城為和談地點？因為它的位置較有利，距離北歐和西歐的王室諸侯都不太遠；此外，明斯特是當時德國少數幾個還沒被戰爭傷及的城市之一。成為和談會址之後，明斯特徹底變成一塊和平的綠洲，因為打仗不傷使者是放之四海而皆準的道理。上百名來自歐洲各國的代表在那裡拿出人性最醜陋的一面討價還價。怪不得有人說當時的地獄肯定是空空如也，因為「魔鬼」都聚集在明斯特了。不過，正是這些「魔鬼」給明斯特的服務業帶來可觀收入。今天，明斯特是德國最富饒美麗的城市之一，還是德國最環保的城市，享有「自行車城」的美譽，曾被評為世界上生活品質最高的中等城市。

回到十七世紀。一六四八年，參戰各方在明斯特和奧斯納布魯克（Osnabrück）簽署了《西發里亞和約》（Westfälischer Friede）。和約制定了現代國際關係的遊戲規則，因此可以說是第一部國際法。和約承認德意志眾多諸侯國和瑞士、荷蘭的主權，確認主權國家的平等，打破了羅馬教皇的神權體制。這也是歐洲世俗統治者第一次以會議的方式解決爭端，當然是在各方都打不動了的前提下。戰爭的直接結果：天主教與新教打了個平手，諸侯戰勝皇權。這意味著，諸侯們可以決定自己領地裡的臣民追隨教皇還是馬丁・路德，德國在宗教上成了一塊花花綠綠的拼圖。

政教分離打破宗教統一夢

我上面沒少說基督教、特別是天主教會在歷史上扮演的不光彩角色。一個原因是宗教權力和世俗權力的勾結，最好的證明就是教皇給皇帝加冕，給皇帝的權力帶上了一層天授的色彩，有點像中國的皇帝；作為交換條件，皇帝給予教皇政治和軍事上的支援。有了軍隊的支持，教會裡誰還敢向教皇挑戰。有時候神權和君權乾脆融為一體。我前面提到在德意志民族神聖羅馬帝國掌握實權的七位選帝侯中，一度有兩位大主教。怪不得中世紀那麼暗無天日：君主、教會互利互惠，一起搜刮百姓。君王理直氣壯地徵稅，教會則發放「心靈貸款」（贖罪券）。最先是十六世紀的馬丁・路德打亂了政教和諧。在他看來，人可以直接與上帝聯繫，用不著那麼多仲介。沒了仲介，也就沒了仲介費，天主教會的惱羞成怒可想而知。斷了一個重要財源不說，天主教會的信眾也被路德搶走了。十六世紀下半葉，大多數德國人皈依了新教。天主教會不甘心失敗，於是有了宗教改革之後的反改革，有了十七世紀的宗教戰爭。打了三十年，兩大教會平分秋色。戰爭的結果直接影響到今天的德國。北部聯邦州新教教徒居多，也是社民黨（Sozialdemokratische Parei Deutchlands，簡稱SPD）傳統選民的聚居區；南部聯邦州、特別是巴伐利亞（Bavaria）則是天主教會的老巢，因此也是聯盟黨（Unionsparteien，由基督教民主聯盟和基督教社會聯盟組成）的重鎮。

三十年戰爭也為政、教分離拉開了序幕。世俗統治者不願捲入兩大教會的互相殘殺，但又不能眼看著自己的臣民成為教會爭奪「真理權」的犧牲品，於是一面開始與教會保持距離，一面將武力的使用權據為己有。言外之意：你們怎麼對罵都可以，但發動戰爭不是你們的事情。誕生於英國，以法國為核心的啟蒙運動主張理性思維和宗教寬容，中世紀神學至高無上的地位被自然科學、哲學、歷史學等學科所取代。那時候空氣中彌漫著對科學的饑渴，很多歐洲家庭晚上聚在一起不再讀《聖經》，而是讀《百科全書》。在德國二十世紀上半葉的漢學家埃爾克斯（Eduard Erkes）看來，法國哲學家狄德羅（Denis Diderot）主編的《百科全書》是以中國的《永樂大典》為樣板的。啟蒙時代的最重要思想家萊布尼茲（Gottfried Wilhelm Leibniz）、伏爾泰（Voltaire）、韓德爾（George Frideric Handel）和歌德（Johann Wolfgang von Goethe）都對中國，特別是儒家學說做了深入研究。誰能說這些歐洲人強調的理性原則、和平主義和國際主義不是受了孔夫子的影響呢？

啟蒙運動為法國大革命奠定了基礎，法國大革命又徹底完成了政教分離。信什麼教、在什麼教會門下，完全成了個人的事情。直到今天，法國仍然是西歐政、教界限最清晰的國家。政、教分家給雙方都帶來了好處。政治少了一個競爭對手不說，教會通過慈善工作還能為國家緩解社會矛盾；教會不再與政治這樁普遍被視為骯髒的交易沾邊，這大大改善了教會的形象。

德國政教分離的過程比較漫長，而且拖泥帶水。十九世紀初，國家與教會簽約答應替兩大基督教會徵稅，其實也就是承認了基督教的國教地位，直到一九一九年威瑪共和國憲法才正式為國家和教會辦了「離婚手續」。不過，名義上離婚了，實際上雙方的關係仍然曖昧。憲法前言裡仍有「上帝」的字眼，財政局繼續為教會辛勤斂錢，國家開辦的學校保證有天主教和新教兩套宗教課，國家對教會開辦的學校、醫院等利民設施提供財政援助，類似的例子不勝枚舉。「離婚不徹底」使得德國今天在處理與伊斯蘭關係的時候也有些棘手。隨著穆斯林占德國人口比例不斷提高，平行社會的問題日趨嚴重，有些清真寺公開宣傳與德國背道而馳的價值觀。迄今德國有關部門對清真寺的運作撒手不管，一來擔心揹上干涉宗教自由的罪名；二來德國政界對管理的具體操作存在爭議。如果真想減少沙烏地阿拉伯和土耳其對德國清真寺的控制，就必須不惜血本，資助清真寺建設，自己培養伊斯蘭神職人員。有人建議乾脆依照教會稅的模式，也向穆斯林徵稅，不過這意味著提升伊斯蘭的地位，保守黨派堅決不答應。這是題外話。

在德國歷史上推動政教分離的還有希特勒。他在攫取政權之初曾經利用教會，之後撕毀了與教會的協定。這樣一個有統治世界野心的狂人怎麼會容忍教會的指手畫腳。而教會在最初的姑息之後，與希特勒展開了可歌可泣的鬥爭。除了教會內部湧現出一批積極抗爭的教士和基督徒之外，教會的機構還為遭納粹通緝的政治家提供庇護，後來聯邦德國的首任總理艾德諾（Konard Hermann Joseph Adenauer）就是一個最知名的例子。與阿登納並稱為「歐洲之父」的法國外長舒曼（Robert Schuman）和義大利總理加斯貝利（Alcide De Gasperi）也對教會的救命之恩感激不盡。

偏偏這三位虔誠的天主教徒成為戰後歐洲大陸上三個主要國家的掌舵人。這是上帝的安排嗎？在他們看來，在基督教的價值觀基礎上去實現歐洲統一是這個古老大陸重現輝煌的唯一途徑。

不過，雖然基督教仍是歐洲信徒最多的宗教、《聖經》也仍然是很多歐洲人的共同語言，但歐洲世俗化的潮流勢不可當，那三位天主教政治家的夢想也便沒有了成真的可能。今天，基督徒在歐洲人口中所占的比例不斷下降，定期去教堂的基督徒更是越來越少。已經有第一批教堂改為清真寺。而《歐盟憲法條約》的前言根本就沒有「上帝」這個字眼，原因是多數成員國不同意該憲法和基督教發生任何關係。[25]

注釋

1 柯爾接受《天平》（Waage）雜誌採訪時所言，刊於二〇〇四年四月第四十三期。
2 今天，該遺物箱每隔七年對信眾展示一次。
3 施密特從一九九〇年開始做《時代周報》發行人，直到去世。
4 英語「民主」的意思，其他語言的「民主」一詞也大同小異。
5 勒內・格魯塞：《偉大的歷史》（秦傳安譯），南京：江蘇人民出版社，二〇一五年版，第一百二十九頁。
6 此畫又稱《亞歷山大戰役》，約一五二九年完成。
7 今天希臘的國旗仍然是這兩個顏色。
8 陳舜臣：《中國歷史風雲錄》（陳亞坤譯），桂林：廣西師範大學出版社，二〇〇九年版，第七十一頁。
9 Jürgen Malitz, Nero (München: C.H.Beck, 2013), pp. 69-79
10 Kurt Nowak, Das Christentum (München: C.H.Beck, 1997)
11 Karen Armstrong, Über die Bibel (München: dtv, 2008)
12 Karen Armstrong, Über die Bibel (München: dtv, 2008)
13 他本人在西元三三七年臨終時才受洗，正式皈依基督教。四世紀末，基督教成為羅馬帝國的國教。
14 Hermann這個名字今天仍在使用，不過有些老古董的味道。

15 其他歐洲國家也有類似運動，主要是針對目前歐洲大量的穆斯林移民。

16 今天德國的帕德博恩（Paderborn）。

17 十九世紀和二十世紀初，德國史學界認為《凡爾登條約》三分帝國是德意志歷史的開始。二十世紀七〇年代以來，學界主流認為德意志的形成不是一蹴而就的，而是一個漫長的過程。

18 查理的兒子、孫子和曾孫子輩裡都有叫路易的，也許因為這個名字是查理大帝起的，都想從祖輩的光輝中沾點光。

19 Karen Armstrong, Über die Bibel (München: dtv, 2008)

20 Dietrich Schwanitz, Die Geschichte Europas (Frankfurt: Eichborn, 2003)

21 Wolfgang Schluchter, Max Webers Studien über Konfuzianismus und Taoismus (Berlin: Suhrkamp, 1983)

22 Rolf Hellmut Foerster, Die Idee Europas 1300-1946 (München: dtv, 1963)

23 從查理大帝加冕的西元八〇〇年算起。

24 位於今天捷克的中西部地區。

25 Günter Buchstab, Rudolf Uertz, Was eint Europa: Christentum und kulturelle Identität (Freiburg im Breisgau: Herder, 2008)

CHAPTER 2

文化統一缺乏共同語言

西元前六世紀到西元一世紀是人類思想最活躍的時期，各種對後人產生了深遠影響的學說都是在這期間問世的。那之後的哲學家不過是對先人的學說進行闡釋，或是為某一學說與同代人爭論不休。為什麼那幾百年裡希臘第一位哲學家泰勒斯（Thales）、中國聖賢孔子、佛陀釋迦牟尼和基督教救世主耶穌相繼誕生？一方面，因為那時候人們的物質生活大大改善，一個城邦或國家有能力養活一些脫離體力勞動的學者，讓他們從事教育或思考人生的問題；另一方面，當時人們的生活仍然艱辛，在自然災害面前往往束手無策，這使自然現象成了哲學家首批思考對象。在泰勒斯看來，創造世界的不是神，因此神也不能對打雷、地震這些自然現象負責，這樣的言論在當時簡直是一場革命！

誰能讀原文的《荷馬史詩》？

生活於西元前五世紀的蘇格拉底（Socrates）拋棄了自然哲學，開始思考人類的倫理問題：什麼是正義？什麼是勇敢？什麼是誠實？什麼是智慧？什麼樣的人適合領導國家？是正義、勇敢、誠實的智者。據說他在雅典見了誰都拉住人家討論，使整個城邦人心惶惶。當局者於是找了個理由對他判了死刑。蘇格拉底放棄了逃生的機會，因為他擔心一旦自己逃亡他鄉，雅典人就少了一個最好的老師。看來他是個死心眼的人，不懂得「留得青山在」和「好死不如苟活」的道理。蘇格拉底最終選擇喝毒藥，據說他在斷氣的過程中還在和朋友進行哲學辯論。

蘇格拉底和他的學生柏拉圖（Plato）以及柏拉圖的學生亞里斯多德（Aristotle）後來被並稱為「古希臘三賢」。亞里斯多德曾經擔任亞歷山大大帝的私人教師，為十三歲的亞歷山大講授道德、政治和哲學。他的名言很多，比如，「一個人只有超越了恐懼才有真正的自由」、「只有不畏艱險追求遠大目標才能成為真正的人」。亞歷山大征服世界難道不是受了老師的影響嗎？亞里斯多德是個全才，除了創作了西方哲學的奠基著作《形上學》之外，還寫了《物理學》、《氣象學》、《修辭學》、《詩學》等。對他死亡的原因眾說紛紜，其中的一種說法是因為搞不明白潮汐現象而急死的。

希臘人對人類文明的貢獻是發明了民主體制和奧運會，又為歐洲的哲學和文學開了先河。《伊利亞德》和《奧德賽》是盲人荷馬（Homer）創作的英雄史詩，就像我們的《三國演義》。《伊利亞德》敘述了希臘人遠征特洛伊城的故事，《奧德賽》講的是人的宿命。歷史學家對《奧德賽》是否真為荷馬所寫的書存疑，不過即使只有《伊利亞德》一部史詩，也足以使荷馬名垂青史了。

《伊利亞德》從持續十年的特洛伊戰爭裡截出最後一段並放大處理。荷馬最鍾情兩位英雄：希臘的阿基里斯（Achilles）和特洛伊的赫克特（Hector）。阿基里斯是被金蘋果攪亂婚禮的那對夫婦生下的兒子，全身刀槍不入，只有腳踝是弱點；赫克特是帕里斯（Paris）王子的兄長。在最後的決戰中，阿基里斯殺死了赫克特；帕里斯為兄長報仇，一箭射中阿基里斯的腳踵，希臘英雄倒下了；帕里斯也受重傷死亡。

聰明的希臘人奧德修斯（Odysseus）想出一個絕妙的主意：造一隻碩大無比的木馬，把上千勇士藏匿其中，同時希臘大部隊假裝撤退。一名希臘信使向特洛伊人釋放「煙幕彈」，說希臘部隊打不過勇猛的特洛伊人，已經打道回府，城門前的木馬是給戰神雅典娜的祭物。特洛伊人信以為真，打開城門放木馬入城，並開懷痛飲慶祝勝利。等他們喝得差不多的時候，木馬裡的希臘勇士突然冒出來，與返回特洛伊的希臘大部隊裡應外合，特洛伊城不攻自破。失去了心上人的美女海倫只得與丈夫一起返回斯巴達。與中國歷史上因自己的美貌而引起爭端的王后、貴妃相比，海倫還算幸運了。

荷馬是歐洲第一位詩人。他筆下的戰爭場面波瀾壯闊，人神混雜，打得昏天黑地。但《伊利亞德》寫的不僅是血腥的戰役，還有不少精美的田園牧歌。荷馬也時不時流露出人生苦短的悲歎：「正如樹葉的枯榮……人類也是一代出生，一代凋零。」

荷馬使用的語言是希臘人的又一個偉大發明。它的字母一直沿用到今天，很多單詞也沒有變化。西元前四世紀到西元前一世紀，從西西里到埃及，一直到印度邊境，希臘文化的影響無處不在。人們在寺廟裡拜希臘的神，上演希臘的戲劇，說希臘語，因此希臘語可以說是第一種世界語。今天，古希臘語仍然在很多歐洲語言裡若隱若現。比如，paidagogos這個詞在古希臘語裡的意思是「引領孩子的人」，他們是富人家的奴隸，主要工作是送主人家的孩子上學，為他們背書包、撐傘，放學時把他們接回家。兩千年下來，歐洲語言的「教育學者」這個詞一般都與paidagogos大同小異。[26]英語 lyrics（詩歌）源於希臘語的lyra，希臘語裡的bois（生命）是「生物學」的詞根，tele（遠）則為戰勝距離的「電話」等現代詞彙提供了靈感。

我前面提到，人類有史以來最暢銷的書——《新約聖經》就是用古希臘語創作的，作者是耶穌門徒的徒弟。既然他們都是猶太人，為什麼不用希伯來語，而用希臘語寫作呢？這正說明了希臘語當時的重要。寫書是為了給盡可能多的人讀，打算傳播上帝資訊的《新約聖經》的作者硬著頭皮以非母語的希臘語為手段，不是很好理解嗎？今天德國一些高級文理中學還開設「古希臘語」這門課。對神學系的大學生來說，古希臘語是門必修課，因為下決心終生為上帝服務的人怎麼也得讀懂《聖經》的原文。

羅馬人取代了希臘人在歐洲的主導地位之後，對歐洲文化最大的貢獻是在希臘語基礎上創造了拉丁語。羅馬人每征服一個國家，便強迫那裡的人們講拉丁語。因此，拉丁文差一點成為歐洲的統一語言，或者說它只成為知識階層的共同語言，而被佔領國家的老百姓將自己的語言與拉丁文雜交，形成了法語、西班牙語、葡萄牙語、羅馬尼亞語等，當然今天的義大利語也屬於拉丁語系。不過，拉丁語系之外的德語和英語也使用拉丁字母，很多外來語源自拉丁文，發明新的專業詞彙時也經常借拉丁文做詞根。今天歐洲學者用拉丁文寫文章，業內人士一般都能讀懂。不過總體來說，拉丁文的重要性在下降。在德國的高級文理中學，拉丁文從必修課降至選修課就是一個證明。需要以拉丁文為前提的大學專業範疇也在縮小。特別是醫學和法律這兩個重量級專業不再要求學生出示拉丁文結業證明，對中學的拉丁文教學是個沉重打擊。

因為歐洲沒有成為大一統的國家，也因而沒有實現語言的統一。古希臘語一度享有世界語的地位，但羅馬人主宰歐洲之後，儘管凱撒很嚮往希臘文化，但作為征服者，他們不可能全盤接受希臘語。在查理大帝以基督教統一歐洲的征戰中，儘管他每到一處都把基督教強加給當地人民，而且請教士手抄拉丁文版的《聖經》，但查理缺乏像李斯那樣有遠見和魄力的政治顧問，沒有在轄境內強制推廣拉丁文，使得歐洲在語言上仍然是一張五顏六色的拼圖，而拉丁文的使用僅限於人文科學的學術範疇。

如果說古希臘給人類留下了文學藝術、科學和哲學，那麼羅馬人對人類的貢獻則是政治體制和法律，那些名字流傳至今的演說家也是政治活動家。在文化藝術領域，羅馬人將古希臘的雕塑發揚光大，特別是肖像雕塑，個個栩栩如生，據說這與羅馬人從前在死人臉上做模、之後繪成彩色面具的傳統有關。十五世紀的文藝復興便是以古羅馬的雕塑為榜樣，以人為本，結束了中世紀幾百年以上帝神靈為核心的文化。而在延續幾百年的中世紀，歐洲的政治和文化中心從南歐地中海沿岸向北、向西轉移，在今天法國和德國的土地上誕生了騎士文化。

春秋的俠士風骨和歐洲的騎士精神

西元九五五年八月十日，國王奧托（Otto I）的七千名騎兵在奧格斯堡（Augsburg）南部的列希平原上與入侵的匈牙利人對壘。當時，匈牙利騎兵在中歐燒殺掠搶、無惡不作已經長達半個世紀之久。奧托決心在這一戰役中將他們擊潰。他的騎兵擅長短兵相接的戰鬥，因此，奧托耐心等待著。大軍壓境的匈牙利人在三十米開外的地方突然停下來。奧托還沒來得及考慮匈牙利人葫蘆裡賣的是什麼藥，雨點般的弓箭便迎面襲來。這是匈牙利人的秘密武器，雖然穿不透奧托騎兵的盔甲，但若是穿進縫隙，起碼會傷幾根肋骨。況且馬沒有鎧甲，馬翻人仰，奧托的騎兵亂了陣腳。一陣亂箭之後，匈牙利人暫時撤退，以準備下一輪進攻。這時奧托回過神來，果斷命令部下：「追擊！」七千名驍騎全速追趕，與敵人展開一對一的殊死搏鬥。最後，匈牙利騎兵不是被殺，就是被俘虜。不少歷史學家將這一戰役視為德意志民族誕生的時刻。無論如何，它使奧托在當時眾諸侯中的聲望大增，這是他日後成為羅馬帝國皇帝的最大資本。

奧托大帝的七千名騎兵以農民為主，他們的盔甲和武器都是自備，不能向國王報銷。平日在家務農，國王一聲召喚，便星夜兼程奔赴戰場，就像現代的「即時生產系統」（Just in

Time），費用低，效率高，只憑一顆對國王的忠心。列希平原戰役之後，奧托將一批戰績顯赫的農民提拔為低級貴族，還賞賜給他們土地和農民，這便是封地。而這些被提拔的農民便是騎士的前身。一般認為，歐洲騎士出現於十七世紀。這比中國晚了一千多年。中國的「騎士時代」可以追溯到周朝末期和春秋戰國。「這一時期的戰爭是有俠士風度的戰爭，用來作戰的是那種傑出、高貴的武器——戰車。」[27]戰車被套在四匹馬上。與單「劍」匹馬的歐洲騎士相比，中國騎士的戰車多麼氣派。不過在短兵相接時，這樣的裝束可能就有些華而不實了。武士們經常在戰鬥之前一起喝酒，還交換武器。如果被征服者以騎士風度向勝利者祝賀，那麼一般就會保住性命。這與一千多年後的歐洲何其相似。

與古代中國一樣，歐洲的貴族頭銜和封地也可以世襲，並漸漸形成層層依附的關係：君主把地封給諸侯，侯爵再下放給低級貴族，最下層的是農民。封地制度容易使諸侯自成一家，周朝後期的大諸侯就是這麼幹的，根本不把周天子放在眼裡。差不多是在同時，希臘亞歷山大大帝的將軍們也如法炮製，看來人類的天性沒有東、西之分。戰國時代更是諸侯爭霸的高潮時期。秦國先後消滅了韓、趙、魏、楚、燕、齊，統一中國。秦始皇對各國的諸侯都信不過，於是用一套等級森嚴的官僚體制取而代之。儘管秦始皇之後的統治者很快恢復了封建世襲制，但七世紀開始實行的科舉制度為窮人提供了出人頭地的機會，這是中國式的民主。

回到歐洲。從十一世紀到十六世紀，騎士影響了歐洲歷史五百年。騎士頭銜可以世襲，也可以被封，只有國王有授予騎士稱號的權力。當然，國王不一定親臨現場，而是派特使完成相關儀式。最重要的一個環節是騎士跪在特使面前，單腿點地，特使用寶劍輕觸騎士的雙肩，之後宣讀國王的諄諄教誨：「在外敵面前勇敢，在窮人面前仁慈；照顧孤兒寡婦，尊敬熱愛上帝。」騎士回答：「我宣誓，我將在上帝的幫助下效忠國王。」「我將在上帝的幫助下」這個附加句在今天德國內閣成員宣誓就職時仍然能夠聽到。

利劍與騎士就像教士與《聖經》一樣是分不開的一對。利劍戰時是武器、平時是地位的象徵。與騎士密切相關的還有城堡。只有騎士才有修築城堡的權利，當然並非所有騎士都擁有如此財力。後人對城堡中的騎士不乏浪漫的想像，不過當時的城堡生活可以用瑣碎和無聊來概括。每個城堡都像是一個自給自足的合作社，騎士是社長。他統籌規劃之外，事無巨細都要操心。又髒又累的工作都忍了，最讓騎士受不了的是和平。這話聽起來有點彆扭，仔細想想就不難理解了：騎士的榮譽是由戰鬥而來，而榮譽和戰鬥都容易讓人上癮。這就像較長時間不參加比賽，因而也沒有獎牌的頂尖運動員一樣，心裡一定不是滋味。尤其是那些世襲的騎士，如果生不逢時趕上和平時代，怎麼證明自己的勇敢呢？

閒得發慌和急著展示自己本領的騎士多了，於是就有了比武的習俗。中國春秋戰國的騎士也在和平時期舉行箭術比賽，並有輕歌曼舞伴隨。相比之下，歐洲的騎士比武更具陽剛之氣。這也是法國和德國「騎士文學」中最津津樂道的部分。十三世紀初，德國最著名的騎士作家哈特曼・馮・奧爾（Hartmann von Aue）[28]這樣描述他的英雄：騎士在森林裡遇到一個相貌恐怖的野人。野人問他找什麼，騎士回答：「大家都稱我為騎士。我尋找一個和我一樣全副武裝、願意和我比武的男人。他擊敗了我，榮譽是他的；但如果我戰勝了他，那麼我就會成為英雄。」野人說：「你果真放著舒服的日子不過，一門心思找不痛快，那麼我可以給你指路。」野人指著一座城堡說：「那裡的主人接受任何挑戰。」騎士馬上道謝，向城堡奔去。這段短短的對話道破天機：比武的目的是追求榮譽。榮譽就像騎士的資本，它渴望著利上加利。比武不是因為騎士之間有什麼冤仇，而是一種生活刺激，是騎士的追求。

比武可以是一對一，也可以是二十對二十、一百對一百，只要勢均力敵。這不像今天的拳擊，有規則，有裁判，不可故意傷人。比武和戰爭其實沒有什麼區別，真刀真劍地拼命。結果也和戰爭差不多，死傷是常有的事。唯一的區別是：當劍尖抵在對方胸膛或脖頸、對方求饒時，真正的騎士就應住手。況且活的遠比死的值錢，因為比武的騎士一般都帶著贖金——萬一被活捉可被家人贖出來。越是勇猛的騎士贖金越高。天黑收兵，結帳狂歡。也就是說，比武不僅事關名譽，對武藝高強的騎士來說還是項重要的財政收入。不過因此而認為騎士貪圖利益是不公平的，因為比武所得的一大部分馬上又被揮霍掉。精打細算不是騎士所擅長的，慷慨豪爽才是他們的特點。這也難怪——生命隨時可能丟在戰場或比武場上，不及時行樂就太對不起自己了。同樣重要的是：慷慨更容易征服女人的心。

女人是騎士生活的佐料，缺了女人就沒味了。騎士在戰場上拼殺是為了國王，比武場上爭鬥是為了榮譽，但也有一部分是為了博得心上人的青睞。她可能是騎士確定了的追求物件，也可能是有夫之婦，但無一例外是美麗和高貴的女人。女人們自然不會放過比武這個重要的社交活動，展示自己的風姿，或是激勵自己的意中人。有的還把袖子摘下來（當時的袖子不是縫上的），釘在騎士的盾牌上。這是多麼大的動力呀！當勇士凱旋將帶血的袖子展示給心上人時，外向一點的姑娘會立即把袖子穿上，陌生人的鮮血竟成了點綴。

這些年輕男女滿腦子的浪漫念頭與騎士文學有關。德國的騎士文學是用中古德語寫成，有點像我們的古漢語，今天半猜著也還能讀懂。有一首愛情詩質樸而優美，中文版雖不夠理想，不過我不敢翻譯詩，還是把市面流行的版本給大家：「君身屬我兮，我身屬君，此情君應知之深！我今將君兮，心頭鎖；鑰匙而失落兮，君只得永在我心頭存！」能想像出原文的韻律和美感嗎？這首詩大約寫於西元一二〇〇年。詩作者沒有記載，據說是一位出身高貴的女士。她愛上了一位神父，寫詩抒情。神父喜出望外，向她求愛，卻遭到拒絕，因為她認為真正的愛情只能是柏拉圖式的。

而這也是整個騎士文學的基調：愛情是等待、是忠貞，與性欲不沾邊。不過這樣的童話是編給女人聽的。男人可以愛上有夫之婦，也可以在外面不懈地征服。騎士文學中也不乏男人自我吹噓的故事。最令人生氣的是：騎士文學作者一邊寫動人的柏拉圖式的愛情、一邊挨個城堡吟唱自己的故事，趕上騎士不在家，便試圖勾引美麗的女主人。要知道當時騎士出門打仗可能一走幾年，生死不明。守活寡的年輕女子接待一個突然出現的風流倜儻又知書達理的詩人，需要多大自制力才能抵擋誘惑？！抵住誘惑的會後悔幾個月，在管家和僕人的眼皮底下偷情又要擔很大風險。一旦被發現就要看騎士丈夫的肚量了。做女人難，自古如此。不過在騎士幾百年的歷史中，他們對女人的態度逐漸在進步。最初，婚姻不過是騎士擴大權力與影響的工具；後來，越來越多的騎士與自己朝思暮想的心上人喜結良緣；再後來，騎士除了在戰場上的強悍之外，也學會了舉止得體和柔情似水，成為真正的護花使者。

以上帝的名義大開殺戒：十字軍東征

不過，終日兒女情長就不是騎士了。沒有戰爭的時候，騎士就是騎士的敵人。他們或者受其他騎士的侵犯，或者自己出去生事，攪得四鄰不安、雞犬不寧。教會本來就視騎士為強盜，對比武更是早就下了禁令，因為比武除了使用暴力，還引發一系列在教會眼裡極不健康的情感，如嫉妒、貪婪、仇恨等，與女人掛鉤就更大逆不道了。騎士不僅無視教堂的禁令，彼此爭鬥竟然打到教堂也不住手。這還了得。教會於是約法三章：比武可以，但是只能在特定的時間，有的地方規定一年有八十天，還有的地方是週一至週三。其餘時間是所謂的「上帝的和平」。違者重罰，貴族被驅逐出境，奴僕被大卸八塊。

後來，教會想出了一個更好的主意：化消極因素為積極因素，允許騎士享受暴力的樂趣，但讓暴力為教會服務：保護教堂和教區內的弱勢群體。教皇更是棋高一著，想出了十字軍東征的主意。當時，基督教的聖城耶路撒冷被阿拉伯人佔領，君士坦丁堡的東羅馬皇帝也頻頻向西部的基督教世界告急。於是，教皇烏爾巴諾二世（Beatus Urbanus PP.II）在一〇九五年十一月發表了那個著名的演說：「所有昔日的強盜現在可以變成基督的士兵，所有為幾塊銀元而賣命的現在可以獲得永恆的報酬。」他指的是死後上天堂。教皇的演講是第一次十字軍東征的總動員。這不是一石二鳥嗎？既發揮騎士的戰爭能量，又防止他們在家門口擾民滋事。次年，一支近三萬人的西歐多國部隊出發了。他們先在君士坦丁堡驅逐了土耳其人，之後繼續向聖城行進。由於大多數士兵是徒步，幾千里的路程，又加上在君士坦丁堡的耽擱，三年之後、一〇九九年，這支人困馬乏的大軍才抵達耶路撒冷。雖狀態不佳，但士氣不減。這些士兵基本上都是基督徒，當時正流行著世界末日即將來臨的說法，只有贖罪和祈禱才可能獲救。最虔誠的表現則莫過於去耶路撒冷耶穌墓（當然是空的）朝聖。怎奈阿拉伯人攔腰堵路，還迫害基督徒，連教皇都呼籲施暴了。因此，這些累得半死的十字軍戰士剛剛踏上耶路撒冷的土地，第一個念頭是「美」，第二個念頭便是「殺」。別看他們疲憊不堪，陣勢卻十分嚇人：除了步兵加騎兵三萬人之外，還有看熱鬧、朝聖或趁火打劫的兩三萬基督徒。看見這景象，阿拉伯人先在心理上矮了半截。雙方廝殺得昏天黑地，把什麼耶穌或阿拉的教誨全都置之度外。第一次十字軍東征以西元一一〇〇年耶路撒冷王國的誕生、基督徒的勝利而告終結。原來的騎士被加上了「基督」的頭銜。

奪回聖城，騎士名聲大噪，社會地位上升。他們不再是低級貴族，各路諸侯甚至國王都自稱為騎士。最有名的莫過於英國國王理查一世（Ricahrd I），人稱「獅心王」。他不僅像獅子般勇猛，還是戰略家，經常以少勝多，即使敵人也佩服得五體投地。當時，東方出了個同樣具有傳奇色彩的騎士——薩拉丁（Saladin）。他統一了埃及、敘利亞和美索不達米亞，是歷史上第一位庫爾德裔的蘇丹。作為遜尼派代表，他在當埃及宰相的時候，就不遺餘力地打壓什葉派，可見這兩大勢力的爭鬥也是由來已久。一一八七年，薩拉丁從基督徒手中奪回耶路撒冷。教皇額我略八世（Gregorius PP. VIII）又發出聖戰的號召。兩年後，英、法、德聯軍開始東征。那一次西歐聯軍裡，最丟人現眼的是德國人，大名鼎鼎的神聖羅馬帝國的紅鬍子皇帝巴巴羅薩（Friedrich I Barbarossa）還沒有趕到戰場，就在河裡洗澡的時候淹死了。日爾曼軍心渙散，不戰而返。法國國王因與理查意見分歧也很快打道回府。於是「獅心王」成為第三次十字軍東征的統帥。他與薩拉丁都是智勇雙全，又都有騎士風範。在一次戰鬥中，「獅心王」的坐騎受傷，薩拉丁送他一匹駿馬。兩位將軍都給對方部隊帶來過慘重的傷亡，也都享受過無數輝煌的勝利。在後來的談判中，薩拉丁派人給生病的英格蘭國王送去水果和冷飲。「獅心王」決定放棄佔領耶路撒冷，雙方握手言和。薩拉丁在聖城歡迎十字軍隊伍，基督徒與穆斯林通宵達旦地狂歡。

當一部分歐洲人在中東與穆斯林拼殺的時候，另一部分歐洲人在西班牙與穆斯林學者攜手合作，尋找遺失在黑暗中世紀的科學。在伊比利半島伊斯蘭統治的安達魯斯王國（八世紀到十五世紀），歐洲學者發現了醫學、數學和被阿拉伯世界保留並發揚光大的古希臘自然科學。

他們第一次讀到阿拉伯語的亞里斯多德的著作，並將其翻譯成拉丁語。「當時，歐洲正處在精神復興的前夜，與教會提倡的柏拉圖主義相比，亞里斯多德的理性哲學更接近現實、更實用，令歐洲學者歡欣鼓舞。」[29]

說到此，阿拉伯人原來對歐洲文化的貢獻不小，而他們從歐洲人那裡學來了一神教。六世紀在麥加出生的穆罕默德（Muhammad）對基督教十分著迷，打坐靜思好幾年，自稱得到了上帝的啟示。他學習耶穌的榜樣自稱先知，把基督教的上帝奉為阿拉。可以說，羅馬帝國分裂的一個間接後果是伊斯蘭教的發展壯大。穆罕默德在七世紀去世之後，伊斯蘭教的影響很快從阿拉伯地區蔓延至北非、西班牙、伊拉克、波斯、中亞和南印度。伊斯蘭教佔據了基督教的很多地盤。在此過程中，兩大宗教互相滲透。《古蘭經》就包括《舊約聖經》的部分內容。如果說猶太教是基督教的母親，那麼伊斯蘭教可以說是基督教的侄女。猶太教雖然是一神教的始祖，卻沒有人因此而感激他們。他們當時不是受制於基督徒，就是受制於穆斯林，相比之下，穆斯林的統治更為寬容。因此，十一世紀猶太人的文化中心分佈於西班牙的穆斯林地區和非洲北部。在夾縫中生存的猶太人成為各種文化之間的橋樑。他們將阿拉伯詩人、數學家或天文學家的作品翻譯成希伯來語，再通過拉丁文進入基督教文化。基督徒對充當文化使者的猶太人卻橫豎看不上眼。十一世紀，猶太人在法蘭克地區受到公開的迫害和驅逐。

回到十字軍東征。從一〇九五年到一二七〇年的近兩百年裡，基督教世界的宗教與世俗統治者總共發動了八次十字軍東征。不過這並不意味著八場血腥，一二二八年的第六次東征不流血，以基督徒、穆斯林和猶太人都得到朝聖權利的談判結果而告終。當時的穆斯林首領對基督教世界的代表腓特烈二世（Friedrich II）說：「你與我們談判，你們的教皇肯定不會滿意。」這位神聖羅馬帝國的皇帝回答：「讓朝聖者和全體基督教徒滿意足矣。」

當歐洲騎士東征的時候，蒙古軍隊大舉西進，入侵匈牙利，劫掠波蘭，繼而轉向奧地利，使歐洲陷入一片恐慌。教皇派使者前往蒙古帝國，勸說蒙古人皈依基督教。蒙古大汗貴由則要求教宗和其他歐洲國家臣服。誰也不能說服對方。蒙古軍隊接著佔領西亞、中亞和中國北部，重新打通絲綢之路。一二六〇年，威尼斯人馬可・波羅（Marco Polo）的父親和叔叔前往中國，受到忽必烈的熱情歡迎。他讓兩人回去拜見教皇，請他派一百名拉丁文學者來中國，但教皇對此沒有理睬。想想看，假如教皇滿足了大可汗的要求，那麼歷史可能將會重寫。一二七一年這兩位威尼斯人再度前往中國的時候，帶上了不到二十歲的馬可・波羅。就在那一年，忽必烈實現了征服全中國的夢想，成為元世祖。

儘管蒙古統治者沒有皈依基督教，但那時候基督教已經被波斯人傳入中國幾百年，唐朝稱之為景教。忽必烈時代出了兩位有名的蒙古族景教修士。兩人在去耶路撒冷朝聖的路上，路過美索不達米亞，在波斯見到蒙古人，親上加親。那是蒙古人的盛世，在波斯建立了蒙古汗國。忽必烈的一個侄子就曾擔任波斯的蒙古可汗。兩位修士在波斯樂不思蜀：一位在巴格達做了基督教大主教；另一位修士掃馬（Bar Sauma）於一二八七年被波斯的蒙古可汗派到西方，他的使命是與那裡的宗教和世俗領導人談判，讓十字軍隊伍與蒙古人結盟，共同對付埃及人。掃馬在巴黎與法國的美男子國王腓力四世（Philippe IV le Bel）舉行親切會談，在羅馬受到教皇尼古拉四世（Nicolaus PP.IV）的款待，出盡了風頭。不過掃馬連十字軍東征的末班車都沒趕上，雖然和尼古拉四世討論了組建新十字軍的事宜，但是當時歐洲的世俗統治者對宗教戰爭失去了興趣，開始在歐洲爭奪第一把交椅。新十字軍也便沒有了下文。這也許是人類的幸運。假如那些認為在十字架掩護下可以無惡不作的基督徒與彪悍的蒙古人結成軍事聯盟，那麼遭殃的將不只是埃及人。

鐵手強盜和最後的騎士

回到歐洲的騎士。上面提到的與穆斯林講和的腓特烈二世是絕對的例外，因為騎士不是為和平而生，他是天生的鬥士，要在戰爭和比武中證明自己的勇猛和無畏。戰爭很難講仁慈，但在比武過程中，騎士漸漸學會了公平競爭和尊敬對手，上面說到的薩拉丁就是最好的例子（更何況他的高風亮節不僅表現於比武場）。他雖然不是基督徒，但常被基督教世界的文學奉為騎士的典範。不過，騎士展現自己的才智需要一個平臺：短兵相接的戰場或一對一的比武場。隨著武器的現代化，這個平臺發生了動搖。

一三四六年八月二十六日，英格蘭愛德華三世（Edward III）和法蘭西腓力六世（Philippe VI）的軍隊在今天法國境內的克雷西（Crécy）對陣，這是百年戰爭（一三三七到一四五三年）中的第一場重大戰役。法國士兵與德國和西班牙的援軍加起來超過兩萬人，在人數上明顯佔優勢。令法軍不解的是：英國兵並不急於開戰，而是從馬上下來了。他們不慌不忙地走到一排黑乎乎的傢伙後面，搗鼓一陣之後，突然，地動山搖，濃煙滾滾，歐洲聯軍人仰馬翻，被炸死踩傷的無數。這是大炮第一次在歐洲戰場亮相，其震懾力甚至超過了殺傷力。大炮的使用給騎士造成致命的打擊，因為這些射程達到三百米的鐵製武器使擅長肉搏的騎士突然間失去了用武之地。因此，克雷西戰役可以說是歐洲騎士時代衰落的開始。

這麼說來，德國歷史上最著名的強盜騎士戈特弗里德・「蓋茲」・馮・貝爾力希傑（Götz von Berlichingen）可算是生不逢時。一四八〇年，蓋茲在今天德國西南部巴登—符登堡（Baden-Württemberg）荷亨洛赫縣（Hohenlohekreis）[30]降生時，騎士的輝煌時代早已過去。他是家中十個孩子的老么，不爭不搶的話填不飽肚子，這為他日後的爭強好勝和強盜般的性格埋下了伏筆。蓋茲很小便投奔了舅舅，在那裡接受全套的騎士培訓。當時，騎士的經濟處境越來越糟糕。百年戰爭加上一三四七年暴發的大瘟疫使歐洲人口幾乎減半。蓋茲年輕的時候，歐洲仍然沒有恢復元氣，地多人少，勞動力不足，騎士守著城堡也不能當飯吃。因此，靠打、砸、搶過活的騎士多起來。同時，城市逐漸興盛，出現了市民階層。他們雖不會揮刀舞劍，但通過苦心經營過起小康生活，這也讓昔日耀武揚威的騎士感到心理失衡，並認為搶市民的財富是理所應當的。蓋茲就是在這樣的大環境下變成了一個遠近聞名的強盜騎士。

令蓋茲感到欣慰的是，儘管他沒有趕上騎士的盛世，卻遇上了一位熱衷騎士風尚的君王——馬克西米利安一世（Maximilian I）。這位哈布斯堡家族的成員在一五〇八年戴上了德意志民族神聖羅馬帝國的皇冠。一方面，馬克西米利安一世致力於國家的現代化建設，特別是推廣依法治國的理念，視境內無法無天的騎士為眼中釘；另一方面，他內心對騎士的自由生活欽羨不已，崇尚騎士精神，親自組織比武大賽，五十多歲還揮劍上陣。因此，他對蓋茲可以說是愛恨交織。在與外敵土耳其人作戰的時候，他需要蓋茲這樣衝鋒陷陣的騎士；但平日裡，葛茨是個麻煩製造者。這位強盜對自己的定位是——帝國騎士。也就是說，他只效忠馬克西米利安一世。蓋茲視法律和衙門為糞土，自己認為正義的事情，誰也攔不住他。而他心目中的正義自然包括搶劫，而且是在光天化日之下——蓋茲好漢做事好漢當。一隻鐵手更為他平添傳奇色彩。原來，他在一次戰事中失去了右手。紐倫堡（Nürnberg）一位能工巧匠竟製作了一隻能夠伸曲的假手。這只手今天仍然保持完好，供蓋茲的粉絲參觀。我們的強盜騎士事先沒問價錢，因為他也根本不打算付款。那位工匠急了，給皇帝寫信告狀。這類的訴狀多了，馬克西米利安一世很無奈。他想保護甚至袒護自己的勇士，但民憤太大，不處置又不行。一五一二年，蓋茲收到皇帝的外出禁令，也就是被軟禁起來。他很不服氣地抱怨：「看土耳其人打過來的時候，你就需要我了。」後來果真如此。皇帝一次次懲罰蓋茲，又一次次對他施行特赦。一五二五年暴動的農民經過蓋茲老家的時候，他看到這些烏合之眾太不專業，逼著農民認他為首領，並按照約定一個月之後卸任。他後來聲稱這樣做的原因是避免農民給社會帶來更大的危害。德國大文豪歌德於一七七四年將蓋茲的事蹟寫成劇本，這位個性鮮明的強盜也因此而不朽。

馬克西米利安一世在農民暴動前幾年已經謝世。在生命的最後幾年，這位尚武的皇帝親自參與大炮的研製，組建了當時歐洲規模最大、裝備最先進的炮兵部隊。一方面，他組織盛大的比武，想把騎士精神發揚光大；另一方面，他因推動軍事和政治現代化而成為騎士的掘墓人。因此後人稱他為「最後的騎士」。

綜上所述，騎士階層在十六世紀的消亡有多方面原因。軍事上，遠端武器的發明和大規模使用使騎士近距離的作戰方式變得落伍，騎士失去最重要和最原始的社會功能；此外，通過采邑制形成的從國王、公侯等高級貴族到騎士的等級依附體系漸漸難以維持，這與上面提到的戰爭與瘟疫有關；更重要的也許是因連年歉收引發的農業危機。一三一五年的一場大饑荒先是使農產品價格暴漲；之後瘟疫加戰爭使人口銳減，需求降低，價格狂跌。在農產品價格如自由落體般直線下降的同時，人口減少卻使勞動力的價值上升，導致工資上漲。這一發展趨勢給騎士的城堡經營模式判了死刑，所以才出了蓋茲那樣的強盜騎士。不願當強盜的騎士進城謀出路。騎士的文化和生活方式在城市得到延續，只是失去了軍事色彩，與原始意義的騎士越來越遠。

騎士滅絕，騎士永生！

穿盔甲持利劍的騎士在十六世紀消失了，但在之後的五百多年裡，騎士在歐洲卻成了一個永恆的話題。特別對男性來說，騎士仍然有著無窮的吸引力：今天的小男孩仍然喜愛讀騎士的書，狂歡節裝扮成騎士；成年男子有城堡協會，每年以騎士裝束在歐洲仍然眾多的城堡聚會。

歐洲最大的城堡迷當屬十九世紀的巴伐利亞國王路德維希二世（Ludwig Otto Friedrich Wihelm）。他從小熱愛戲劇和建築，對政治不感興趣。因此，他最大的不幸是當了國王（還記得羅馬皇帝尼祿嗎？）。可以說，他當政二十年始終沒有進入角色，自己設定的畢生事業一個是華格納（Wilhem Ricahrd Wagner）的歌劇，另一個是新天鵝石城堡。這座城堡是路德維希二世為自己設計的理想的騎士世界，也是他對現實世界的抗議。原來在他在位期間，普魯士統一了德國，而巴伐利亞喪失了主權。後來他又被巴伐利亞議會宣佈失去執政能力，並被迫接受心理治療，最後投湖自殺。與路德維希二世同樣具有藝術細胞的是北宋的末代皇帝宋徽宗。這位中國皇帝不僅會鑒賞藝術，本人還是畫家和書法家。他最大的不幸也是做了皇上。後人評價「宋徽宗諸事皆能，獨不能為君耳」。如果說路德維希二世是因為無所作為而喪失了主權，那麼宋徽宗則是因為錯誤估計形勢，非要從女真人手裡奪回北京，結果自己反成了女真人的階下囚，客死他鄉。其慘烈不亞於那位巴伐利亞國王。不過，路德維希二世給後人留下了新天鵝石城堡，他也因此而不朽，並因這座童話城堡而得到了「童話國王」的美名。

今天的城堡迷仍然大有人在。巴黎附近有一個工廠，那裡聚集了一批嚮往騎士時代的能工巧匠。從一九八七年開始，他們完全按照幾百年前的建築條件一磚一石地修築城堡。這意味著沒有建築設計師，沒有大規模運輸，木料、石料完全就地或就近取材，這是真正的環保。

將近一千年前，城堡不僅是騎士抵禦外敵的碉堡，也是他聲色犬馬的樂園。我在上面說過，騎士這份工作風險很大，隨時可能犧牲生命。因此，他們學會了及時行樂，而且非常講究排場。騎士文學對此有細緻的描述。傳說生活在六世紀的圓桌騎士首領亞瑟王（King Arthur）

不僅能制伏怪獸和巨人，還是歌舞盛宴的主人。在這樣的派對上，貴婦人的首飾使鮮花黯然失色，她們在樂手和歌手的靡靡之音下，與騎士和侯爵輕鬆交談。六世紀尚且如此，幾百年之後的宮廷舞會更是富麗堂皇。一八一四年九月歐洲列強重新劃定邊界的維也納會議便是一場持續了九個月的舞會，跳舞的間歇商議國事。

參加國王和公侯的歡宴，使騎士學會了舉止得體。因此，騎士風度也為歐洲的社交禮儀開了先河。十五世紀，荷蘭的伊斯拉謨（Erasmus von Rotterdam）[31]第一個將言談舉止上升到教育的高度，在歐洲巡迴講學，還將行為規範歸結出書。他認為，在公共場合粗野無禮屬於人格缺陷，必定會影響到生活的其他領域。如果大家都不講禮讓，將導致社會秩序紊亂。而在伊拉斯謨苦口婆心的兩百年前，禮讓就成了騎士風度的要則。比如在比武場上，看到對手筋疲力盡時，應當給他喘息的機會。雙方都在樹蔭下喝口水、擦擦汗，甚至可能寒暄幾句。在沒有裁判的情況下，騎士能做到公平競爭，實屬不易。也許後來球賽的中場休息就是那麼來的。上面提到中國周朝末年和春秋戰國時期的俠士精神便是歐洲的騎士風度，危難中對君主忠誠、戰場上待敵人公平、日常生活中禮讓謙恭，這就是理想的俠士和騎士。

不過，公平競爭並不意味著避免傷亡，上面我說過比武和戰爭沒有質的區別。騎士的比武、征戰大力推動了歐洲中世紀整形外科手術以及假肢製作的發展。蓋茲的假手就是最好的例子。當時德國的紐倫堡聚集了一批能工巧匠，是歐洲中世紀的矽谷。

雇傭兵的制度也是從騎士而來。有了戰事，一方出錢，另一方出力，不分國界。越是武藝高強身價越高。這和今天歐洲足球俱樂部的招兵買馬沒什麼區別。今天的一級方程賽車也是一樣，選手都是不懼風險的英雄。勝者自倒香檳酒，享受美女的親吻。這不就像騎士比武之後勝者在美女簇擁之下狂飲嗎？

今天，被英國女王授予「騎士」稱號仍然是一項殊榮，相關的儀式還能看到幾百年前的痕跡。很多歐洲國家內閣成員的宣誓就職儀式也保留了「在上帝幫助下」的字眼。

還記得我上面提到的那首「君身屬我兮」的騎士時代的愛情詩嗎？今天的有情人從字面理解了「我今將君兮，心頭鎖」的詩句，把刻有兩人名字的鎖拴在萊茵河、多瑙河或其支流的橋欄上，發誓永不分離，之後把鑰匙扔進河裡。這個習俗樂暈了鎖廠老闆，我卻很想做個統計，看這些情侶有多少對仍然沒有分離。

上面說的多多少少是表面的東西，那麼騎士精神到底是什麼呢？崇尚自由：我行我素、天馬行空，就像裴多菲（Petőfi Sándor）詩中說的，為了自由，生命和愛情都可以拋棄；忠心耿耿：國王一聲令下，日夜兼程奔赴戰場，騎士想不出「城堡正在施工」、「莊稼還沒有收割」之類的藉口；憐香惜玉：當然這不是男女平等的體現，但對一千年前的騎士不要苛求；慷慨大方：慷慨與揮霍之間沒有嚴格的界限，對騎士來說也不重要。

德國的騎士問題專家戈特爾特（Karl-Heinz Göttert）另外提出了四點：正義感、智慧、勇敢和適度。[32]正義感也就是敢於向社會不公挑戰，路見不平，拔刀相助，劫富濟貧，強盜騎士蓋茲可以說是一個樣本。另一個文學人物是西班牙賽凡提斯（Miguel de Cervantes Saavedra）筆下的堂吉訶德。其實，賽凡提斯的原意是寫一部反騎士小說，諷刺堂吉訶德在一個沒有騎士的時代仍然夢想著做騎士。但事與願違，堂吉訶德反倒成了「明知山有虎，偏向虎山行」的英雄。騎士的勇敢顯而易見，一對一的拼搏不是膽小鬼的遊戲。但「智慧」這個概念具有很大的伸縮性，雖然騎士的每一場戰鬥都是鬥勇鬥智，但多少騎士稱得上智慧，很難確定。如果說正義感、智慧和勇敢這三個屬於內在的品質，那麼「適度」可以說是內在涵養的外在表現。這與我上面說到的騎士風度有直接的關係。十二世紀中期一部拉丁文的教科書對言談舉止有詳細的建議。比如，在上級面前講話要起立，談話時要脫帽，不應嘲諷他人的失誤，吃飯時不要爭搶，這些規則沿用至今。十三世紀流行的一部《侯爵須知》對談話的藝術有特別的要求：不搶話，有幽默感，不藏暗箭。

這四點其實也不是騎士時代的發明，而是古羅馬人西塞羅（Marcus Tullius Cicero）早就教導我們的。這位著名的哲學家和雄辯家出生於一個騎士家庭，他對理想騎士的描述彙集在《論責任》[33]一書中。而這本書是他在接連失去了女兒和孫兒的巨大悲痛之中寫成的。歷史上有多少名著是作家為排解抑鬱而創作的，這應是個很有意思的課題。一千多年後的騎士則以西塞羅的理想作為激勵。

中國文化的傳承和歐洲文化的斷層

與世界其他文化相比，中國文化具有最高的傳承性。從遠古到今天，中國文化基本沒有間斷。秦始皇車同軌、書同文，更便於中華文化在中國境內的傳播。雖然中國經過幾次「合久必分，分久必合」的折騰，時不時還受到外族統治，但這些外族統治者卻被漢族文化同化。只有入侵中原的蒙古人是例外。成吉思汗刀槍不入，甚至一把火燒了北京城。但僅僅兩代人的工夫，他的孫子忽必烈就被華夏文明征服了。因此，儘管蒙古人是第一個佔領整個中國的外來民族，但忽必烈決心做真正的中國天子，誰征服了誰就很難說了。中國文化這種以不變應萬變的能力與我們的地理位置有關。中國擁有自然的屏障——南部和西部是高山和大漠，東面臨海，北邊雖然不斷受到匈奴、蒙古人的騷擾，但是這沒有激發漢人北上征戰，擴大地盤；中國人更願意倚仗長城的保護，你們打你們的，我過我的舒服日子。當漢人只擁有中原地帶時，把周圍的民族都視為蠻荒，這些人不過是北狄、南蠻、西戎和東夷。這表現了漢人的文化優越感，不過這也是人之常情，亞歷山大大帝在見識到埃及和波斯之前不也是這麼自以為是嗎？

歐洲文化沒有這樣代代相傳的縱向傳承，有時新統治者拋棄了原來的文化，造成文化斷層，像古希臘到古羅馬的過渡。原因很簡單——沒有統一的國家。不過這樣的格局造成歐洲各國或各地區之間的競爭，每個時代都有佼佼者，並對其他地區產生帶動作用。這些佼佼者往往是某個城市，因此歐洲歷史或者歐洲文化史就像由一座座城市串起來的璀璨的珍珠鏈。古希臘時代處於眾星捧月地位的是雅典；古羅馬時代的文化中心自然是羅馬；查理大帝的首都亞琛是歐洲形成階段最為耀眼的城市。

騎士文化的精華則聚集於瓦豪（Wachau）[34]。瓦豪不是一個城市，而是一段河谷，是從梅爾克（Melk）到克雷姆斯市（Krems）的多瑙河谷，距離維也納大約八十公里，因中世紀的文化古蹟而於二〇〇〇年被聯合國教科文組織列入世界文化遺產。那裡氣候宜人，自然條件得天獨厚，很早就有人類定居，曾經是古羅馬的要塞。小鎮杜恩施泰因（Dürnstein）得名於山頂上一座已成廢墟的城堡。十二世紀，「獅心王」十字軍東征歸來，途經此地，被奧地利班貝格公爵扣押之後，就關在城堡裡。「獅心王」是中世紀美人埃莉諾（Eleonore von Aquitanien）的三兒子。這位女人可了不得。先後嫁給了法國和英國國王，是當時基督教世界的首富。埃莉諾還是當時宮廷文化最有力的推動者。她的女兒和孫女嫁到全歐洲的王室，也將中世紀文化傳播到歐洲各地。法國、德國、西班牙的歌手無不頌揚埃莉諾的功績。[35]

法國人是騎士文學的開先河者，但是最著名的英雄史詩《尼伯龍根之歌》卻是德國人創作的。該史詩的很多場面發生於瓦豪河谷。不過今天最吸引遊客的還是梅爾克的本篤會修道院。它在十一世紀就建成了，後來被毀於戰亂。今天的巴洛克建築是十八世紀重建的結果，其富麗堂皇幾乎可以與梵蒂岡的聖彼得大教堂相媲美。

中世紀歐洲雖然沒有統一的國家，卻差點實現了文字統一，至少知識階層有共同的語言——拉丁文。不過我在前面已經說過，當時的知識完全掌握在教會手裡，知識份子不是修士就是神父，廣大民眾處於蒙昧狀態，任憑天主教會控制。十五世紀古騰堡發明鉛活字印刷技術，才打破了教會的知識壟斷。如果沒有古騰堡，半個多世紀之後馬丁・路德的宗教改革就不會給歐洲帶來那麼強烈的震撼。

古騰堡剽竊了畢昇的印刷術嗎？

沒有人知道古騰堡的確切生日，也沒人曉得他長什麼樣，有關他的記載寥寥無幾，有的只是衙門或法院的幾項記錄。據此，我們可以大致推測他的一生。大約一四〇〇年，古騰堡出生於美因茲的一個貴族家庭。他在教會學校學到了完美無缺的拉丁文，為他日後印刷《聖經》打下了基礎。當時美因茲的大多數貴族子弟一樣，古騰堡也很可能在艾爾福特（Erfurt）度過了大學生涯。

畢業後，古騰堡去了史特拉斯堡。有限的記載證明他很早就顯示出手工藝才能和商人的頭腦。他學會了鑄造技術，與人合夥開了一個作坊，為朝聖者生產精緻的佩飾。可觀的成本說明古騰堡具有相當的經濟實力。在此期間，他已開始琢磨新技術。一四四八年，古騰堡返回家鄉。這時候，他對自己的發明已經胸有成竹，開始四處籌集資金。在美因茲富翁福斯特（Johann Fust）的無息貸款支持下，古騰堡放開手大幹。他為自己的印刷廠雇用了二十名工人，以這樣的規模來推動一項前所未有的事業，這說明了他的自信。

古騰堡之前，民間流傳的《聖經》都是修道院生產的手抄本。做工精細的版本大概需要三年，價格可想而知。自一四五二年到一四五四年，古騰堡用自己發明的新技術印刷了一百八十部《聖經》，價格相當於手抄本的三分之一，但仍然十分昂貴。古騰堡在每一頁的兩邊都為手繪插圖留下了足夠的餘地，插圖按照當時王公貴族（也只有他們買得起）出價的差異而具有不同的藝術價值，因此每一部都是獨一無二的珍品。由於那時候還沒有路德的《聖經》翻譯，因此古騰堡印刷廠出產的是拉丁文《聖經》。這個新版本在當時引起了轟動，據說教皇看到之後也想訂購，但因供不應求只好作罷。那一百八十部當中，有四十九部保留了下來，分散在世界各地。很長時間裡，作為這些《聖經》版本的原產地，美因茲卻一部都沒有。這實在說不過去。一九七八年，該市市政府終於有機會在美國的一次拍賣中買下兩部古騰堡印刷的《聖經》，花費近四百萬馬克。其中一部在美因茲的古騰堡博物館展出，字跡清晰，插圖細膩，顏色鮮豔，就像昨天才剛剛畫好。今天估計四千萬歐元也買不起。

中國人說畢昇發明了活字印刷術，歐洲人把這頂桂冠加在古騰堡的頭上。這兩種說法都對。畢昇的發明比古騰堡早四百多年，是中國古老文明的又一例證。又由於漢字比拉丁文字母複雜得多，更顯示出畢昇的偉大。不過，據說古騰堡對畢昇一無所知。憑藉不達目的誓不甘休的堅韌和盡善盡美的精神，他在一個個小發明的基礎上不懈鑽研，直到創造出影響人類幾百年的技術。與畢昇的膠泥活字、木活字相比，古騰堡的錫、鉛、銻的合金活字堅固耐用。他還研製了小巧靈活的手動鑄造器，用它生產合金字模速度快，且規格一致。在此基礎上，古騰堡根據葡萄酒壓榨機的原理發明了印刷機。這一項技術很快傳遍全世界，十七世紀也在畢昇的故鄉投入使用。印刷機使路德的德語《聖經》得以批量生產，為宗教改革和文藝復興鋪平了道路。有了印刷機，報紙也應運而生，政治、經濟和文化資訊迅速得到傳播。可以說，沒有古騰堡，新聞自由便無從談起。在印刷技術發明之前，文學的表達方式以詩歌為主，因為詩歌易於口頭流傳，手抄起來也不那麼費勁。印刷機則開啟了戲劇和小說的時代。人類使用古騰堡的技術幾百年，直到二十世紀八十年代數碼印刷誕生。一九九九年，美國《A&E網路》雜誌將古騰堡評選為千年第一偉人。

卡夫卡是哪國人？

十五、六世紀是個激動人心的時代。先是古騰堡的印刷機，接著是馬丁・路德的宗教革命，新的《聖經》傳入千家萬戶，人與上帝之間不需要教皇和昂貴的教廷，天主教會的愚民政策難以為繼。那時候的人們思想解放，被中世紀壓抑了數百年的藝術靈感被突然啟動，一發不可收拾。財富不再是貴族的專利，越來越多市民相信靠勤奮和才智能致富。錢花不完就開始玩藝術，這和今天沒什麼兩樣。由於佛羅倫斯（Firenze）富人特別多，贊助藝術成為風尚。米開朗基羅（Michelangelo）和達文西（Leonardo da Vinci）在當時的知名度不亞於教皇。他們以古羅馬的雕塑藝術為榜樣，因此這一階段被稱為文藝復興。米開朗基羅花三年時間創作《大衛》——那個高傲、健美的少年五百年後仍然讓全世界的藝術迷為之傾倒。達文西創作的《最後的晚餐》給人全新的立體感，《蒙娜麗莎的微笑》則引發後人無限遐想。丹布朗（Dan Brown）的《達文西密碼》真真假假，使當代偵探迷也不能不對這位佛羅倫斯畫家產生興趣。

就在達文西創造不朽之作的同時，另一位義大利人說服了西班牙女王成全他發現印度的夢想。一四九二年，哥倫布雖然沒有到達印度，卻發現了美洲大陸。西班牙和鄰居葡萄牙從此成為冒險家的樂園，馬德里一時間變成歐洲文學、藝術的首都。賽凡提斯筆下的唐吉訶德是位悲壯而又滑稽的騎士，自以為生活在中世紀，結果四處碰壁。《唐吉訶德》被視為西方文學史上第一部現代小說。

物換星移，十七世紀，歐洲的文化、藝術重心轉向北方。阿姆斯特丹成了歐洲首富，荷蘭藝術家名噪一時。林布蘭（Rambrandt Hamenszoon von Rign）的《夜巡》像一齣高潮迭起的戲劇，是巴洛克藝術的傑作，而真正的舞臺則是路易十四（Louis XIV）的凡爾賽宮。他在位七十二年，是空前絕後的世界冠軍。中國的康熙和乾隆皇帝分別當政六十年，比這位法國國王略為遜色。路易十四大興土木，在巴黎近郊修建的宮殿是巴洛克時期最耀眼的建築，花費相當於今天的三百億歐元，是人類歷史上最昂貴的宮殿。那規模、那氣派，就像是太陽王向世人展示他的至高無上。從今天的角度看，路易十四多少有些暴露癖。據說他每天早餐都有觀眾，不像我們凡夫俗子最不願讓外人看到自己睡眼惺忪的樣子。在那座著名的巴羅克風格的鏡廳裡，牆壁上鑲嵌著十七面巨大的鏡子，正對著面朝花園的十七扇落地窗。鏡子折射著水晶吊燈和穹頂的金色壁畫，花園的美景也透過窗子反射在鏡中。如此新穎的奢華也只有法國國王想得出來。當初路易十四在這裡會見外國客人，舉辦舞會，不知讓多少使節瞠目結舌、令多少美人兒傾倒。不過，給您透露一個細節：據說路易十四一輩子最多洗過七次澡。那時候的歐洲貴族髒了便往身上塗一層粉，時間長了，估計光是香粉就揹了幾公斤。當初的鏡廳也不像今天那樣一塵不染。王公貴族們狂歡痛飲的時候，難免需要如廁。有的沒有走到鏡廳盡頭就憋不住了，於是躲在柱子後面方便。鏡廳裡繁殖的各種小生物不計其數，而它們又辛勤傳播著各類病菌。可見那時候的宮廷生活並非那麼美妙。這是題外話。路易十四把專制主義發揮到了極致，「朕即國家」——他和國家是一回事，國庫也便是他的私人財產，所以揮霍起來毫無顧忌。

凡爾賽宮的奢華成為歐洲各國王室的榜樣，其宮廷文化也被模仿抄襲。當時歐洲貴族都以講法語為時尚。宮廷是最好的舞臺，權力鬥爭、鉤心鬥角、爭風吃醋，時而驚心動魄、時而滑稽可笑，因此，法國的戲劇，尤其是喜劇之發達就毫不奇怪了。莫里哀（Moliére）是現實主義喜劇的創建者。

如果說路易十四時代的巴洛克風格激情奔放，那麼他之後的洛可可藝術則細膩溫潤；路易十四喜歡排場，早餐都需要觀眾；他之後的王公貴族則更願意在女士們的沙龍裡附庸風雅。洛可可的發源地雖然是巴黎，但哈布斯堡王朝統治下的維也納將巴黎時尚驅逐出宮廷，特別在建築藝術上樹立了自己的洛可可風格。當時，從中國進口的陶瓷和漆器很受歐洲貴族的青睞，這改變了歐洲人的審美觀，對洛可可藝術的形成產生了不可小覷的影響。那時候的中國引領世界潮流，歐洲人的辮子不就是最好的證明嗎？

物極必反，洛可可的矯揉造作在十八世紀中葉開始引起人們的厭煩。那時候考古學家發現了被火山灰掩埋近一千七百年的龐貝城，在歐洲引起轟動，並再一次引發藝術家對古羅馬的神往。歐洲由此進入古典主義時期。這種藝術上的物極必反中國在三千多年前就經歷過。那時候商代的精緻華麗被周朝的簡約、質樸所取代。歐洲古典主義在文學領域最具魅力的是德國小城威瑪（Weimar）。德國大文豪歌德在那裡創作了《浮士德》，並與席勒（Egon Schiele）共書文學史上的友誼詩篇。

十九世紀是英國的世紀，倫敦是最激動人心的城市。工業革命改變了大自然和人們的生活。特納（Joseph Mallord William Turner）的油畫《雨、蒸汽和速度——西部的鐵路》將雨、霧和火車的蒸汽交織在一起，整個畫面的朦朧襯托出迎面駛來的火車頭的清晰。其他的浪漫主義畫家藉自然風景抒發情懷，將自然擬人化。十九世紀下半葉，英國作家以完全寫實的手法記錄都市底層人民的貧困。狄更斯（Charles John Huffam Dickens）的《孤雛淚》、《塊肉餘生錄》今天仍然是全世界青少年必讀之書。

十九世紀最後三十年是歐洲列強之間競爭最為激烈的時期。競爭帶來活力，活力推動創新。獲益於技術飛躍的不只是經濟，新技術也解放了藝術家——顏料現在可以像牙膏一樣包裝、攜帶。畫家終於有了室外寫生的可能。他們置身於神奇的大自然當中，把一瞬間的印象定格在畫布上，這就是印象派。莫內（Oscar-Claude Monet）對《百合》的瞬間印象一百多年後仍然令人流連忘返。雖然法國在與普魯士的戰爭中敗北，但巴黎仍然是歐洲的藝術首都，直到一戰爆發。

如果說法國藝術家在印象主義時期獨佔鰲頭，那麼軍事、政治上的後起之秀德國則在二十世紀初開始發展的表現主義藝術當中扮演主導角色。從德勒斯登（Dresden）「橋社」中脫穎而出的有克爾希納（Ernst Ludwig Kirchner）和諾爾德（Emil Nolde），法蘭茲・馬克（Franz Marc）和俄羅斯人康定斯基（Wassily Kandinsky）則是慕尼黑「藍騎士」的領軍人物。這批藝術家不再滿足於傳達自己的印象，而要抒發情感，用熾烈的顏色來描述夢想。當然，二十世紀歐洲藝術同樣不可缺少的是畢卡索（Pablo Ruiz Picasso）的立體主義和達利的超現實主義。

歐洲各國不僅在各文化藝術時期各顯其能，還在不同領域各領風騷。法國人發明了騎士文學：詩歌、小說、散文，體裁多樣。內容不外乎騎士勇如猛虎、騎士的意中人美若桃花、他們的愛情堅如磐石。故事雖然大同小異，但語言細膩、機智、幽默，令德國人望塵莫及。德國的英雄史詩氣勢磅礴如《尼伯龍根之歌》，騎士愛情詩質樸如《鎖與鑰匙》。法國的宮廷文化最厲害。宮廷本身就是一齣戲，路易十四又是戲迷，因此法國的戲劇誰都比不上。德國人沒有法國的中央集權，沒有巴黎那樣文化集錦的首都，更無法在語言的精緻和風趣方面與法國人競爭，只好在不使用語言的領域發揮才智，於是音樂家輩出；或者在哲學上鑽牛角尖。康德（Immanuel Kant）的唯心論、黑格爾（Georg Wilhelm Friedrich Hegel）的辯證法、叔本華（Arthur Schopenhauer）的悲觀主義，誰也比不上德國人的晦澀。

思想沒有國界，啟蒙運動中的康德緊緊追隨法國哲學家狄德羅和盧梭（Jean-Jacques Rousseau）；二十世紀存在主義的代表沙特（Jean-Paul Sartre）和卡繆（Albert Camus）則視德國的尼采（Friedrich Wilhelm Nietzsche）為鼻祖。歐洲各國和各民族在互相競爭的同時彼此影響、互相啟發，經常呈現多姿多彩、百花齊放的狀態。可以說，歐洲文化從來就沒有嚴格的國界劃分。一是由於歐洲主權國家出現得相對較晚；二是因為主權國家的邊界也經常變化。比如二十世紀初表現主義文學大師卡夫卡（Franz Kafka）出生於今天的捷克，捷克當時屬於奧匈帝國的版圖，因此奧地利人視他為奧地利作家，捷克人也以他為自豪，還在布拉格為他修建了博物館。又由於他一生用德語寫作，很多德國人理所當然地視他為同胞，多少德國中學生為分析他的作品而叫苦連天。貝多芬（Ludovicus van Beethoven）在德國出生，在奧地利成名，可以說他是德國人和奧地利人共同的驕傲；希特勒的情況正相反，在奧地利出生，來德國作惡，是兩國的共同恥辱。

不管是哪國人，歐洲人視歐洲文化為共同的財富，從中汲取養分，激發靈感。德國劇作家席勒（Friedrich Schiller）在十八世紀末創作的名劇《陰謀與愛情》是從莎士比亞的《李爾王》得到啟發，說抄襲也不過分，但是這兩部作品都是歐洲文學的瑰寶，沒見英國人為此向德國抗議。席勒的朋友歌德在法蘭克福家中，站在寫字桌前一氣呵成了《少年維特的煩惱》。小說影響了歐洲一代人。維特的服裝、髮型在全歐洲流行，甚至很多愛情得不到回報或有情人不能終成眷屬的年輕人仿效維特自盡。據說拿破崙征戰一生，身邊總是帶著一部《少年維特的煩惱》。歐洲的文化離不開基督教，宗教藝術則以雕塑和教堂建築取勝。羅馬時代的雕塑古樸而神秘，幾乎同時產生的北魏雲岡石窟與之相比毫不遜色。教堂與歐洲的建築風格則相互交織，羅馬式、哥德式、巴洛克、洛可可、古典主義也在各個時代的教堂建築中清晰體現。今天，法國、義大利、西班牙、德國的名勝當中，教堂至少占了三分之一。中世紀一度佔領西班牙的阿拉伯人大興土木，想用伊斯蘭建築和清真寺驅散基督教的影子。等天主教會奪回西班牙之後又把清真寺改建成教堂，所以今天西班牙的建築大雜燴尤其有看頭。除了西班牙的這一特色，歐洲其他的教堂沒有國界，只有不同時期。同一藝術時期的教堂顯示出共同的特徵。這也難怪，當時歐洲的著名設計師和能工巧匠受到各國教會或宮廷的聘請，不需要工作許可，也沒有申根和不申根的界限。

很多歐洲文化人早已超前實現了文化大同。歌德曾經去義大利留學，一戰前歐洲各國畫家都去巴黎「鍍金」。在白俄羅斯出生的馬克・夏卡爾（Marc Chagall）先在巴黎落腳，一戰爆發前夕回家探親，戰爭爆發後不得不滯留在那裡，後來投身蘇俄革命。二十世紀二〇年代初夏卡爾前往柏林，與那裡的表現主義藝術接軌。他的藝術足跡遍及德國、法國、西班牙、義大利、荷蘭、希臘，後來為逃避戰亂到了美國。戰爭結束後，夏卡爾重返巴黎，並給歐洲和世界各地的教堂及公共建築繪製彩窗和壁畫。一九八五年，九十八歲高齡的藝術家為美因茲聖史蒂芬教堂畫完藍色的彩窗，帶著十足的成就感離世。他是歐洲藝術無國界最好的證明。

二戰後的歐洲千瘡百孔，夾在兩個超級大國中間，西歐文化追隨美國，東歐效仿蘇聯。隨著德法和解、歐洲融合以及歐盟各國間頻繁的文化交流，文化統一按理說應當最先成為現實。果真如此嗎？歐元危機是否為歐洲的文化融合與合作投下了陰影呢？我向多年的朋友——德國知名日爾曼學[36]專家福爾科馬・漢森（Volkmar Hansen）教授提出了這些問題。據他觀察，法國《世界報》過去定期刊登關於德國哲學家（康得、黑格爾、馬克思等）的文章，現在這一傳統無聲無息地消失了。不過他認為這與歐元危機無關，而是學校對外語教育的重視程度日益下降。能看懂康得、黑格爾原文的法國人越來越少，《世界報》評論起來也就越來越沒力道了。漢森教授認為，二三十年來，歐洲人的整體文化素質在下降，東歐、西歐沒有區別。

儘管如此，歐洲人對共同的文化背景仍然持認同態度，特別是基督教文化，儘管教會成員數量在穩定下降。這種認同感即使在民族主義盛行的十九世紀也十分強烈。因此，文化融合的速度高於政治融合，這一點毋庸置疑。

注釋

26 英語為pedagogue，德語為Pädagoge。

27 勒內・格魯塞：《偉大的歷史》（秦傳安譯），南京：江蘇人民出版社，二〇一五年版，第二十四頁。

28 Hartmann von Aue，大約生活於十三世紀初，是中世紀最著名的詩人之一。

29 Karen Armstrong, Über die Bibel (München: dtv, 2008)

30 Hohenlohe，今天德國世界冠軍企業最為密集的地區。

31 Erasmus（1466—1536），荷蘭人文主義學者和教育家。

32 Karl-Heinz Göttert, Die Ritter (Stuttgart: Reclam, 2011)

33 寫於西元前四四年。

34 Wachau，位於今天的奧地利境內。

35 Hermann Boekhoff, Fritz Winzer, Weltgeschichte der abendländischen Kultur (Brunswick: Westermann, 1963)

36 研究德語和德語文學的學科。

CHAPTER 3

武力統一 強摘的瓜不甜

在中世紀的歐洲，大約與騎士同時誕生的是封建制度。英勇作戰的騎士不僅可以修築城堡，還能得到領主的封地。領主之上是諸侯，諸侯之上有國王，等級分明。一般來說，龍生龍，鳳生鳳，在哪個階層生，就在哪個階層死，沒有什麼流動性。最底層的當然是一無所有的農民，他們為騎士種地，把大部分收成上交，騎士則在外敵面前保護自己的佃農。這與春秋戰國時期的中國有可比性，只不過中國的封建制比歐洲早了一千多年。很難想像如果秦朝沒有打敗其他六個國家，今天的中國會是什麼樣，也會像歐洲一樣有大大小小的好多國家嗎？

和平的中國人和好戰的歐洲人

不過秦始皇在大一統之後緊接著就是大崩潰。秦始皇辛辛苦苦幾十年建立的中央帝國只維持了十幾年，其實並不奇怪。秦始皇信賴的李斯鐵腕統一了文字、度量衡和車軌，但是他太冷酷無情了。先是「焚書坑儒」，接著在秦始皇駕崩後逼迫能幹的大公子扶蘇自殺，又殺死了除秦二世胡亥之外秦始皇所有的子女，一共十二個公子和十一個公主。算計了別人一輩子的李斯最後栽在了宦官趙高手裡。趙高隨之把陳勝、吳廣起義，天下大亂的罪責推到胡亥身上，殺死秦二世，立扶蘇之子子嬰為皇帝。不過，子嬰皇帝寶座還沒有坐熱，就不得不在西元前二〇七年年底坐在白馬牽著的白木車上，脖子上掛著韁繩向劉邦投降。

之後的漢代好歹將大一統的狀況維持了四百多年。三國鼎立幾十年之後，中國再度統一，儘管西晉被視為中國九個大一統朝代當中最不給力的一個。也因為西晉不爭氣，導致五胡亂華，幾乎使漢人亡種滅族。後來在江南一隅建立的東晉就像定都君士坦丁堡的東羅馬帝國，沒有靈魂、沒有安邦治國的皇帝，倒是出了陶淵明這樣不得志的隱士和清談玄理的玄言詩。分久必合，中國在隋代統一之後很快經歷了大唐盛世。唐末又起戰亂，一方面是黃巢領導的農民起義，另一方面是各省地方官和軍事首領鬧獨立，於是，華南分裂成七個地方王朝，北部契丹人離去之後產生了八個國家。

兵荒馬亂一般是改朝換代時期或國家分裂時的狀態，但總體來說，中華民族是個熱愛和平的民族。由於國家足夠大、資源足夠多，中國人在天然屏障的庇護下，過著自足自樂的日子。「國雖大，好戰必亡。」——這是世代儒家文士的主導思想。

在德國二十世紀上半葉的著名漢學家埃爾克斯看來，中國人和平的特性是一種能力，也是一種必要，因為對農業生產，特別是水稻種植來說，系統灌溉至關重要，而要做到這一點，需要修建大規模的水渠和堤壩，需要全村，甚至鄰近所有村莊之間的合作。一旦灌溉設施遭到破壞，村民便面臨饑荒的威脅，因此，和平符合大家的利益。於是，中國很早便形成了國家體制，有專門官員負責管理國家，由此形成了城市。與其一個個國家單打獨鬥，不如聯合起來效率高，因此中國不僅很早便出現大一統的觀念，還早早地實現了統一。那時候，城市管理鄉村，鄉村養活城市，城鄉差別不大，不像歐洲長時間城市和鄉村對立，直到城市戰勝鄉村。

不僅城鄉對立，歐洲各國間也經常處於你死我活的爭鬥狀態。埃爾克斯從地理位置上解釋這一現象：歐洲實際上是亞洲大陸西部的半島，大遷徙中的各民族到了歐洲（特別是西歐）之後沒有了退路，因此只能在這裡決一死戰。貧瘠的土地更使歐洲人難以實現經濟上的自給自足。在這種情況下，你爭我奪、有你沒我的思想成了主導，這使歐洲的歷史特別血腥和野蠻。

在這樣截然不同的背景下，中國人創造了高度發達的文化，精美絕倫的陶瓷，獨一無二的文字，百家爭鳴的哲學；歐洲人卻將主要精力放在了技術和自然科學領域，不斷完善戰爭技術，對內爭奪霸權，對外擴張，擺脫歐洲這個狹窄大陸的禁錮。

法國和德國：中央集權與諸侯割據

第一個試圖武力統一歐洲的是西元八九世紀之交的查理大帝。我把他放在宗教統一那一章，這也說明宗教與暴力是不可分的。查理在西元八百年讓教皇加冕。死後，他創建的帝國一分為三。那三大塊大致相當於今天的德國、法國和義大利。後來德國爭到了義大利，因此得到皇冠的特權。只是各路諸侯都想稱王，打得不亦樂乎。法國無「冠」一身輕，第一任國王雨果・卡佩在十世紀末成功確立了世襲制。王室權力集中，可調動全國資源，創造相對和平的環境，臣民生活安定，有助於民族和國家意識的形成。

從時間上說，德意志和法蘭西兩個民族差不多在同一個時間——十世紀下半葉形成。法蘭西比較幸運，一降生馬上便有了國家的外殼。國家和民族漸漸成了一回事。權力世代相傳，越來越集中，直到十七世紀路易十四直白地表達：「朕即國家。」權力膨脹到這個地步，革命就不遠了。與法蘭西相比，德意志民族等了九百年才有了國家做後盾。這使它在幾百年的諸侯割據中像一盤散沙，而在一八七一年德意志帝國創立之後又很快變得畸形。

法國和德國並非天生的敵人。相反，十字軍東征的時候，歐洲騎士一致對外，並肩作戰。他們不僅在阿拉伯人面前同仇敵愾，還曾經在百年戰爭中共同對抗英國。在著名的克雷西戰役中，英國第一次使用大炮，讓歐洲大陸的聯軍傻了眼。

這次戰役刺傷了德國人的自尊。儘管他們在國家管理、文學藝術方面處處比不上中央集權的法國，但他們是個喜歡動手的民族，諸侯割據帶來的連綿戰爭使德國工匠將武器製造的手藝發揮到了極致。現在，大炮的投入讓這些鋒利的刀劍顯得那麼落伍。不過，德國人有個特點：如果一項技術不是他們自己發明的，那麼他們會通過各種改良超越原有的技術。在英國軍隊第一次因使用大炮而獲勝的一百多年後，哈布斯堡家族的馬克西米利安一世親自參與大炮的研製，組建了當時歐洲規模最大、裝備最先進的炮兵部隊。

在整個中世紀，法國人和德國人這兩個本是同根生的民族，有時共同抵禦外敵，有時發生「內訌」，但相互之間的爭鬥在那個時代在所難免，並不比其他民族之間更頻繁。主因也許是一盤散沙的德國人對相對強大的鄰居構不成什麼威脅。

一六一八年在德國土地上爆發的戰爭是新教與天主教之爭，也是皇權與諸侯之爭。結果兩大教會勢均力敵，諸侯則戰勝了皇權，德國的割據狀態持續下來。同時，歐洲列強都各懷鬼胎地在這場戰爭中參一角。特別是法國趁火打劫，想借此機會稱霸歐洲。戰爭使德國倒退了至少一百年，再加上割據狀態暫時被定格，使法國在接下來的一百年裡可以不把德國放在眼裡。

法國人與德國人：貴族與農民

我前面說過，路易十四在位七十二年，創了世界紀錄。但他生命的最後幾年卻很淒涼，兒子、兒媳婦、孫子、重孫子都被天花或其他疾病奪去了生命。只有第二個重孫子被家庭女教師保護了起來，並暫時[37]躲過這一劫。他就是路易十五（Louis XV）[38]，一七一五年曾祖父謝世之後登基，時年五歲。這位當時西歐最強大國家的最高統治者卻是個失去雙親和兄弟的孤家寡人。這也許使他形成了人生無常、及時行樂的觀念。儘管他生在啟蒙時代，對科學和技術很感興趣，並且接受了優秀的教育，但優柔寡斷的性格和對女性的不懈追求（儘管他個人的婚姻很幸福），使他的名聲越來越壞。「我死之後，哪管它洪水滔天」這樣的言論傳出來，更加深了老百姓對他的憤恨。

儘管路易十五時代的法國已是債臺高築，社會矛盾激烈，但其曾祖父的光輝仍然延續了一陣子。十八世紀上半葉，法國殖民地遍及全球，凡爾賽的宮廷生活成為全歐洲的樣板。這時從神聖羅馬帝國的大批小諸侯中脫穎而出了普魯士。霸佔著帝國皇冠的仍是奧地利的哈布斯堡王朝。普魯士的腓特烈大帝（Friedrich II von Preußen）不服氣，剛剛繼位便於一七四〇年從奧地利手中奪走了西里西亞（Silesia），為十八世紀中葉的七年戰爭埋下了種子。

與他那位「士兵國王」父親（腓特烈・威廉一世）相比，腓特烈大帝優雅深邃。他不僅自己講法語，還要求身邊的工作人員對他的狗說法語，而且以「您」相稱。他與法國哲學家伏爾泰書信往來，本人也絕對配得上「哲學家」的稱號。日理萬機之餘，他還時不時與法國哲人共進晚餐。上任第一天他就廢除了刑罰，全民普及教育，接著推行宗教自由、言論自由。他曾經說，假如土耳其人來到普魯士，他會為他們修建清真寺。這樣的寬容在當今世界也不多見。腓特烈大帝無疑是當時世界上思想最進步的君王，他認為統治者不該高高在上，他們的使命是為人民服務。總之，他從語言、思維到施政都以法國為榜樣。這一點很有意思，即使將法國視為死敵的德國統治者也毫不掩飾對法國語言、藝術或政治體制的神往，並虛心向敵人學習，接受先進事物，這也許是德國很快後來居上的原因；而法蘭西即使在自己的帝國日落西山之後，仍處處表現出老式貴族的優越感，放不下架子。

不過在腓特烈大帝的時代，普魯士還是土包子，完全是一個農民國家。由於德國在三十年戰爭中錯過了建立民族國家的機會，人民沒有一個統一的國家作為認同物件，於是普魯士國王把農民組織成了一支大軍，培養他們絕對效忠的意識。腓特烈大帝把三分之二的開支用於軍隊，可以想見其窮兵黷武的決心。當時流傳著一種說法：在其他國家是國家擁有一支軍隊，只有普魯士是軍隊擁有一個國家。養軍隊不能不用，於是這位算得上賢明的君王好端端地去奪奧地利之愛（西里西亞），就不難理解了。

偏偏奧地利女大公、神聖羅馬帝國的皇后瑪麗亞・特蕾莎（Maria Theresia）咽不下這口氣，暗中與法國、俄羅斯結盟，普魯士則爭取到英國，並於一七五六年先發制人，挑起七年戰爭。別看腓特烈大帝率先開戰，七年戰爭實際上是法國和英國爭奪殖民地的戰爭，普魯士當時還不夠強大，不過是跟著起哄。英國就不同了，別看它身處歐洲的邊緣，卻有稱霸歐洲和全世界的野心。一六八八年光榮革命之後，英國率先實現民主，為科學的發展解開禁錮，並成為啟蒙運動的發源地。反封建、反教會的思想很快流傳到法國，於是有了伏爾泰、孟德斯鳩（Montesquieu）、盧梭（Rousseau）和狄德羅。狄德羅主編的《百科全書》成為當時歐洲的暢銷書。不少市民家庭晚上聚在一起讀《百科全書》，而不再是讀《聖經》。火冒三丈的教皇對《百科全書》下了禁令。伏爾泰的信友——腓特烈大帝毅然下令在普魯士境內出書。

參與七年戰爭的遠不止我上面提到的歐洲國家，亞洲、北美和中美大大小小的一些國家也捲入戰事，因此七年戰爭實際上是第一次世界大戰。戰爭以英國和普魯士的勝利告終。英國從法國手中奪過了北美和印度殖民地，開始從海外進口茶葉。由於茶葉比咖啡便宜，英國人由此養成了喝茶的習慣。七年戰爭也為美國的獨立拉開序幕，並使普魯士躋身世界五強，排在它前面的是英國、法國、美國和俄羅斯，普魯士國土面積最小。

與三十年戰爭一樣，法國這一次又是拉一部分德國（奧地利），打一部分德國（普魯士），因為那時候奧地利還是德意志民族神聖羅馬帝國的一部分。換一個角度看，由於普魯士後來實現了德國統一，因此可以把普魯士看成是德國的前身，因此也可以說七年戰爭使德國和法國結下了不解的冤仇。

戰爭失敗徹底動搖了法國君主制的根基。啟蒙運動深入人心，「君權神授」這類唬弄老百姓的理論越來越沒有市場。生不逢時的路易十六於一七七四年登基。他也是一位投錯胎的君王，原本該做鎖匠。他在凡爾賽宮裡建了全法國最高檔的五金作坊。對政事厭煩的時候，他就去那裡躲避。據說他製作的每一把鎖都是藝術品。這位倒楣的國王還有一個疾患——包皮太緊。這使常人的樂趣對他來說變成了煎熬。為了補償王后瑪麗・安托瓦內特（Marie Antoinette），路易十六乾脆把處理國政的重任交給了她。偏偏瑪麗天生貪得無厭，只知中飽私囊，不顧百姓死活。當她聽說農民因饑荒而暴動時，不解地問：「他們沒有麵包，為什麼不吃蛋糕呢？」這樣的話傳出宮廷，順民也被逼急了！一七八九年，法國大革命爆發。四年之後，路易十六及其全家被處以絞刑。

北極熊甦醒

俄羅斯進入強國之林，完全要歸功於彼得大帝（Peter Alexeyevich the Great）[39]。一六八九年，十七歲的彼得贏得了一場爭奪王位的持久戰，成為俄羅斯的掌舵人。當時，英國剛剛沒用一槍一炮，實現了議會民主；法國則享受著太陽王的盛世。俄羅斯卻像一頭沉睡的北極熊，對西歐的進步不聞不問，不知文藝復興和宗教改革為何物，甚至仍然熱衷於農奴制。彼得漸漸成熟之後，於一六九七年喬裝出行，遍遊西歐，受到強烈震撼。他走訪學校、工廠和武器庫，列席英國議會會議，在英國一家造船廠打工，還在荷蘭東印度公司過了一把船長的癮。在西歐的一年裡，他一共學了十四種手藝。回來之後，巨人彼得（身高二〇四公分）開始推動俄羅斯現代化。他引進新式武器，建立海軍；鼓勵工商業發展，吸引外資；請西歐專家做顧問，派俄羅斯人出去留學。這和改革開放初期的中國差不多。他嫌莫斯科太冷且遠離文明，於一七一二年遷都聖彼德堡（St Petersburg），請德國建築師、工程師設計冬宮。彼得大帝的全盤西化深入到俄羅斯的日常生活，他曾經禁止國人蓄鬍子，後來因民憤太大，只好作罷。

彼得大帝的沙俄時代正是中國清朝的鼎盛時期。十八世紀初，俄國沙皇在聖彼德堡大興土木時，康熙大帝開始在承德修建避暑山莊。成為兩個國家背道而馳的標誌。一邊是對新生事物如饑似渴的俄羅斯，另一邊是志得意滿、故步自封的中國。當時中國的國內生產總值居世界第一，康熙攘外之後安內，為「康乾盛世」奠定了基礎。他認為中國足夠大，什麼資源都不缺，不需要與外國貿易。最為愚蠢的是，大清王朝擔心老百姓聚眾鬧事，因此禁止民間大規模採礦。歷史不饒恕這樣的錯誤，於是中國在閉關自守的狀態下開始走下坡路，而俄羅斯則在短短幾十年中躋身世界五強。

繼續使俄羅斯走強國之路的是凱薩琳二世[40]。她出生於普魯士的斯塞新（Szczecin）。一七四四年，這位十五歲的德國公主來到聖彼德堡。據說路上她閒著沒事喝了一箱啤酒，一進皇宮便上吐下瀉。她於一七六二年繼位，是位開明的君主，主張法律面前人人平等。當時剛剛發明疫苗，她帶頭打防疫針。為鞏固自己的政治地位，她使用女人的武器，把身居要職的官員都發展成了自己的情人。這位精力充沛的沙皇還是一位令人肅然起敬的才女。在執政之餘，她寫劇本，匿名發行諷刺刊物，與伏爾泰書信往來交流哲學思想。在她統治時期，俄羅斯的版圖急劇擴大，獲得黑海出海口，征服了克里米亞（Crimea），還與普魯士、奧地利一起瓜分了波蘭。俄羅斯成為國土最大的歐洲國家，只是經濟實力還遠不如英國和法國，因此缺乏稱霸歐洲的資本，只得將這個夢讓給法國的一位小個子將軍來做。

拿破崙：歐洲資本主義的奠基人

一八〇四年，做了五年法蘭西第一共和國第一執政的拿破崙（Napoléon Bonaparte）將共和國變成法蘭西第一帝國，自己當了皇帝。拿破崙是繼查理大帝之後又一個嘗試統一歐洲的人物。與高大魁梧的查理相反，這位整整一千年後在歐洲縱橫馳騁的將軍屬於短小精悍的類型，一看就是老謀深算。他也確實是世界軍事史上罕見的策略家，屢次擊敗包括德國在內的歐洲反法聯軍。

迄今為止，法蘭西和德意志在三十年戰爭和七年戰爭這兩場歐洲大戰中交火，但不是一對一的敵人。一八〇六年十月的耶拿會戰是德（普魯士）、法之間第一次單獨的正面交鋒。結果剛剛擊敗歐洲反法聯軍的拿破崙又把普魯士打了個落花流水。同年，拿破崙聯合德國境內的諸侯國成立萊茵聯邦，結束了千年帝國——神聖羅馬帝國。萊茵聯邦依附於法國，兩個加在一起的地域與查理大帝西元八百年建立的神聖羅馬帝國差不多，包括今天的法國、德國、荷蘭、比利時、盧森堡及部分義大利。而這六個國家也正是一九五七年《羅馬條約》的六個簽約國。因此，我們可以說查理的羅馬帝國是歷史上第一個歐洲聯盟，因首都亞琛在德國，所以我們暫且說那次聯盟由德國主導；拿破崙的萊茵聯邦加法國是第二個歐洲聯盟，法蘭西坐莊。

拿破崙的一大功勞是捍衛法國大革命的果實，打擊歐洲其他國家的封建制度。也許因他代表進步勢力，某種程度上推動了德國現代化，因此，德國人對他的佔領沒有什麼不愉快的記憶。至今萊茵地區的方言仍夾雜著不少法語單詞。拿破崙是德國作家歌德的崇拜者，據說他外出征戰，始終隨身帶著一本《少年維特的煩惱》。一八〇八年十月，兩位相互久仰的偉人在埃艾爾福特見面，並就戲劇理論、《少年維特的煩惱》和威瑪共和國的局勢做了詳細交流。

如果說德國西部萊茵地區的人民對拿破崙這個入侵者並不反感，那麼對以軍事起家的德國東部的普魯士來說，接連被拿破崙挫敗的滋味就很不好受了。在這一刺激之下，普魯士奮發圖強。馮・施泰因（Lorenz von Stein）和威廉・洪堡（Friedrich Wilhelm von Humboldt）分別負責政治和教育改革，使普魯士在政治管理上與其他強國接軌，教育體制甚至成為其他國家效仿的榜樣。拿破崙對英國實行的海上封鎖使德國製造缺少了來自英倫三島的競爭，等於為普魯士推出了一套刺激經濟的計畫。

一八一三年，恢復元氣的普魯士與俄羅斯、奧地利和瑞典結盟，在萊比錫戰役中擊敗拿破崙。從十月十六日開始，雙方六十萬士兵交戰三天，死傷近十萬。這大概是十九世紀規模最大的一場戰役。拿破崙帶著五萬多殘兵敗將回到法國。回家的路上，法軍路過美因茨大教堂。這座在德國排名第三（其地位僅次於亞琛大教堂和科隆大教堂）的大教堂曾在法國大革命期間被破壞，與教會較為親近的拿破崙下令重建。一八一三年從萊比錫敗退的法國士兵把這座剛剛裝飾一新的大教堂變成了戰地醫院。當時正流行傷寒，為了取暖，傷病交加的士兵們把教堂裡能燒的都燒了，《聖經》也未能倖免。不久，萊茵聯邦解散。一八一五年，以英國和普魯士為首的反法聯軍在比利時小鎮滑鐵盧與拿破崙展開決戰。這是拿破崙的最後一戰。「滑鐵盧」也從此成了慘敗的代名詞。

這位法蘭西第一帝國皇帝的最後幾年是在聖赫倫那島（Saint Helena）度過的。像很多自願或被迫退休的政治家一樣，拿破崙利用這段時間整理思緒、寫回憶錄、立政治遺囑。他在《給兒子的建議》中寫道：「我的兒子必須繼續我已經開始的事業，鞏固那些滅絕封建殘跡、給人民尊嚴、讓繁榮的種子發芽的機構。」拿破崙對歐洲的一大貢獻是以羅馬法為榜樣制定的五部法典[41]，後人稱之為《拿破崙法典》。它為資本主義秩序確立了法律框架，因此可以說是歐洲資本主義的奠基人。據說他還曾打算在歐洲統一立法、度量衡和貨幣標準，其雄心不亞於今天的歐盟。

在聖赫倫拿島的孤獨與寧靜中，拿破崙不僅總結自己的成敗，還研讀《聖經》，並將自己與耶穌做對比，感慨萬千。他在回憶錄中寫道：「我死後身體將歸還大地，遭蟲子齧咬。這就是偉大的拿破崙的終結。在我這個悲慘的結局和耶穌那被頌揚、被熱愛、被傳播的永恆王國之間有著多麼巨大的落差。」他對基督教的優越毫不懷疑：「一些膚淺的人認為基督和其他宗教的締造者有相似之處。我說，根本沒有相似之處，基督教和其他任何一種宗教之間存在著無限寬闊的鴻溝。」因此，他堅信必須將基督的善行傳播到蠻荒地區。讀著這位老兄的慷慨陳詞，我總擺脫不了他不過是拿基督教為殖民全世界做幌子的感覺，而他關於歐洲融合的高論也涉嫌是在為他自己的家族統治歐洲造勢。不過拿破崙的一點認識不能不說深刻：「亞歷山大、凱撒、查理大帝和我都是帝國的創建者。但是我們這些天才靠的是什麼呢？是暴力。耶穌則是用愛構建了他的天國，此刻正有無數人願意為他捐軀。」基於這一認識，他教育自己的兒子：「我用武器馴服了歐洲，今天則必須以理服人。」

普魯士對法蘭西下戰書

十九世紀初在德、法的較量中，德國西部小諸侯馬上就投降了；東部的普魯士雖然勇猛，但單獨與法國交戰時，無論兵力和戰術都不是拿破崙的對手。不過，在萊比錫戰役中，普魯士與其他歐洲國家聯手，特別是與強大的俄羅斯並肩作戰，終於享受了一回擊敗拿破崙的滋味。

為確立拿破崙戰敗後的新秩序，奧地利外交大臣梅特涅邀請歐洲國家的代表去維也納開會。會議召開了九個月。我前面說了，與會者主要的活動是跳舞。跳舞間隙的一系列非正式會晤確定了歐洲接下來一百年的政治版圖和力量對比。這和今天歐盟的峰會差不多，只不過今天的政府首腦沒那麼多閒心跳舞（可能舞技也比不上兩百年前的外交官）。會議決定不恢復神聖羅馬帝國，而組成德意志邦聯，兩百多個諸侯國被合併為三十九個邦國。奧地利被任命為「主席」。普魯士沒獲得「主席」的職位，但得了不少實惠，最大的一塊肥肉是萊茵地區，且與俄羅斯和奧地利三分波蘭。拿破崙稱霸歐洲的美夢破滅了，被發配到聖赫勒拿島反省，他的祖國則在維也納會議上灰頭土臉。法國雖然仍是歐洲一強，但它明顯在走下坡路，既無法與殖民王國英國相提並論，又面臨著新興的俄羅斯和普魯士的挑戰。

普魯士迅速崛起並完成統一德國的大業，主要與一個人的名字聯繫在一起——奧托・馮・俾斯麥（Otto von Bismarck）。一八六一年，威廉一世（Wilhelm I）剛一登基便迫不及待地擴充軍備，卻遭到議會反對。王室與議會僵持不下。一八六二年，威廉一世任命俾斯麥為首相，希望他有緩解危機的錦囊妙計。俾斯麥的對策很簡單：既然議會不同意，那就先斬後奏。他對議員發表的一次講話再清楚不過地表明瞭他對議會這個從英國學來的民主玩意的態度：「我們這裡不是英國，我們這些大臣是國王的奴僕，而不是你們的奴僕。」與英國和法國先創立民族國家，後實現民主的道路不同的是，德國一直缺乏民族國家的框架。在這種不完善的前提下進行的民主嘗試難免有些瘸腿。在俾斯麥看來，當代的重大問題不是通過演說和多數決議就能解決的，而是要通過鐵和血——鐵腕政治和戰爭。他也由此得到了「鐵血宰相」的稱號。

俾斯麥拋開議會推行軍事改革，使普魯士很快擁有了世界上最現代化的軍隊。接下來，宰相和國王著手排除統一道路上的絆腳石。俾斯麥的高明之處在於每發動一場戰爭之前都與其他列強簽約，給它們一定的好處，讓它們不要干預。於是他為統一德國發動的三場戰爭都是速戰速決。第一個被普魯士拿下的是丹麥。作為德國的北鄰，丹麥沒少管德國的事務。俾斯麥有兩個目的：從丹麥手中奪取什列斯威—好斯敦（Slesvig-Holsten）和好斯敦公國（Holsten）；讓丹麥從此不要插手德國事務。沒有其他國家幫忙，小小丹麥哪裡是普魯士的對手？俾斯麥很快達到目的，建立了以普魯士為核心的北德聯盟。一八六六年六月，普魯士以奧地利不遵守《哥斯坦協議》為藉口向維也納宣戰。一個月後奧軍潰敗。俾斯麥沒有乘勝追擊，而是很大度地與維也納講和。因為他只想甩開奧地利而獨立，但從長遠來說，與奧地利的睦鄰友好十分重要。這是俾斯麥外交的又一個特點——見好就收，而且走這一步時想到下一步，所謂高瞻遠矚，這一點也值得當代政治家學習。

普魯士統一德國還剩下最後一個障礙——法國。法國為維護歐洲大陸的霸主地位，阻止南德的幾個邦國投奔普魯士。俾斯麥向巴黎政府挑釁，迫使其在一八七〇年對普開戰。大敵當前，南德幾個小夥計馬上效忠普魯士，德國就此統一。戰場上法軍不堪一擊，一八七〇年九月的色當會戰中，拿破崙三世（Napoléon III）被生擒，這成為法國的恥辱和德、法兩國勢不兩立的象徵。一八七一年一月十八日，威廉一世在凡爾賽宮鏡廊自封為德意志皇帝。這就好比日本天皇在天安門廣場舉行登基儀式。這樣的奇恥大辱法國人怎麼能消化？之後，德國人慶祝帝國誕生的時候，總連帶慶祝對法國的勝利，這更加毒化了兩國關係。不僅如此，德國還硬生生從法國手裡奪走了亞爾薩斯（Alsace）和洛林（Lorraine），為二十世紀的兩次世界大戰埋下了禍根。

十七世紀以來，德國和法國在歐洲重大的戰事中都站在對立面，普法戰爭是第一次雙邊戰爭[42]，德國不僅取得軍事上的勝利，還逼著法國割地賠款，從此坐上歐洲霸主寶座。

俾斯麥在未經議會許可的前提下推動軍事改革，可謂「先斬」；贏得兩場戰爭，把軍改提案再次提交議會，可謂「後奏」。這一招很陰。想想看，當時俾斯麥統一德國在望，其威望如日中天。議員們面臨兩個選擇：要麼投反對票，以表示對俾斯麥非民主做法的抗議，但肯定會被老百姓視為賣國賊；要麼投贊成票，縱容俾斯麥不把議會放在眼裡的做法，放棄民主原則。大多數議員選擇了後者。這給德國的民主體制造成重創。

俾斯麥雖然發動了三次戰爭，但他的目標明確——統一德國。達到目的後，他讓德國休養生息，不參與對海外殖民地的爭奪，不發動侵略戰爭，這是俾斯麥區別於拿破崙的地方。只要這位帝國宰相說了算，德國的軍國主義就很難抬頭。俾斯麥還與列強簽署了一系列盟約，宗旨是：你們愛怎麼打都行，只要不傷著德國。這些盟約很複雜，一環套一環，只有俾斯麥本人能搞清楚。這一格局的缺點是：俾斯麥一旦離職，德國朝什麼方向發展、歐洲列強之間的平衡是否能繼續維繫就都是未知數了。

第一次世界大戰是蓄意還是事故？

事實的確如此。與俾斯麥配合默契的威廉一世於一八八八年駕崩，繼位的腓特烈三世（Friedrich）只做了九十九天皇帝便死於喉癌。接著登基的是腓特烈三世的兒子——為人類帶來巨大災難的威廉二世（Wilhelm II）。二十九歲繼位的威廉二世不僅身體有殘疾（左臂萎縮），據說腦功能也不健全。這也許對他的性格乖戾、暴躁是一種解釋。不過，那個時代皇帝沒有體檢，況且大腦的殘疾也不容易確定。總之，年輕氣盛的威廉二世哪裡聽得進年逾古稀的宰相的勸告。一八九〇年，俾斯麥被迫告老還鄉。從此，德國與英國和俄羅斯的關係惡化，想與法國修好又缺乏誠意。歐洲列強對著這個翹著八字鬍、頭戴尖頂盔的皇帝瞠目結舌。鄰國對威廉二世越是不解和厭惡，德國人對自己的皇帝便越是崇拜和愛戴。軍國主義成為時尚，年輕人把自己的臉畫得好像剛掛彩，並以此為榮。

一九一四年六月二十八日，奧匈帝國皇儲斐迪南大公（Archduke Franz Ferdinand）夫婦在塞拉耶佛（Sarajevo）遇刺。一個月後，奧地利向塞爾維亞宣戰，並很快演變成世界大戰。有的歷史學家說，塞拉耶佛事件給了威廉二世重新洗牌的機會，因此他極力慫恿奧地利開戰；也有的歷史學家說，威廉二世直到最後一刻都在勸說奧地利和平解決爭端。不管哪一種說法更接近史實，毋庸置疑的是：後起之秀的德國認為當時對殖民地的瓜分太不公平；戰爭爆發後德國人民歡呼雀躍；英、法、俄極不情願德國與它們爭奪利益，對德國形成包圍圈；誰也沒有打算打一場世界級戰爭。澳洲歷史學家克拉克（Christopher Clark）二〇一三年出版的《夢遊者——一九一四年歐洲如何走向戰爭》[43]一書，分析了一戰前歐洲的力量對比，歐洲列強的內政、外交、安全和聯盟政策以及一九一四年七月戰爭爆發前的一系列事件，得出結論：戰爭發生不是某個政治家或某個國家的罪責，當時歐洲的命運掌握在一系列具有決策權的政治家手裡，他們做出的決定像一個鏈條，最終導致了戰爭。因此，一戰是一場悲劇，不是罪行。當時的政治家像夢遊者一樣糊裡糊塗但又義無反顧地走向災難。

克拉克的這部多少有些為德國平反或至少是開脫的書卻招致德國歷史學家和媒體的激烈批評。這大概是因為幾十年來德國人養成了認罪的慣性：兩次世界大戰都是我們發動的，誰對此質疑，我跟誰拼。

德法在一戰中理所當然又成了死對頭。德國、奧匈帝國、土耳其、保加利亞屬於同盟國；法國、英國、俄羅斯、塞爾維亞、義大利、羅馬尼亞、日本和美國組成協約國陣營。德國在一戰中投入了新式大炮和毒氣，戰壕戰也達到巔峰。德國作家雷馬克（Erich Maria Remarque）的小說《西線無戰事》[44]揭示了這一戰術的殘忍和戰爭的荒誕。那場戰爭造成近一千萬士兵死亡，兩千萬士兵受傷，其慘烈史無前例。戰爭以同盟國的失敗而告終。

讓法國欣慰的是，不僅德國輸掉了戰爭，歐洲其他列強也搖搖欲墜：俄羅斯陷入內戰，奧匈帝國分崩離析。隨著一戰的結束，法國又成為歐洲大陸的老大。但喜悅沒能維持多久。由於法國是一戰的主戰場，一百五十萬人喪失了生命，這一損失甚至比二戰還要高。戰爭還導致法國經濟凋零、債臺高築。這使法國人在巴黎和會上鐵了心要讓德國放血。當時英國經濟學家凱因斯（John Maynard Keynes）[45]主張對德國寬大為懷，認為如果把德國人逼得太緊，會為下一場戰爭播下種子。但法國哪裡聽得進這樣的勸告。對德國這樣罪大惡極的戰爭販子，就應當讓它吐血，割地賠款，永世不得翻身。於是《凡爾賽條約》又成為德國的恥辱。兩國間的仇恨如此螺旋式上升。

凱因斯的擔心後來成為現實。距巴黎和會僅僅二十年，歐洲又成了下一場世界大戰的主戰場。而那場戰爭與一個名字分不開——阿道夫・希特勒（Adolf Hitler）。

希特勒是煽動家、狂人還是腦殘？

二十世紀三〇年代，一個奧地利人剛拿到德國國籍便通過選舉成為德國元首。在短短幾年時間，他先以迅雷不及掩耳之勢「統一」了歐洲大片地區，緊接著在由此引發的世界大戰中把德國和歐洲推入深淵。為什麼德國人民把自己的命運交在這樣一個其貌不揚、連中學畢業證書都沒有、從今天的角度看有嚴重心理疾病的男人手裡？對這個問題仍然沒有令人滿意的答案，也許應當由歷史學家、心理學家和神學家跨界探討。今天，德國人每隔兩分鐘便賭咒發誓地說已經驅散了希特勒的陰影，而這本身便說明他們還遠沒有做到這一步。

一八八九年四月二十日，阿道夫・希特勒出生於奧地利茵河畔的布勞瑙（Brauau am Inn）。父母是近親結婚。母親克拉拉（Klara Hitler）十八歲時到表叔阿洛伊斯（Alois）家做幫工，表叔對侄女起了歹意，嬸嬸一氣之下對克拉拉下了逐客令。無奈嬸嬸後來得了肺結核，克拉拉再進「虎穴」。嬸嬸咽氣之時克拉拉已經懷孕，隨之嫁給長她二十三歲的阿洛伊斯。兩人生了四男二女，希特勒是老四。在他之前的兩兄一姊全部夭折，他成了父母的掌上明珠。

在《我的奮鬥》中，希特勒說對童年沒什麼記憶，只記得他上學時成績不錯，只是不肯用功。不用功是真，成績卻實在不敢恭維。初一時除了繪畫，其餘科目的最好成績是及格。學年結束時，他不得不留了一級。

一九〇五到一九〇六年，希特勒患了一場大病。醫生沒能說出個所以然來。剛剛失去丈夫的母親日夜守護著兒子，母子相依為命。本來就對學校不感興趣的希特勒藉機輟學。後來的醫生認為希特勒很可能患了腦炎，而他日後征服歐洲的狂想可能是腦炎的後遺症。大病初癒不想上學，又不能永遠窩在家裡的希特勒決定去首都維也納闖天下。他打算報考維也納藝術學院，但由於天賦不足、作品平庸而落選。假如該學院破格錄取了他，人類也就免除了一場災難。

一九〇七年是希特勒運氣最背的年份之一。先被藝術學院拒絕，接著母親病危。十二月二十三日，聖誕夜前一天，他和妹妹一起埋葬了母親。克拉拉的猶太裔醫生布洛赫（Eduard Bloch）一九三八年回憶說：「我在近四十年的職業生涯中沒有看到像年輕希特勒那樣的肝腸寸斷。」希特勒少年時代就受過排猶煽動的影響，此時他對猶太醫生恨得牙癢癢。為什麼呢？心理學家估計這位元首有戀母情結。他兒時便為年輕的母親感到自豪。克拉拉病危期間，他對猶太醫生可以看到裸露的母親大為光火，卻又無可奈何。這加深了他對猶太人的仇恨。

回到維也納，心灰意冷的希特勒在這座大都市裡混得慘不忍睹，甚至曾經在流浪漢收留所待過。他靠畫維也納風景名勝廉價賣給遊客來維生（誰能想到在他自殺七十年後，一幅當年的畫作竟拍出十三萬歐元）。希特勒的另一個愛好是戲劇，一有點零用錢就去劇院。維也納魔幻般的舞臺讓他暫時忘卻現實。但從劇場出來，現實更加無情地鋪天蓋地而來。

我們總結一下：這位日後挑起世界大戰的風雲人物原來是近親結婚的產物，有戀母情結，還可能有腦炎後遺症。他小有才華、又對藝術有點興趣，但不肯吃苦，中學沒有畢業，甚至沒有正常就業的能力。

在這種無望的境況下，一戰的爆發簡直是上天的禮物。當時正在慕尼黑（München）的希特勒馬上報名參加巴伐利亞步兵團。他在《我的奮鬥》中稱一戰的四年是他一生中最幸福的時光。不過後人很難相信他的描述。事實上，他被派往比利時之後，步兵團四分之三的士兵陣亡。他曾兩度受傷，第二次是眼睛受毒氣傷害，一度雙目失明。醫生說他的眼睛沒有絲毫受損，暫時失明是歇斯底里的結果。希特勒兩次被授予鐵十字勳章，但沒有受到提拔，原因是「沒有領導才能」。當時的戰友回憶說，希特勒是個嚴肅而缺乏幽默感的人。

有一點可以肯定，那就是希特勒對戰爭十分癡迷，有種找到組織的感覺。因此，我們可以想像戰爭冷不防結束給他帶來的失落。於是，他繼續尋找組織，在慕尼黑參加各政黨的活動，發現了自己的演說才能。繞了一圈，他發現在德國工人黨的知音最多。入黨後，他很快成為該黨最響亮的名字。一九二一年二月，已經改名為國社黨的工人黨第一次在慕尼黑皇冠馬戲團的帳篷裡舉行大型群眾集會。能容納幾萬人的帳篷座無虛席，慕名而來的聽眾大多是女性。不明白希特勒為什麼對德國婦女擁有如此的吸引力。他既不英俊，也不剛毅，臉上的線條甚至有些女性化。那麼讓眾人如醉如癡的只剩下他的聲音。他善於掌握講話的節奏，時緩時急，嘶喊一陣，又會馬上平靜如水。他演講的主題不外乎兩個：《凡爾賽條約》對德國的不公以及猶太人的陰險。一戰後，法國聽不進英國經濟學家凱因斯的建議，堅持嚴懲德國，讓德國人被戰爭賠償壓得喘不過氣來。當時並不認為應對戰爭爆發負責的德國人感到一肚子委屈。當時社會上還流傳著一個陰謀論：德軍不是在戰場上被打敗的，而是被猶太人的暗箭擊傷。希特勒說的這些正是老百姓愛聽的，是對他們受傷心靈的撫慰。於是，幾萬甚至幾十萬人潮水般湧來，一聽就是幾個小時。他們看著、聽著汗流浹背、聲嘶力竭的希特勒（據說他一次演講能喝二十公升水，體重減少三千克），感到這個奧地利人是那麼真誠地維護著德國人的利益，感動得一塌糊塗。他的講話聽起來很無聊，甚至可笑，但現場聽他講話的卻無不熱血沸騰，這不能不說是希特勒的本事。

看到群眾的熱烈反應，這位奧地利人有些性急了，於一九二三年十一月在慕尼克的一家啤酒館發動政變，被巴伐利亞當局鎮壓。拘留所中的希特勒沮喪到了極點——似乎他的政治生命將就此結束。他回憶說在那幾個月裡曾經想到過自殺，而他一生不止一次想到自殺，但從沒有認真嘗試過。不過，希特勒是個不服輸的人。一九二四年春天法院開庭時，他似乎忘記了自己是被告，反倒慷慨激昂地控訴軟弱的威瑪共和國和在他眼裡顛倒黑白的司法。巴伐利亞的司法機關倒對他格外寬宏大量，只判五年監禁不說，關不到一年便把他提前釋放。一九二五年年初，巴伐利亞州州長接見了他。希特勒做出一副痛改前非的樣子。這位糊塗的州長認為人們已認清民社黨的本質，納粹成不了什麼氣候，於是取消對該黨的禁令，給了希特勒重整旗鼓的機會。他欣然接受這份「禮物」，不遺餘力地排除異己，步步擴大民社黨的影響。一九二八年，該黨在議會選舉中的得票率不到三%。僅僅五年之後，納粹便獲得四十四%的選票，成為德國第一大黨。諷刺的是：一九二三年政變沒有達到的目標現在通過民主程序實現了。

今天很多德國人仍然在問：為什麼？為什麼歌德、康德的後代那麼無怨無悔地跟隨希特勒走向了深淵？希特勒是怎麼把富於詩情和哲理的德國人唬弄得完全喪失理智？其實，他並沒有在上臺之前把自己裝扮成溫馴的羔羊。在《我的奮鬥》中，他那麼肆無忌憚地宣揚反猶思想，並為德國日後侵略歐洲鋪了路。他這部書是在監獄裡完成的。當時他把獄友當成了聽眾。那些人哪有閒心聽希特勒的說教，於是建議他寫書。估計他們以為這位整天聒噪的人是個精神病患者。並不是當時所有的德國人都認為希特勒的思想沒什麼大驚小怪的，對他發出警告和抨擊的大有人在。民社黨曾遭禁止，希特勒本人也曾被剝奪演講的權利。但從立法、執法到司法機構，能夠阻止他平步青雲的機構不是小看了他，就是因輕視而縱容了他。除了上面提到的那位巴伐利亞州州長，巴伐利亞的司法機構也多次失職。一九二二年，希特勒曾因擾亂其他政黨活動而被判刑三個月，巴伐利亞政府打算將他驅逐出境，別忘了他是個奧地利人。但司法部門阻止了。一九二四年，柏林政府曾與維也納特使接洽，建議提前釋放希特勒，前提是他離開德國。但當時維也納似乎已經意識到了此人的危險性，拒絕接受他，理由是希特勒在一戰中是為德國而戰的。後來法院認為他成不了什麼氣候，即使奧地利不收，也還是想提前放了他。檢察院不同意，但最終法院占了上風。一九二五年，希特勒提出取消自己奧地利國籍的申請，維也納巴不得地立馬批准。但他並沒有馬上獲得德國籍。這種無國籍的狀態持續了七年。一九三二年，第一個攫取政權的機會突然出現時，希特勒卻苦於沒有德國國籍而不得不放棄。一般來說，作為有污點的外國人（觸犯過刑法、他領導的政黨屢次遭禁、他本人被禁止演講兩年），入籍並不是件容易的事情。但冥冥之中，德國人鐵了心要跟隨他下地獄，因此哪個環節都有人為他疏通。一位朋友在布倫瑞克（Braunschweig）文化局為他謀到一個職位。作為公務員，希特勒必須向國家宣誓效忠，於是布倫瑞克當局便視之為入籍的標誌。不過，希特勒沒有去文化局上過一天班。

希特勒的崛起也獲益於巴伐利亞與柏林政府之間的矛盾。在一戰中負責一九一八年春季大反攻的魯登道夫將軍（Erich Ludendorff）是巴伐利亞人。他將這一軍事行動的失敗歸咎於國內軟弱的政治家和猶太人，是我上面提到的「暗箭理論」的代言人。魯登道夫在巴伐利亞德高望重。一戰後，他認為威瑪共和國的代表出賣了德國的利益，與希特勒一拍即合，並參與了一九二三年的政變。在巴伐利亞人看來，那個貌不驚人的奧地利人雖然有點歇斯底里、講話有些極端，但魯登道夫將軍支持的總沒有錯。這可能也是當地政府和司法機關對希特勒睜一隻眼閉一隻眼的原因。

縱容這位狂人的還有教會。希特勒出生時受過天主教會的洗禮，小學時參加了教會唱詩班。不過，這位天主教徒卻對馬丁・路德推崇至極，稱他是「德國歷史上最偉大的天才」。這並不奇怪，因為路德的反猶言論比希特勒早了四百年，在這方面是希特勒的老前輩。當然，在希特勒眼裡，路德對天主教會的抨擊是錯誤的，因為天主教和新教共同的敵人是猶太人。按照他的邏輯，假如當時路德將矛頭對準猶太人，而不是天主教會，那麼也就不會導致教會的分裂了。不過令希特勒感到欣慰的是，兩大基督教會在與共同敵人的鬥爭中學會了相互尊重。從這個意義上說，希特勒是宣導兩大教會和解與合作的先驅。

從希特勒滅絕人性的行為來說，他不大可能是虔誠的基督徒，卻很善於利用教會和德國人的信仰。二十世紀三〇年代初，他在一次法院做證時說：「左右德國命運的不是我，而是上帝。」[46]這樣的話語在基督徒和教會的耳中難道不像音樂一樣動聽嗎？儘管德國天主教會在希特勒上臺之前對民社黨持抵制的態度，並將加入民社黨的天主教徒開除出教會。不過，這一態度並未得到羅馬總部的支持。相反，一九三三年七月，教皇庇護十一世（Pope Pius XI）與完全暴露出獨裁嘴臉的希特勒簽署了協定。教皇對此心滿意足，因為希特勒答應保障德國天主教會的地位。協議本身則是對希特勒政權的承認，是他上臺以後的第一項外交勝利。況且上一次德國與教皇簽約是在五百年前。可以說反共是教皇和大獨裁者相互理解的基礎。據說庇護十一世私下曾說過：「在對布爾什維克的態度上，希特勒是與梵蒂岡最為一致的國家元首。」德國天主教會正為怎麼改變當初對納粹的強硬態度而煩惱呢，教皇的一紙協議終於給了他們一個臺階。主教來了個一百八十度的華麗轉身，儘管希特勒此前剛剛消滅了天主教的政治組織，那些主教仍然為「民族復興蘊含的基督教意義」而沾沾自喜。[47]德國新教青年組織也是欣喜若狂：「新教教會的年輕人應當知道，他們的領導層對德意志民族的崛起持完全贊同的態度。」[48]

儘管希特勒沒過多久就撕毀了與教皇的協議、廢除教會學校、壓制天主教會的媒體、迫害教團，但德國教會高層不願放棄對元首的幻想，認為他不過是建立一個威權國家，還算不上獨裁。對希特勒的崛起密切關注的慕尼黑大主教弗爾哈貝爾（Michael von Faulhaber）一九三六年受到元首接見之後，恨不得這輩子不洗手了。他在寫給同事的信中說：「元首對外交和社交禮儀掌握的完美程度勝於一位天生的君王。」[49]這當然與大主教因崇拜而產生的先入為主有關，但也不可能與事實完全脫節。據稱希特勒沒事就對著鏡子練習，每個手勢都演練了上千次。因此，與其說希特勒是天生的君王，不如說他是個勤奮的演員。

對希特勒滿懷敬仰的不只是神職人員，外交官、企業家和學者當中都不乏元首的粉絲。這些一般來說有知識、有教養的人都做到了徹底放棄批判式思維，那對普通老百姓還能有什麼指望。納粹的宣傳也實在巧妙，特別是狂愛攝影的希特勒情婦伊娃・布朗（Eva Braun）[50]不斷把元首的生活照往外發送。結果，德國人民心目中的元首日理萬機、嚴於律己，不抽煙、不喝酒、不吃肉、不結婚，而且人家還不是土生土長的德國人。這可把德國人民心疼死了。為元首赴湯蹈火還不是最基本的嗎？

至少教皇回過神來。一九三七年，庇護十一世發表題為《深表不安通諭》（Mit brennender Sorge）的公開信，建議德國天主教徒與納粹保持距離。不過，教皇發此忠告時，很多天主教徒已經中毒太深了。當然，也有神職人員出於信仰和良知積極抵抗納粹政權，有的死在集中營裡。

新教當時沒有天主教會那樣嚴密的組織，很快便分裂為二十八個地方教會以及三大教派：路德教會、帝國教會和信仰教會。路德教會最認同強權國家；帝國教會也支持希特勒；只有信仰教會是不合作的教會，不過其成員只是反對國家干預宗教事務，同時認為教會不該參與國政。隨著希特勒對教會的壓制日深，各教派都湧現出公開抵抗的鬥士。一九四四年七月行刺希特勒的勇士都是基督徒。刺殺行動失敗後，一位參與審訊的蓋世太保頭目回憶說，所有參與刺殺希特勒行動的人都承認，他們決定採取如此極端的手段與教會在第三帝國的處境有很大關係，但也經過了激烈的思想鬥爭，畢竟殺人與他們的信仰是背道而馳的。

抵抗運動中最知名的神職人員是潘霍華（Dietrich Bonhoeffer）。他是一位路德派神學家，在神學反思之後參與了刺殺行動的策劃。也就是說，他不認為剷除希特勒與他的信仰有什麼衝突。失敗之後，他沒有被立即槍決，而是被關進集中營。一九四五年四月九日，二戰結束的前一個月，希特勒自殺前的二十一天，潘霍華和另外幾名同道被處以絞刑。納粹脫光他們的衣服，潘霍華先從容地與難友一一握手告別，接著坦然地將頭伸入絞索，在幾秒鐘之內咽氣。潘霍華挽救了基督教的名譽。

對希特勒推行先縱容、後抵抗政策的又何止是教會。英國、法國二十世紀三十年代的姑息路線使希特勒更加有恃無恐，一九三九年的《德蘇互不侵犯條約》則為納粹德國侵佔波蘭開了路。一九四一年夏天之前，希特勒所向披靡，佔領了包括波蘭、丹麥、挪威、比利時、荷蘭、盧森堡、法國大部分、南斯拉夫和希臘在內的歐洲大片地區，其統一歐洲的軍事能力可與查理大帝和拿破崙相媲美。不過，希特勒重複了拿破崙的致命錯誤——敢於向俄國人挑戰。一九四一年夏天，德軍大舉進攻蘇聯。希特勒與拿破崙一樣妄想速戰速決。德國士兵甚至沒有帶過冬的衣服，準備最遲在秋天凱旋。蘇軍的頑強抵抗使希特勒的如意算盤落空了。一九四三年二月結束的史達林格勒戰役被視為二戰的轉捩點，德國老百姓也意識到失敗的命運不可逆轉。

再看二戰中的德、法較量：德國算是徹底雪了一戰的恥。一九四〇年六月八日，德軍對法軍開戰，僅用了六天時間便佔領首都巴黎。德國士兵像是劉姥姥進了大觀園，在艾菲爾鐵塔下排著隊拍照。德國人對巴黎其他的娛樂設施也垂涎不已，後來上級不得不限制士兵進入巴黎城。不到一個月，法國便被拿下。堂堂法蘭西第三共和國就這樣灰頭土臉地結束了。不過，法國人的態度倒很實在，打不過就不打。軍事上認輸不說，還在維希（Vichy）成立了偽政府。這個納粹的傀儡政權統治了法國半壁江山。德國的軍事勝利大大挫傷了法國人的驕傲。麻木了一陣之後，他們才漸漸開始組織抵抗運動，男的打遊擊戰，婦女、兒童搞破壞活動，並將德軍的動向彙報給盟軍。換句話說，抵抗運動屬於小打小鬧，不足以扭轉大局。最終在諾曼地（Normandy）登陸和解放巴黎的主要是美軍和英軍。

從一九三九年九月一日德軍入侵波蘭到一九四五年九月二日日本投降，在二戰各條戰線上喪生的士兵達兩千七百萬人，平民損失近三千萬人。除瑞士等中立國倖免於難，歐洲大陸的大片地區因轟炸和交戰雙方的戰略性摧毀而變成焦土。在盟軍解放集中營的過程中，納粹對猶太人的暴行昭示於天下：六百萬人被系統地謀殺。當時的德國人，誰都有猶太同事或是鄰居，只有極少數暗地裡保護了猶太朋友，卻沒有人站出來譴責納粹對猶太人斬盡殺絕的做法。因此，德國不僅在軍事上一敗塗地，在道德上也徹底失守。

德國的宿敵、歐洲大陸的老二——法國名義上是戰勝國，但其國民經濟受損遠大於德國，且由於法國的一半曾做了納粹的傀儡，因此法國人在戰爭結束時的歡呼是疲憊而忐忑的。

從查理大帝到拿破崙再到希特勒，一次次統一歐洲的軍事嘗試都以巨大代價告終。希特勒與其是想統一歐洲，不如說是奴役。當歐洲大片地區被戰爭變成焦土之後，戰後的第一批政治家走上了政治融合的道路。

注釋

37 路易十五最後還是死於天花。
38 被稱作「被喜愛者」（le Bien-Aimé）。
39 也稱彼得一世（1672—1725）。
40 俄羅斯歷史上唯一的女沙皇（1729—1796）。
41 包括民法、商法、民事訴訟法、刑法和刑事訴訟法。
42 前面提到的耶拿和奧爾施台特會戰雖然也是雙邊，但只是戰役，算不上戰爭。

43 Christopher Clark, The Sleepwalkers: How Europe Went to War in 1914 (München: dtv, 2013)

44 Erich Maria Remarque, Im Westen nichts Neues (Köln: Kiepenheuer & Witsch, 2014)

45 John Maynard Keynes（1883—1946）：二十世紀最有影響的經濟學家之一，被後人稱為「宏觀經濟學之父」。一戰後作為英國代表出席巴黎和會，由於與會者拒不接受他的建議而憤然離會。一九四四年出席布雷頓森林會議，參與制定二戰後的金融秩序，並出任首屆世界銀行總裁。

46 Ernst Deuerlein, Hitler: Eine politische Biographie (München: List, 1969)

47、48 Joseph Rovan, Der Aufbau der Hitlerjugend”, Wie war es möglich ?, ed. Alfred Grosser(München：Hanser, 1977)

49 Ernst Deuerlein, Hitler: Eine politische Biographie (München: List, 1969)

50 Eva Braun（1912—1945），一九四五年四月二十九日與希特勒結婚，更名伊娃・希特勒。第二天即與丈夫雙雙自殺。

CHAPTER 4

政治統一
各打各的算盤

歐洲大陸和平的前提是德、法兩個宿敵的和解。兩國的有識之士在兩次大戰之間的那段時間便認識到了這一點。二十世紀二〇年代，德、法出現第一對高瞻遠矚、攜手共進的政治家——威瑪共和國外長施特雷澤曼（Gustav Stresemann）及法國內閣總理兼外長白里安（Aristide Briand）。他們以一戰後成立的國際聯盟為平臺。一九二五年歐洲七國在羅加諾國聯會議上達成的公約便是兩位外長斡旋的結果。德國承認《凡爾賽條約》確定的西部邊界，減輕了法國的安全顧慮；法、英等國同意德國加入國際聯盟，實際上給了德國東山再起的機會。《凡爾賽條約》特別改善了德、法這一對宿敵的關係，向世界證明歐洲人不僅會相互殘殺，也懂得和解。最令人不可思議的是：施特雷澤曼和白里安還起草了一份建立歐羅巴合眾國的備忘錄。兩位政治家在一九二六年一同獲諾貝爾和平獎。不過，他們的思維似乎過於超前了，備忘錄很快就被歐洲人遺忘。直到二十年後，德、法在又一次世界大戰中兩敗俱傷、筋疲力盡之後，歐洲主要政治家才重拾歐羅巴合眾國的夢想。

歐洲之父之一：愛政治不愛女人的舒曼

一八八六年，羅伯特・舒曼（Robert Schuman）在盧森堡（Luxembourg）近郊克勞森（Klausen）降生，國籍德國。為何這位日後的法國總理出生時竟是德國人？這是因為父親的老家在洛林。那片地方從查理大帝的孫子三分帝國後就成了多事之地。[51] 從普魯士挑戰法蘭西到二戰結束，洛林人民的國籍走馬燈似的更換，陣亡的將士都分不清是為法國還是為德國捐軀。不身臨其境很難理解當地人的糾結。舒曼的父親便因不甘做普魯士的臣民而搬到中立國盧森堡。舒曼最先會說的是盧森堡方言，之後是德語，法語是上學後才學的。成年後，儘管他的法語日臻完美，但總擺脫不了德國口音。因此，政治反對派對他最大的刺傷莫過於稱他為「德國佬」。

舒曼是典型的「三好學生」，在學校成績優異，課餘熱衷教會事務，被神父選為助手，直到中學畢業。他不僅在教會的各種儀式上輔助神父，還與神父用拉丁文輪流祈禱，等於接受了優異文化教育。教會高層人士來基層視察，羅伯特也參與接待。這一切殊榮讓羅伯特感覺與上帝更接近，堅定了他的信仰。[52]

羅伯特高中畢業後選擇了德國的大學。這不僅因為德國大學名聲在外，吸引羅伯特的還有德國天主教。當時，德國一批天主教熱血青年奮起自救。為什麼自救呢？原來，從十六世紀開始，先是路德宗教改革差點要了天主教的命；後來拿破崙將法國大革命政、教分離的風氣帶到德國，教會的影響日衰；一八七一年新教的普魯士統一德國，俾斯麥變本加厲地打壓天主教會，後者與國家展開了幾年激烈的較量，在歷史上被稱為「文化鬥爭」。新教坐山觀虎鬥，雖然也沒占什麼便宜，但給人的印象好像是又勝一輪，而天主教會那份沮喪就別提了。

在此背景下，二十世紀初，幾位天主教神學家和哲學家帶頭發起了一場禮儀運動，試圖通過彌撒儀式的改革推動天主教復興。瑪利亞・拉赫修道院成為運動的試點。其朋友圈的成員是運動的骨幹。拉赫修道院被選中的一個原因是其地理位置——它位於德國中部，與德國幾座文化名城的距離都不太遠。在波昂（Bonn）就讀的舒曼更是近水樓臺，從大學到修道院只有五十多公里。他一到波昂便加入了拉赫修道院的朋友圈。

假如真有上帝的話，那麼一九一一年是他老人家對羅伯特最大的考驗——他深愛的母親歐吉妮（Eugénie Duren）在一場車禍中喪生。八月三十日，她乘馬車去洛林丈夫老家。馬突然受驚，抬起前蹄，馬車失衡，歐吉妮被甩出來，頸椎斷裂，當場死亡。羅伯特悲痛欲絕，難以自拔。他甚至想出家修行。是他的好朋友埃什巴赫（Henri Eschbach）的一封長信才使羅伯特回心轉意。這位史特拉斯堡大學的同窗在信中說：「你沒有權利被悲痛吞噬。你的宗教、你的祖國和你的朋友需要你。」在埃什巴赫看來，舒曼應當留在世俗世界，並試圖從內部改變他。「你必須做一名普通的信徒，這樣你能更有效地發揮作用。我們這個世紀的聖人是穿西裝的。」結果，舒曼聽了好朋友的勸說，沒有出家。

做職業選擇時，舒曼的「洛林情結」再度顯現。他既不想當公務員，也不想當大學教師，因為這兩種職業都將給他帶來效忠和捍衛國家的義務。但是效忠哪個國家呢？一心想回到洛林老家定居的舒曼於是選擇了律師這個相對自由的職業。

一九一九年，戰敗的德國再度丟失了亞爾薩斯─洛林。舒曼加入法國國籍，並馬上作為該地區代表被選入法國議會。很快他便發現自己對政治策略一竅不通，於是毫不避諱地稱自己是「天真的律師」。其實，舒曼也是天真的政治家。在他看來，政治的目的是為人民服務。他競選議員是為家鄉人民發聲，為此不惜在巴黎和梅斯（Metz）之間奔波。當個人利益與大眾利益發生衝突時，他從來不考慮個人利益，用我們中國人的話說是到了迂腐的程度。舉個簡單的例子：他在梅斯做律師時入選當地的律師聯合會。但同行們馬上因為投了他的票而後悔，原因是他力主大幅降低律師報酬，讓窮人也能尋求法律的保護。律師同行不待見，但老百姓喜歡這位不牟私利、與眾不同的政治家。從一九一九年到一九六三年去世，他沒有一次在議會選舉中落選。

一九四四年，舒曼加入法國的人民共和運動（MRP）。該黨與德國的聯盟黨和義大利的社會民主黨共同成為二十世紀五〇年代主宰西歐政治的三大基督教民主政黨。不懂得爭權奪利的舒曼總是接受吃力不討好的差事。一九四六年，人民共和運動贏得戰後首屆選舉，黨主席比多（Georges Bidault）將最大的爛攤子——財政部交給了舒曼。與一戰一樣，法國雖然是戰勝國，但在戰爭結束時債務纏身，已到了破產邊緣。舒曼硬著頭皮上了任，並馬上得到了「小氣鬼」的綽號。原來，舒曼以身作則，首先在財政部樹立節儉的風氣。他掛在嘴邊的一句話是：「別忘了，我們的共和國還很貧窮。」公務員必須節約用電，給同一名議員的兩封信必須裝入一個信封。他外出的時候從不講排場，乘火車不坐頭等車廂。對國家的開支，舒曼同樣地錙銖必較。擔任財政部部長的一年，他成功阻止了法郎的繼續貶值，使國家財政趨於穩定。

一九四七年十一月，舒曼再度受命於危難時刻，在罷工和暴動使第四共和國風雨飄搖之際組閣政府。這位被政治對手嘲笑為「德國佬」的政治家在擔任總理的短短八個月裡平息了暴亂，重新贏得了法國人民對共和國的信任，或者說使得第四共和國又苟延殘喘了幾年。當時法國政府像走馬燈一樣地頻繁更換。舒曼當總理不到一年，就因一場預算之爭而被迫下臺。

在新組閣的政府中，舒曼終於實現夢想，成為法蘭西共和國的外交部部長。這之後的四年多時間裡，法國政府頻頻換屆，他以不變應萬變，在八屆政府中連任外長，成為法國多變政局中的一個常數。一九五〇年，這位中等身材、禿頂、大鼻子、眼睛充滿憂傷的政治家推出「舒曼計畫」。在此基礎上，歐洲煤鋼共同體於一九五二年正式生效，這是歐洲第一個超國家的機構，也是一九五七年成立的歐洲共同體的前身。

舒曼終身未娶，好像是一位帶著政治頭銜的修行者。他曾自我解嘲地說：「在政治和女人之間，我選擇了政治。雖然政治也不穩定，但它不那麼容易吃醋。」法國《世界報》前總編輯福艾（Jacques Fauvet）曾經這樣形容舒曼：「生在盧森堡，受的是德國教育，內心深處是法國人，命運挑選他成為引領歐洲的人物之一。他與加斯貝利（Alcide De Gasperi）和艾德諾一起給了基督教民主人士實現幸福的歐洲天國的希望。」

歐洲之父之二：墨索里尼的死對頭加斯貝利

就像舒曼不是土生土長的法國人一樣，阿爾契德・加斯貝利在一八八一年降生時也不是義大利人，而是奧匈帝國的臣民。[53]與舒曼不同的是，阿爾契德從小說義大利語，並且完全在義大利的文化氛圍下成長。

阿爾契德中學才開始學德語，並很快被德國文化吸引。在維也納讀德國文學期間，他把德語磨煉到母語水準，後來他與德國政治家的通信都是用無可挑剔的德語。而在歐洲層面與舒曼以及比利時、荷蘭、盧森堡和德國的同僚談判時，交流起來最方便的竟是德語。

一九一九年召開的凡爾賽會議懲罰同盟國，讓奧匈帝國支離破碎，分解出奧地利、匈牙利和捷克斯洛伐克。提洛邦南部的義大利語區被割讓給義大利。這使加斯貝利葉落歸根，如魚得水。但他很快發現這完全是自己一頭熱，新的祖國並沒有張開雙臂歡迎他。相反，在戰爭後的匱乏時代，新添的人口被看成了負擔。加斯貝利的主要任務是為家鄉父老爭取口糧。首都的政治家更是視他為不速之客，有的乾脆罵他是「德國佬」。這命運又與舒曼如出一轍。這一切沒有使加斯貝利洩氣。他全身心投入以天主教為指南的政治運動，於一九二一年入選議會，擔任人民黨議會黨團主席。兩年後，加斯貝利成為人民黨秘書長。

當時的歐洲萬馬齊瘖。我前面提到由於投入毒氣和現代化武器，一戰的慘烈前所未有，歐洲至少一千萬士兵喪生。從戰場回家的男人不是殘廢，就是精神受了刺激。戰敗的國家就更別提了，除了割地賠款，其國民好幾年抬不起頭，為希特勒這樣的瘋子提供了土壤；戰勝國除了心理上的優勢，經濟同樣糟糕，英、法、意都是債臺高築。這也是它們在凡爾賽會議上對德國苛刻有加的原因之一。發戰爭財的只有美國，一戰如此，二戰亦然。義大利除了大家都有的苦衷，還有自身的問題。其中最嚴重的是南方與北方的發展差距。北方富裕發達，南方貧窮落後。北方嫌南方不求上進，恨不能甩掉南方這個包袱；南方則怪北方不夠意思，一家人說兩家話。南北的差異和摩擦直到今天也沒有什麼改變。在經濟危機時期，可分的蛋糕小了，分配的糾紛就更大了。社會矛盾加劇的時候，最簡單的辦法就是尋找一個共同敵人——外國人或外來人，因此發生經濟危機的時候一般也是民族主義最容易滋生的時候。德國在一戰後便盛行所謂的「暗箭理論」。據此，德國軍隊並沒有在戰場上被擊敗，而是中了猶太人從背後投射的暗箭。希特勒更是煽動對猶太人仇恨的特級導演。讓這位野心家羨慕不已的是，當他一九二三年在慕尼黑啤酒館發動政變失敗的時候，墨索里尼已經在義大利當了總理。

加斯貝利成了議會抗議運動的領袖，並很快成為法西斯分子的眼中釘，於一九二七年被捕。一九二九年，他因義大利國王的特赦而出獄。重獲自由的喜悅很快被生活無著落的絕望而取代。四十七歲的男子漢，靠什麼來養家糊口呢？就在他走投無路的時候，一位主教在梵蒂岡圖書館為他謀到一個職位。獨裁者一般多疑，墨索里尼也不例外。他聽到這個消息，馬上懷疑加斯貝利實際上做了教皇的政治顧問，於是致信庇護十一世，請他解除加斯貝利的職務，作為對義大利政府的「友好表示」。教皇的回答是：「我不過將您從一位誠實的男人和父親手裡奪走的麵包部分歸還了他，對此，我將不會感到遺憾。」

與權力集於一身的希特勒不同的是，墨索里尼的上面還有義大利國王。一九四三年，義大利在軍事上節節敗退之後，議會通過了對墨索里尼的不信任案，國王隨之解除他的職務，並將他軟禁起來。殺人如麻的希特勒對昔日的盟友卻真夠意思，於同年九月發動橡樹行動，營救墨索里尼。在德國的扶持下，墨索里尼在義大利北部另立山頭，與已被盟軍解放的南方分庭抗禮，一直到一九四五年四月。當納粹德國大勢已去，自己的部隊也潰不成軍時，墨索里尼倉皇逃竄。四月二十八日，他和情人被義大利共產黨的遊擊隊逮捕，並於次日被槍決。同一天，希特勒與多年的情人伊娃・布朗結婚，並於四月三十日雙雙自殺。

一九四四年，加斯貝利出任解放區各黨聯合政府的外長。一九四五年至一九五三年，他連續擔任七屆政府的總理。由此可以看出兩點：義大利政府更迭頻繁，七十年前與今天沒有什麼兩樣；加斯貝利德高望重，不管什麼樣的政黨組合都不願或不能放棄他這塊招牌。

當時義大利的情況有些複雜：它曾與魔鬼結盟，但又沒有希特勒那麼作惡多端；它雖是軸心國成員，但其南方在一九四三年加入反法西斯聯盟，北方遊擊隊則與德國佔領軍展開艱苦卓絕的戰鬥。因此，義大利曾削尖腦袋想躋身戰勝國，並努力與德國劃清界限，目的當然是想改善和談地位。盟國剛開始根本不理會義大利。在一九四五年九月的五國（美、英、法、蘇、中）外長會議上，加斯貝利不過得到前往倫敦申辯的機會。不過，溫文爾雅、以理服人的加斯貝利馬上獲得外長們的好感。從此以後，盟國對義大利刮目相看。一九四九年，義大利相繼成為北約和歐洲理事會的創始成員國，在國際層面上被徹底平反，這都與加斯貝利有直接關係。

不受德國拖累，便也沒必要再與德國刻意保持距離。加斯貝利昔日對德國的好感又漸漸占了上風，更何況一九四九年成立的聯邦德國的第一任總理艾德諾出自基督教民主聯盟，兩人同屬一個意識形態陣營。於是，加斯貝利開始力促德國儘快擺脫戰敗國地位，一度在德國和美、英、法之間扮演了斡旋的角色。特別讓艾德諾感動的是，一九五〇年十月，加斯貝利正式邀請德國總理訪問義大利，這是艾德諾任職後接到的第一個來自西方國家政府首腦的邀請，是個很給面子的姿態。次年六月，《歐洲煤鋼聯營條約》簽署兩個月之後，艾德諾第一次正式出訪。那是令艾德諾和整個聯邦德國激動不已的時刻，他能不感恩嗎？不僅如此，加斯貝利還邀請德國總理去了他在羅馬近郊的私宅，並陪同這位德國人參觀羅馬名勝。[54]艾德諾後來回憶兩人共度良宵時寫道：「我們簡直像兩個大學生。」

同年九月，加斯貝利回訪德國。儘管當時兩國關係被貿易摩擦蒙上陰影，但是兩位政府首腦融洽依舊。使加斯貝利特別難忘的是與艾德諾一起訪問拉赫修道院。在一張歷史性照片上，加斯貝利從修道院走出，表情嚴肅，若有所思；[55]艾德諾走在加斯貝利後面，差不多有兩米的距離，也許是因為修道院不是交頭接耳的地方。兩位基督教民主派的政治家在靜思、祈禱時，必定想到了自己的祖國，想到了正在走向融合的歐洲。修道院兩邊是歡迎的群眾，有德國人，也有義大利人。加斯貝利此時也許有一種成就感，因為他畢生的信念正在成為現實。對他來說，歐洲更是一個文化的概念，聯結歐洲各民族的是西方文明，其核心是基督教。在此傳統基礎上實現歐洲的統一是他在一戰爆發前便懷有的理想。為此需要設立主權國家之上的機構，比如煤鋼共同體。

加斯貝利德國之行的另一個高潮是在亞琛大教堂接受查理獎。查理就是那個在八世紀末統一了西歐的查理大帝。他曾定都亞琛，並開始修建那座哥德式的大教堂。查理獎是授予那些對歐洲融合做出傑出貢獻的政治家的。加斯貝利是第三位獲獎者。艾德諾兩年之後獲得這一殊榮，而舒曼則是一九五八年的查理獎得主。加斯貝利在亞琛大教堂發表講話說：「歷盡災難之後的歐洲渴望著為其文化和基督教文明的統一構築政治和經濟的框架。經濟上的聯合已經從生死攸關的煤炭和鋼鐵工業開始。我們希望，這一融合將逐漸延續到其他領域，直到創建歐洲共同市場和共同的貨幣，實現貨物和人員流通的自由。歐洲防衛共同體也正在成為現實。」

不過，歐洲防衛共同體最終沒有成為現實。一九五四年，法國國民議會在馬拉松辯論之後對防衛共同體條約投了否決票。在議會表決的十一天前，一九五四年八月十九日，加斯貝利與世長辭。臨終時，他的繼任、剛從巴黎回來的義大利總理馬里奧・謝爾巴（Mario Scelba）告訴加斯貝利，法國議會通過防衛共同體條約的可能性微乎其微。為該條約的誕生費盡心血的加斯貝利此時的失望之情可想而知。他歎了口氣說：「現在只有上帝知道歐洲何去何從了。」令他寬慰的是：在去世三個月前，他當選煤鋼共同體議會（歐洲議會的前身）主席，可以說他為歐洲融合的事業奮鬥至生命最後一刻。加斯貝利的突然謝世對艾德諾來說是個沉重的打擊，使他失去一位重量級的同道和戰友。他說：「加斯貝利、舒曼和我之間的合作基於歐洲必須統一的共同信念。這一合作因一九五四年八月加斯貝利的突然去世而終止。他走得太早了。」[56]

歐洲之父之三：還給德國尊嚴的艾德諾

一八七六年一月五日，康拉德・艾德諾出生於萊茵河畔的大都市科隆，父親是法院書記。艾德諾是五個孩子當中的老三。從少年時代到九十一歲去世時，他高挑而細瘦的身材沒有改變。艾德諾身高一百八十八公分，比當時德國人的平均身高多出了十公分，體重卻不到七十公斤。由於七十三歲才當上總理，外界熟悉的照片都是老年的艾德諾，大鼻子像縱橫溝壑的分水嶺，是漫畫家和雕塑家一看就喜歡的臉。艾德諾漫長而傳奇的政治生涯有幾個德國之最：一九一七年當選科隆市市長時是當時德國最年輕的市長；七十三歲當總理，是聯邦德國歷史上年齡最高的總理；一九五三年當選連任時，他所領導的基督教民主聯盟（基民盟）獲得議會絕對多數席位，在聯邦德國歷屆議會選舉中空前絕後；一九六三年他卸任時八十七歲，令他之後的所有總理難以望其項背。縱觀艾德諾的一生，他身上有很多德國人典型的品質或特點。

勤儉節約：這和他的家境有關。艾德諾的父親本來有一定的經濟實力，但在一八七三年的金融危機中傾家蕩產。因此，艾德諾從小接受的便是勤儉持家的教育。讀書期間，父親每月給他九十馬克的生活費，多一分沒有。因此，當同學們在酒館暢飲的時候，艾德諾只能跟著高唱飲酒歌。他九十歲高齡的時候，飲酒歌仍然張口就來，讓家人和朋友瞠目結舌。一九三三年納粹上臺後，艾德諾被解除一切政治職務，經濟來源枯竭不說，人身安全都成了問題。一九三七年他與科隆市達成妥協，得到賠償金和退休金，在波昂附近的巴德霍內夫（Bad Honnef）七山（Siebengebirge）山腰購置約一千五百坪土地，請一位親戚設計了一座供大家庭居住的小樓。除了二戰結束前一次有驚無險的被捕和逃亡，艾德諾一直住在這裡，直到生命最後一刻。在這三十年裡，雖然衣食無憂，當總理之後更是享受著一些特權，但節儉的習慣始終沒有改變。今天艾德諾故居對外開放。從起居室可欣賞七山的秀美，萊茵河在山腳下靜靜地流淌。站在二樓的陽臺上，可透過窗戶看到艾德諾臨終時的病榻。

盡職盡責：責任感使艾德諾在選戰期間像上了發條一樣不知疲倦。他可以在處理日常事務之餘，每天參加幾場競選活動，之後與記者交談至深夜，第二天又精力充沛地出現在辦公室。而那時他已是七八十歲的老人。其實，他的身體一直欠佳。年輕時因慢性支氣管炎被免服兵役，後來人壽保險公司都拒絕為他上保。也是責任感驅使他在卸任後八十七歲的高齡開始寫書，為此他在院子裡修了一座不透風的小亭子當作書房。四年時間裡寫了四本回憶錄，為後人研究戰後的德國歷史提供了寶貴資料。

心靈手巧：艾德諾一生申請到三項專利。第一項專利是萊茵黑麵包，其實是玉米麵餅，不合德國人的口味，但畢竟緩解了一戰期間的饑荒；第二項專利是大豆香腸；第三項專利是降低廢氣排放的流程。艾德諾二戰期間被迫賦閑在家的時候還申請了其他專利，大多是對日常家庭用具的改良，比如麵包機、澆花噴頭、滅蟲器，等等。由於種種原因，這些申請都被拒絕了，專利局不承認滅蟲器的理由是：不僅害蟲必死無疑，手持滅蟲器的人也可能一命嗚呼。比較沒有風險的是對植物的愛好。艾德諾最傾心的是玫瑰，有一個玫瑰品種就是以他的名字命名的。一九四五年，艾德諾的發明活動戛然而止，他把精力全部放在了德國國家事務上，他沒有成為一流的發明家應當說是德國的幸運。

庸俗：德國人的市民氣是出了名的。艾德諾也不能免俗。最典型的例子是他當總理之後與鄰居發生爭執。艾德諾聲稱鄰居的紅牆反光到他起居室的畫上，影響他欣賞藝術品，要求鄰居把房子改漆別的顏色，並以打官司相威脅。女鄰居毫不示弱，心想不要以為你是總理就可以無法無天，堅決不改色。艾德諾只好不了了之。

高傲：一九四九年五月二十三日，隨著基本法（德國憲法）的生效，德意志聯邦共和國誕生。同年九月，艾德諾當選第一任總理。不過，當時德國還不是一個獨立的主權國家，重大事情由美、英、法做主，國內仍有大量外國駐軍。艾德諾並不因此而灰頭土臉，卻是挺直腰杆，使他一百八十八公分的身高一毫不短。有這麼一段故事：一九四九年十一月二十二日，美、英、法的三位高級專員和艾德諾簽署《彼得斯貝格協議》，允許德國與其他國家建立領事級關係，並參與國際組織的工作。但這也意味著，德國還不能同其他國家建立外交關係，不能正式加入國際組織。由此可見當時聯邦德國的國際地位有多麼可憐。三位高級專員站在彼得斯貝格國賓館侯爵廳一塊巨大地毯的邊緣聊天。此時步入大廳的艾德諾帶著一國政府首腦的尊嚴，腳踏地毯，直奔三位專員。同盟國高級專署的一位外交官馬上走向艾德諾，示意他從地毯上下來，因為他的身份還不夠格。艾德諾回答：「請轉告您的上司，他們可以直接跟我說。」他的音量足以讓三位元專員聽得清楚。法國專員馬上示意外交官不要堅持，並走向艾德諾表示迎接。據說後來四人的談話是在誠摯友好的氣氛中進行的。再後來大家共飲香檳酒，就差稱兄道弟了。這個傳聞顯示，艾德諾在本來是孫子般的地位上仍然表現出一身傲骨，並由此贏得了同盟國的尊敬。

面對納粹，艾德諾更是不卑不亢。二十世紀三〇年代初，科隆納粹黨支部為歡迎希特勒前來發表演說，在一座萊茵大橋上掛起了納粹的旗幟，當時擔任科隆市市長的艾德諾馬上下令把旗子取下來。還有一次一位納粹高官來科隆視察，倔強的艾德諾竟拒絕與他握手。

這樣的大逆不道納粹如何能夠容忍？很快艾德諾不僅丟了官，還要為保住性命而絞盡腦汁。科隆人和中國人的一大共同點是——關係至關重要，人脈暢通往往能救命。此時，艾德諾首先想到的關係是瑪利亞・拉赫修道院的院長赫爾維根（Herwegen），兩人曾是科隆一家高級文科中學的同窗。一九三三年四月十四日，當時已被免職的艾德諾從柏林寫信給院長：「親愛的赫爾維根，今天我向你提出一個很強烈的請求：各方都勸我出於安全考慮暫時不回科隆，但我在柏林的公寓也待不了幾天了。從四月二十五日或二十六日開始，我能在你那裡躲避一兩個月嗎？你那裡有我現在極須的安靜和精神氛圍，而且離科隆也不遠。我沒有什麼特殊的需要，只想安靜一陣。因此我希望能在自己的房間裡用餐。兩個前提是：不給你增加開銷，不給你帶來麻煩。」

院長馬上回信：「親愛的艾德諾，能夠向你盡地主之誼，我真誠地感到高興！我邀請你來這裡住上一段時間，在休養之中積蓄力量。你隨時可以來。這周我不在，但我已和負責接待的神父打了招呼，一切準備就緒。很高興將與你見面。你忠實的赫爾維根。」

艾德諾沒有想到的是，他在拉赫修道院一待就是一年。在他九十一年的生命中，一年不算長，但如果你有一整年的時間用來思考，這一年又實在不算短。他後來談起這段時間總是充滿感激，說這一年給了他內心平靜和力量。二十年後，已擔任總理的艾德諾為拉赫修道院捐了一扇窗戶。而修士則每年都將拉赫湖裡最肥的鯉魚送到他波昂附近的私宅，一直到艾德諾去世。

在修道院的一年更堅定了艾德諾的基督教信仰。一九四七年，他在歐洲基督教民主黨派聯合舉辦的會議上說：「歐洲拯救基督教的唯一途徑是歐洲的融合。」[57]德國基本法當中的基督教痕跡也與基民盟及其黨主席艾德諾的影響有關。最好的證明是當時在野黨社民黨的指責，說憲法是在科隆大教堂的陰影下寫成的。

艾德諾對德意志民族持強烈的自我批評態度。在他看來，德國人是個在過去幾代人裡沒少幹壞事的病態民族。他在一九六七年二月的最後一次公開講話中說：「我衷心希望德意志民族不分老幼地康復，重新登上精神的高峰，而不是物質的高峰。」

一九六七年四月，為德國的重新崛起和歐洲的融合奮鬥了一生的艾德諾坦然地迎接死亡。當家人一個個與他告別時，他看著他們臉上的淚水，費力地揮了揮手，好像要啟程遠行，用科隆方言說：「有什麼好哭的。」一天夜晚，艾德諾突然從昏迷中醒來，用幾乎是責備的口氣問值班醫生，為什麼他們用盡一切手段延長一個按照上帝的意志應當結束的生命。十九日，他在斷氣之前突然大聲說了幾句科隆方言，據說和上帝有關。

歐洲之父之四：幕後英雄讓·莫內

前面大致介紹了戰後的三位歐洲之父，還有一位幕後英雄不能不提。他就是法國人讓·莫內（Jean Monnet）。他雖然沒有擔任過任何政府職務，但他是歐洲融合的總設計師。他的思路延續至今。因此，很多人將他與舒曼、加斯貝利和艾德諾並列為「歐洲之父」。

一八八八年十一月，讓·莫內出生於波爾多（Bordeaux）北部的夏朗德省（Charente）。波爾多是法國的葡萄園，夏朗德則是白蘭地酒窖。莫內的家鄉干邑（Cognac）乾脆就是法文的白蘭地。全鎮的人分兩部分：一部分釀酒，另一部分賣酒。莫內的爺爺是釀酒的，在白蘭地的味道中長大。這對他的健康顯然很有益。據說他九十四歲的時候還經常打獵、釣魚。莫內的父親德語出色，更願意到萊茵河對岸或更遙遠的地方去賣酒，於是帶著家族加入了銷售的隊伍。

青少年時代的莫內對學校深惡痛絕，堅信社會才是真正的學校。十六歲時，莫內毅然輟學，並說服父親同意他去倫敦。兩年之後，他去加拿大探險。當時籠罩加拿大的是一股淘金氣氛，莫內深受感染：「我生平第一次接觸到一個不努力維護現狀，而只想著創業的民族。人們的腦子裡沒有界限，因為大家還不知道邊界在哪裡。」加拿大與美國只有一步之遙，莫內廣交朋友，既為父親的白蘭地公司發展客戶，又為自己日後的事業打下人緣基礎。他的足跡遍及斯堪地納維亞國家、俄羅斯和埃及，直到一戰爆發才急忙回到家鄉。

體檢被淘汰、上不了前線的莫內琢磨著如何報效祖國，並很快找到了答案。在他看來，現代戰爭需要調動國家的全部資源。由於德國擁有強大的工業基礎，因此英國和法國必須將兩國的資源結合起來，才有戰勝德國的希望。當時的情況卻很荒唐：英、法兩國軍隊各自購買軍備物資，造成極大浪費。想想看，兩國都從美國進口物資，出動兩支船隊，單是運輸費用就翻倍，更不用說兩個買主有時候還互相拆臺，抬高價格，損人不利己。因此，與英國聯手、協調資源是唯一的出路。但這樣的決定只能由國家最高決策人做出，政府會聽一個二十六歲、沒有任何官職的毛頭小夥子的建議嗎？莫內不管這些。他認定了一個計畫，便設法找決策人來實施。這後來成為莫內固定的套路。

他通過朋友牽線找到了總理維維亞尼（Rene Viviani）。莫內說，資源越來越緊張，英、法兩國之間的合作機制已遠遠不夠。「從現在起，兩國之間的團結應當是絕對的，也就是說一方不經另一方的同意不得調動自己的部隊和物資。」這不是等於把兩國變成一個國家了嗎？大概沒有比這更不現實的設想。莫內說他有信心說服英國人。維維亞尼雖然滿腹狐疑，但他認為這小夥子有膽識，於是讓他去試試。

莫內開始在英、法之間穿梭。他首先要求建立共同的採購委員會，結束兩國在能源進口方面的競爭。他還利用個人信譽獲得貸款，購買大批加拿大小麥，緩解供給危機。隨著戰爭的演進，莫內聲望日高。他成為英、法兩國政府信得過的仲介人，但他也認識到：「人們一般只有在必要性的壓力之下才肯接受變化。」[58]而單是面對共同的敵人這一點似乎還沒有使兩國（後來又多了義大利和美國）認為有共同調動軍隊的必要。務實的莫內於是求其次，力主成立協約國海運聯合會，協調各國的船隊。聯合會於一九一八年年初問世，並馬上發揮了巨大的軍事作用。在短短幾個月裡，兩百萬美國士兵經海路抵達歐洲。也許這位法國人的執著使戰爭縮短了幾個月。

不過，戰爭中結成的盟友在戰後馬上成了「陌生人」。隨著一戰結束，美國馬上回到了自己的安全港灣，讓歐洲人自己收拾爛攤子；而英、法之間剛剛建立起來的信任與合作也隨風飄散，取而代之的是各顧各的民族主義。因此，一九二〇年隨《凡爾賽條約》生效而正式成立的國際聯盟不過是個空架子，國際合作已因戰火熄滅而沒必要。這也是莫內在國聯副秘書長職位上只幹了兩年便宣佈辭職的原因。

二十世紀三〇年代中葉，莫內預感到歷史又將重演。他不但先於大多數人看清了希特勒稱霸歐洲的野心，而且認為英、法與一戰爆發時一樣不是德國的對手。在莫內看來，這一次決定戰爭勝負的不是海運，而是戰鬥機。一九三七年，德國空軍已擁有一千架戰機，而且速度比法國和英國的戰機快得多。不過，倫敦和巴黎那時還沒有放棄對希特勒的幻想，以為對他做出一些讓步，便可以避免戰爭爆發。直到一九三八年底，法國總理達拉第（douard Daladier）才委託莫內與美國商談購買轟炸機和戰鬥機的事宜。說白了，法國急需用美國的貸款來購買美國的戰機。

當時，美國軍工廠的生產線已日夜不停地為歐洲運作。但法國總理仍嫌數量不足。他對莫內說：「可以把美國的汽車製造廠也改裝成軍工廠。」[59] 達拉第雖然在一九四〇年三月被迫下臺，但他的預言後來完全實現。在莫內看來，二戰的勝利部分要歸功於美國的汽車製造廠。而英國經濟學家凱因斯則認為，莫內「寧可多一萬輛坦克，不可缺少一輛」的堅決態度使二戰縮短了一年。

莫內對歐洲的最大貢獻自然是那份以舒曼名字命名的煤鋼聯營計畫。那不是他一時的心血來潮，而是對歐洲觀察幾十年的結果。其大致輪廓已在一九四三年阿爾及利亞（Algeria）逗留期間成形，且他不是孤軍奮戰，而是有一個高效和智慧的團隊做後盾。莫內一生沒有競選議員、沒有當過部長或總理，因為從政需要太多的妥協。他更願意在幕後做參謀，有了好主意便去尋求決策人的支持；反過來，大家都知道莫內的執著不是為了攀登官階，不牟私利，因此更願意幫助他。這樣，他的人脈越來越旺，威望越來越高，辦事也越來越容易。

莫內一生高瞻遠矚，走在同代人的前面：一戰戰火正濃的時候，他策劃戰後的秩序；兩次大戰之間的和平年代，他又很早地預見下一場戰爭。他是一個超越民族界限的道地歐洲人，以促成德、法和解，進而打破國界實現歐洲大同為畢生事業。二戰後歐洲融合的里程碑——從煤鋼共同體到貨幣聯盟——都是莫內的主意。他是二十世紀歐洲的諸葛亮，是外交家和軍師。儘管他在世時沒有看到歐羅巴合眾國的實現（今天距此目標仍然遙遠），但他為此奠定了基礎，並創造了相應的機制。一九五一年，當煤鋼共同體各國代表圍繞未來高級機構設址斤斤計較了三天三夜之後，筋疲力盡的莫內對助手說：「我們現在有幾個小時的休息時間；之後再需要幾個月完成下一步；之後……」機靈的助手打斷他：「之後我們會遇到很大的困難，困境逼著我們進一步融合，是不是這樣？」莫內笑了：「正是如此。你完全掌握了歐洲融合的原理。」[60]

這讓我想起伍迪・艾倫（Woody Allen）[61]對婚姻的定義：「婚姻是兩個人一起解決一個人不可能有的問題。」歐洲融合的過程也是解決融合道路上產生的、單個國家沒有的問題。這使融合只可能越來越深入，沒有退路。這也正是莫內的初衷。他奠定的這種歐洲融合方式也為今天歐盟的危機埋下了種子。因為他的方式是精英統一歐洲，沒有老百姓的事。要是莫內在世，他豁出去也要阻止卡麥隆（David Cameron）公投。由於莫內常年在美國生活，而且關係直通白宮，因此也有人指責他在歐洲的活動實際是受美國的指使。果真如此嗎？

華盛頓讓巴黎破解西歐和平方程式

說莫內是美國在歐洲的線人未免過分，但莫內在統籌歐洲融合大業的過程中每走一步都和華盛頓商量倒是完全可想像的。美國是兩次世界大戰中最大的贏家。如果說一戰結束後美國成了歐洲的債主，那麼二戰熄火時，美國就是西歐的乾爹。當時唯一可能對華盛頓構成威脅的國家是蘇聯。因此，德、日還在做垂死掙扎的時候，美國總統羅斯福（Franklin Delano Roosevelt）就開始考慮如何與蘇聯公平劃分勢力範圍了。

一個偶然事件可能改變歷史進程，羅斯福的突然死亡就屬於這樣的事件。一九四五年四月十二日，在第四個任期內[62]只做了七十三天總統的富蘭克林・羅斯福因病與世長辭。他去世後僅二十六天，德國宣佈無條件投降。可惜的是，這位富有遠見的總統對戰後世界秩序的理性設計也隨他一起下葬了。

這之後發生的事情眾所周知：繼任杜魯門（Harry S. Truman）「跑到富爾頓（Fulton）小鎮去為下野的英國首相捧場」[63]，聆聽邱吉爾（Winston Churchill）的鐵幕演說，以對抗代替合作，與蘇聯展開兩敗俱傷的「冷戰」。冷戰將歐洲和德國一分為二。東德被納入蘇聯陣營，西德一下子成了冷戰前線。換句話說，一旦蘇聯想在歐洲挑戰美國，第一個攻擊對象就將是西德。這樣看似危險的地位其實讓西德因禍得福。美國因此不惜血本地幫助西德重建，並對戴高樂（Charles de Gaulle）肢解德國的計畫不屑一顧。一九四八年，美國推出「馬歇爾計畫」[64]，規模一百二十四億美元（相當於今天的一千兩百九十億美元）。受益的不只是德國，還有經合組織的另外十五個國家。該計畫施行了四年，為戰後西歐的經濟繁榮奠定了基礎。到一九五一年結束時，除德國之外的十五個國家，經濟總量都超過了戰前水準。德國作為發動戰爭的國家，受戰爭破壞也相對嚴重，不過在「馬歇爾計畫」刺激之下，工業和出口迅速恢復，並在二十世紀五〇年代就迎來所謂的經濟奇蹟。

美國在經濟上援助西歐，不僅是為了向東歐顯示資本主義制度的優越性，也是為了把西歐變成消費美國產品的市場；軍事上，美國不顧法國的反對，支持西德加入北約並擁有自己的軍隊，這樣既把聯邦德國牢牢拴在西方陣營，同時讓德國擁有自衛力量，節省美國自身的軍費開支；政治上，杜魯門支持西歐融合，以防蘇聯對西歐國家各個擊破。換句話說，當德國因戰爭罪責抬不起頭、當法國和其他西歐國家被戰爭折磨得遍體鱗傷時，是華盛頓一邊出錢援助，一邊出兵保護，同時鼓勵、敦促甚至強迫西歐在政治上聯合起來。因為西歐融合之後，自相殘殺的可能性就不存在了，美國可以一門心思對付蘇聯。

那西歐融合由誰來領頭呢？英國選擇了旁觀者的角色，德國沒資格做領導，於是引領西歐走上政治一體化道路的責任落在了法國肩上。杜魯門不斷派人向巴黎打探，什麼時候拿出具體方案。某種程度上，一九五〇年五月出臺的「煤鋼聯營計畫」是華盛頓催生的產物。而法國和德國這一對冤家在戰爭結束近五年之後做好共建歐洲大廈的心理準備了嗎？

讓德、法永遠不再兵刃相見的煤鋼共同體

二戰結束時，德國在政治、經濟、軍事和道德上都跌落到谷底。法國是勝利者，心理感覺自然遠遠好於德國，但籠罩法國的卻是一種深深的沮喪。設身處地地為它想，一個幾百年裡在歐洲數一數二的帝國，一個擁有優雅的語言和文化、擁有大片海外殖民地、對東邊那個土得掉渣、缺乏幽默感的日爾曼民族不屑一顧的國家，卻偏偏被這個「土包子」鄰居打得落花流水。與一戰類似的是：法國沒招誰惹誰，卻成了世界大戰的一個主戰場。戰爭奪去了三十多萬法國人的生命，經濟凋敝，民不聊生。巴黎在一九四四年解放前夕甚至鬧起了饑荒。但是被戰火燃燒、受納粹壓迫的法蘭西在二戰結束之後是否揚眉吐氣了呢？沒有！自認為理應躋身戰勝國之列的巴黎政府卻繼續受辱：羅斯福、邱吉爾和史達林在戰爭結束前夕分別在德黑蘭（Tehran）、雅爾達（Yalta）和波茨坦（Potsdam）召開了三次商討戰後秩序的所謂三巨頭會議，根本沒把法國放在眼裡。法國在德國的佔領區還是美、英高抬貴手「施捨」的。因此可以想像，雖然法國掙脫了納粹的統治，雖然希特勒自殺、德國繳械投降，但是法國人怎麼也高興不起來。說自己戰勝了德國，感覺理虧，因為沒有美、英相助，法國哪是德國的對手；說自己

的抵抗運動如何可歌可泣，好像也說不過去，畢竟有一半的法國接受了傀儡政權。而一度團結對外的抵抗運動此時也開始四分五裂。其中以民族主義的戴高樂和共產黨人馬爾羅（André Malraux）之間的爭論最為激烈。[65]在一次對談結束時，戴高樂問馬爾羅：「返回巴黎時印象最深刻的是什麼？」政治家兼作家的馬爾羅不假思索地回答：「謊言。」

謊言籠罩著巴黎，誰都想把自己粉飾成與納粹鬥爭的英雄。在這種氣氛之下，悲觀的情緒在文學界和思想界擴散，這為法國戰後獨有的存在主義提供了土壤。只有理解法國戰後的那種雖勝猶敗的氣氛，才能真正理解沙特、波娃（Simone de Beauvoir）、卡繆這些作家和哲學家的絕望和無奈。[66]

是誰一次次將法蘭西推入戰爭深淵的呢？德意志。法國人對德國的恐懼和憎恨還有什麼好奇怪的呢？

這是從法國人的角度看。德國人怎麼看法國呢？他們的意見不統一。幾百年裡，德國和法國雖然不斷地真刀真槍玩命，但德國也從來不乏法國的鐵粉。在他們眼裡，法國的貴族更時尚，法語更精緻，法國的藝術更先鋒、更細膩，法國的戲劇更發達。法國大革命把國王送上斷頭臺，痛快淋漓；德國人一八四八年也想革命，可是一幫教授在法蘭克福討論了一年，也沒想出什麼好辦法。對很多德國人來說，自己處處不如法國，由自卑而生恨。一八七一年之後，德國飛速崛起，國家地位提高得太快，讓很多德國人心理承受不住，德皇威廉二世就是他們的代表。在這些民族主義者看來，法國的資本主義已到了頹廢的地步，道德敗壞，人心不古，德國應引以為戒，還要敲打一下法國佬，讓他們知道法蘭西獨霸西歐的時代已一去不復返。一戰後，很多德國人不服，並接受了希特勒的宣傳，認為德國不是在戰場上失敗，而是猶太人和共產黨搗的鬼。於是他們心甘情願地跟隨元首再與法國較量，不成功便成仁。結果，終因失道者寡助而成為千古罪人。

德國和法國的最大癥結在於：兩國都想當歐洲的頭，可是上帝偏偏安排這兩國的塊頭不相上下，面積、人口都相差不多。因此，最明智的辦法是兩國都放棄稱霸的念頭，和解共榮。德國大作家湯瑪斯・曼（Paul Thomas Mann）在九十年前就認識到這一點。一九二六年他訪問巴黎結識了一批志同道合的法國人之後說：「當霸權思想讓位於自由秩序的歐洲時，一切都將成為可能。」[67]不過當時兩國能聽進這種話的人太少了。

當二戰結束，德、法都趴在地上起不來的時候，放棄稱霸思想的時機似乎終於成熟了。果真如此嗎？當時法國臨時政府首腦戴高樂又打起肢解德國的算盤，而且比一戰後法國的計畫更徹底、更不留情面。按照這位將軍的設想，工業重鎮魯爾區（Ruhr）接受國際管制，魯爾所在的萊茵區獨立於德國，且萊茵區也不能成立一個相對完整的萊茵國，而是分成幾個小國。只有這樣才能一勞永逸，讓德國永世不得翻身。美、英馬上看透戴高樂的真實意圖——將德國打翻在地，法國自然就是歐洲大陸的老大了。對法國充滿善意的艾德諾也認為這樣對德國大卸八塊未免過分，況且法國也失去了稱霸歐洲的能力：「法國的經濟實力不足以領導歐洲。我認為，歐洲必須由英國和法國共同領導。因此，有必要將法國、英國和德國的經濟利益交織起來。」—[68]薑還是老的辣。既然德國得贖一陣子罪，艾德諾便把英國推出來，以遏制法國，同時羞澀地提出了三足鼎立的遠景。他大概沒有想到，僅僅六十多年後，三足鼎立就變成了德國獨霸。

隨著戴高樂一九四六年三月下臺，對德強硬的陣營也開始瓦解。結果我們都知道：美國的「馬歇爾計畫」支持重建一個擁有中央政府的西德，因為隨著東德、西德分裂已成定局，美國打算把西德建成強大的冷戰前線；而英國除了這一層考慮之外，還希望與一個經濟發達的西德展開貿易。除了在野的戴高樂還沒有放棄法國終將引領歐洲的幻想之外，其他法國政治家都意識到德國的命運已非掌握在法國的手裡：與美、英一條心，還可以分一杯羹；不與美、英合作，最終將一無所有。於是，一九四九年春天，法國同意將法佔領區與美、英佔領區合併，成立德意志聯邦共和國（簡稱聯邦德國或西德）。不過，西德實行的是聯邦制，各聯邦州有自己的議會、員警、教育體制和文化，不是法國那樣的高度中央集權。因此，戴高樂的主張至少部分得到了實現。

當一九四九年五月艾德諾擔任新生的聯邦德國的總理時，儘管戰爭已經結束四年，但西歐兩個大國仍然處於敵對狀態，德國人沒有忘記戴高樂肢解德國的狠毒計畫，法國人則時刻擔心德國東山再起。這時候，兩國領導人之間的信任便成了一筆無價之寶。當時法國政府更迭頻繁，不變的是外長舒曼。舒曼與艾德諾都是基督教保守黨，又都在二戰爆發前幻想過以基督教價值統一歐洲。舒曼是半個德國人，精通德語，諳熟德國文化和德國人的性格。作為土生土長的萊茵人，艾德諾對法國有天生的好感。這與拿破崙佔領萊茵區的歷史有關。我前面已經提到，萊茵人並沒有視拿破崙為侵略者，而是認為他帶來了先進的治國理念。

可以說，兩位政治家走在本國人民的前面，深知沒有德、法和解便沒有歐洲的持久和平。一九四八年十月十日，兩人在德國科布林茲（Koblenz）附近的巴森海姆（Bassenheim）城堡舉行秘密會晤。當時舒曼剛剛接任法國外長的職位，艾德諾擔任議會委員會主席。也許正因為聯邦德國還沒有成立、艾德諾不是政府首腦，這一會晤才能秘密進行。後來艾德諾回憶起這次會面時說：「那是我們兩人之間友誼的開始，它基於我們思想的完全同步，並將我們聯繫在一起。那次會面也為我們的共同事業奠定了基礎。」[69]他們共同的事業便是德、法和解和歐洲的融合。在基督教的價值基礎上統一歐洲是舒曼和艾德諾在兩次大戰之間就曾擁有的志向。二戰結束後，美國和蘇聯成為超級大國，歐洲地位削弱，因此就更有必要攜起手來。艾德諾曾經說：「在徹底改變了的世界格局下，我們歐洲人如果不想走向沒落，就必須團結起來。沒有政治上的統一，單個的歐洲國家將變成超級大國的奴僕。」

令舒曼苦思冥想的一個問題是：為什麼德國人在短短七十年的時間裡三次入侵法國？他得出的結論是：危險不是來自於德國人，而是來自於德國。「歷史證明：德國永遠不滿足。因此，歐洲歷史總是伴隨著德國的問題，而這個問題還將伴隨著我們。當德國處於分裂狀態而尋求國家統一的時候，它對其他國家構成的威脅較小；而一旦統一的願望得到滿足，德國便會有新的追求。」[70]

因此，他更堅定了實現歐洲和平的唯一道路是建立歐羅巴合眾國的信念。在他看來，德國與法國屬於同一種文明、同一種文化。德國的集體意識最強，在一個融合的歐洲，德國可以盡情發揮這一天性。但在歐羅巴合眾國還是遠大理想的階段，如何維護和平呢？舒曼認為很簡單：德國人和法國人不能再彼此開戰。這不是通過約法三章來實現，而是乾脆讓德國人不可能再大規模地生產武器。沒了武器，便不能打仗，就是這麼簡單的邏輯。戰後初期，德國的重工業基地魯爾區被置於盟國的控制之下。德國人不會長久接受這一屈辱。有朝一日，德國恢復正常國家的地位，重新掌握著鋼鐵生產的命脈，它會不會對鄰國再起邪念呢？

與舒曼英雄所見略同的政治家並不少，當時的英國首相邱吉爾就是其中之一。他在一九四六年於瑞士蘇黎世發表的著名講話中提到了歐羅巴合眾國，呼籲法國和德國做火車頭。英國呢？邱吉爾給他自己國家分配的角色是「場外指導」。英國不願參與這一進程與自身的地理位置、與美國的特殊關係以及英國人特有的實用主義有關。因此，今天英國的退歐也不是突如其來。英國人從來沒有發自內心地與歐洲大陸結盟，而是抱著「你們先探路，成功了我們再加入」的態度。舒曼對此從一開始便感到遺憾。

不過邱吉爾沒有光說不練。一九四八年五月，他帶頭召開海牙會議。來自三十個國家的七百多名代表討論一個融合的歐洲需要哪些政治、經濟、社會和文化的框架條件。同年秋天啟動以舒曼為主席的歐洲運動。一九四九年五月成立了包括十八個成員國的歐洲委員會。這是歐洲國家聯合創建的第一個政治機構。但它不過是個對話和討論的平臺，不能做出具有約束性的決議，在舒曼及其同道眼裡不是一個實用的機制。

隨著冷戰的日益明顯，美國對付蘇聯已經夠忙的，希望歐洲不要給它添亂。舒曼自擔任外長之後，明顯感到來自美國的壓力——華盛頓期待法國拿出一個保障西歐和平穩定的方案。舒曼正琢磨著如何把自己樸素的想法澆鑄成戰略的時候，他的老朋友莫內竟把一套完整的方案送上門來。當然，文件草案先到了總理比多手裡，時間是一九五〇年四月二十日。在比多的辦公室裡，它遭到與大多數文件同樣的命運——沒人理。有人說，比多讀了，但沒有當回事。這位總理事後則狡辯說，他不是沒有意識到該建議的好處，而是認為有尚待改進的地方。

時間不等人，既然總理沒反應，九天後，莫內托人把自己的歐洲融合方案交給了外長舒曼。那是一個星期五。習慣週末回梅茲老家的舒曼把這一疊紙放進了公事包。沒有家室的外長在洛林個人的天地裡，不是讀書、散步，就是去家對面的教堂祈禱、思索。在一九五〇年四月底的那個週末，他讀著莫內的報告，不斷地拍案叫絕。他知道使歐洲永遠與戰爭告別的時機來了。五月一日，星期一，他撥通了莫內的電話：「同意。我將採取行動。」

莫內出了什麼樣的錦囊妙計呢？他建議成立一個歐洲煤鋼聯營組織，由這個超國家的機構掌管成員國的煤鋼工業，並免除相關關稅。法國和德國是該聯盟鐵定的成員，其他歐洲國家歡迎加入。法國和德國核心產業的融合將成為歐洲聯邦的第一步。由此可見，該計畫以煤鋼行業為起點，真正的目的是實現歐洲統一。為什麼從煤鋼工業入手呢？假如一個國家擴充軍備，其煤炭和鋼鐵產量必定大幅度提高。如果法、德兩個宿敵把煤鋼工業交由「上級組織」管理，那一旦誰對鄰國起了歹意，其司馬昭之心馬上就會昭示天下。這是給法國的一顆定心丸，因為畢竟近現代歷史上，是後起之秀的德國一再入侵越來越力不從心的法國。法國最不放心的就是魯爾區。它是兩次大戰中為德國輸送武器的大本營。當時魯爾區屬於英國的轄區，但這不可能是持久狀態。一旦德國恢復正常地位，重新掌控魯爾區的煤、鋼生產，羽翼日豐、翅膀漸硬，法國人又該坐臥不安了。莫內的計畫等於防患於未然，直接將魯爾區的煤、鋼生產交給歐洲層面管理，這不是很巧妙的計策嗎？

這麼大的事情，不能不通報內閣，但又不能說得太細，不能使歐洲大業還沒啟動就葬送於法國內部的紛爭。同時，決不能向外界透露半點風聲，以防節外生枝。五月三日，週三，他向內閣做了扼要而模糊的彙報，對媒體只提了一句：「部長理事會決定向盟國提出一項有關歐洲建設的具體而實用的建議。」防止夜長夢多的最好辦法是迅速行動，舒曼決心在五月十日法、英、美三國的倫敦外長會議之前引爆炸彈。

不過，他還得徵求最重要的當事國——德國的意見。五月八日，週一，舒曼派一名親信帶著煤鋼聯營的草案和一封致德國總理艾德諾的親筆信前往波昂。艾德諾中斷內閣會議，立即拆開來自巴黎的十萬火急的信件。他後來在回憶錄中寫道：「舒曼在給我的親筆信中說，煤鋼聯營不是經濟性的組織，而是政治性的。法國擔心有朝一日再度受到德國的侵略，德國也有自己的安全考慮。煤鋼聯營給了雙方知己知彼的可能，這將給法國帶來安全感。『舒曼計畫』完全符合我很長時間以來懷有的整合歐洲核心工業的設想，因此我馬上給舒曼回信，告訴他我衷心贊同他的建議。」[71]

艾德諾二話不說便點頭同意，這與他幾十年來的歐洲理想有關，與他對舒曼的信任有關，但更重要的是——來自巴黎的建議完全符合德國的利益。德國在戰後的最初幾年接受盟國管制，喪失了大部分主權。為了使德國失去再次發動戰爭的能力，盟國陣營裡有強烈要求削弱魯爾、將德國工業實力化整為零的呼聲，因此，法國的建議首先意味著保住魯爾區工業重鎮的地位。而且法國和其他未來聯營成員國都將自己的煤鋼工業「上交」，沒有對德國的懲罰色彩，德國是煤鋼聯營中與其他成員國平起平坐的一員。

一九五〇年五月九日，巴黎陽光和煦，一片祥和。在香榭麗舍大街上徜徉的遊人們誰也不會想到幾個小時之後巴黎將令世人屏息凝神，下午五點半那位貌不驚人的法國外長將做出震驚世界的宣佈。舒曼莊嚴肅穆地說：「歐洲融合不可能一蹴而及，而是將具體的舉措一步一步實現。為了達成歐洲各民族的和睦團結，首先必須結束法國和德國之間持續數百年的爭鬥，第一步必須由這兩個國家邁出。」在簡要勾畫了煤鋼聯營的設想之後，舒曼說：「將兩國的煤鋼業聯合起來意味著今後法國和德國之間的戰爭不僅變得不可思議，而且實際上根本不可能。這樣一個強大的、對所有國家開放的生產共同體將在同等條件下把最重要的工業原料提供給成員國共用，這樣的共同體將成為各國經濟融合的基礎。」[72] 一九五一年四月十八日，法國、德國、義大利、荷蘭、比利時和盧森堡六國政府代表在巴黎簽署有關建立歐洲煤鋼共同體的協定。該共同體是歐洲歷史上第一個成員國交出部分主權的組織。一九五二年七月，《巴黎協議》生效。可以說，德、法兩國都能從煤鋼共同體中獲益。在德國戰後崛起的路途中，煤鋼共同體是很關鍵的一步。法國雖然未能阻止德國東山再起，但煤鋼共同體的機制使法國和歐洲其他國家不必再因德國的強大而感到恐懼。

一九五〇年五月九日，法國大鼻子外長舒曼的名字傳揚世界。他在那一天宣佈的煤鋼共同體的設想以「舒曼計畫」被載入史冊，儘管它本來是莫內的計畫。舒曼不是謀略家，也非理論家，更不是天生的領袖。他在時勢造英雄的時代既沒有成立一個政黨，也沒有領導抵抗納粹的運動，而是差一點兒出家做修士。他一有機會就進教堂，靜思反省。但正如莫內所說的：「一旦機會降臨，他便停止靜思，果斷行動。」

胎死腹中的防衛共同體

我再把莫內發明的歐洲融合方程式解釋一下：先是政治精英做出一個驚天地泣鬼神的宣佈（就像一九五〇年五月九日的「舒曼計畫」），之後成員國代表開始就細節爭論，那種不屈不撓、不依不饒的精神並不比阿拉伯人的討價還價遜色。眼看談判要破裂了，大家開始徹夜長談，因為總會有因體力不支而妥協的。在外界已經認為沒戲的時候，突然傳來談判成功的消息。再之後成員國在巴黎、羅馬或是布魯塞爾舉行盛大的簽字儀式，那場面特別讓經歷過戰爭的人們熱淚盈眶。接下來是各國議會討論通過，甚至全民公投。在野黨開動宣傳機器，嚇唬老百姓，說假如這樣的協議通過，國將不國了。一般情況下，議會辯論幾周甚至幾個月後最終會通過相關的議案，但也有事故。這時候，歐洲融合看似功虧一簣，先知先覺的已經隱約看到戰爭的陰雲。在最後一刻，政治精英拿出了下一套步伐更大的融合計畫。如此周而復始。煤鋼聯營討論了一年之後簽約，議會表決又拖了一年多，但好歹以成功告終。歐洲防衛共同體則是個失敗的例子。

「舒曼計畫」出籠剛剛五個月，有關煤鋼聯營的談判正進行得熱火朝天的時候，法國總理普利文（René Pleven）便做出了下一個震驚世界的宣佈：建立一支歐洲部隊，由歐洲國防部長指揮。現在我們會想：當時的歐洲人想一口吃個胖子嗎？德、法廝殺剛剛過去五年，就讓兩國的士兵變成一家人了？

其實普利文是迫於美國的壓力。二戰後，歐洲一統天下的時代結束。主宰世界的是美、蘇兩個超級大國。美國不惜血本地幫助西歐重建，單單一項「馬歇爾計畫」就耗資一百二十多億美元。美國這樣做不是出於人道主義，而是出於與蘇聯爭奪陣地的戰略考慮。雖然德國一分為二，但美國勢力範圍內的西德開始了經濟上的復蘇，並與法國等鄰國探討實施「舒曼計畫」。一句話，西歐不那麼讓美國操心了。為了節省自己的財力和人力，美國早就有心允許西德重建軍隊，但遭到德國的鄰居，特別是法國的激烈反對。當冷戰中的第一場「熱戰」——朝鮮戰爭爆發後，華盛頓顧不得照顧歐洲人的情緒了，堅決要求德國也為歐洲的防衛出一份力。這正中艾德諾的下懷，因為他希望以此結束德國被佔領的狀態，恢復德國的主權。聰明的法國人像以往一樣，當發現一個趨勢無法阻擋時，便想方設法領導這一趨勢。於是就有了普利文計畫。其實，這套計畫也是莫內的主意。只不過莫內在「舒曼計畫」中給了德國平等的地位，但普利文計畫對德國帶有明顯的歧視傾向，只允許德國在歐洲防衛共同體範圍內重建軍隊，但不得擁有自己的軍力。艾德諾覺得欺人太甚，堅決反對。美、英也認為有些說不過去。於是，法國做出了一些讓步：德國只需將部分兵力「上交」歐洲，但共同體必須由法國領導，而且德國不得成為北約成員。

法國讓步後，艾德諾不再公開反對。畢竟當時德國還不是真正意義上的主權國家，需要夾著尾巴做人。但艾德諾對防衛共同體計畫的熱情始終有限。對他來說，能夠保障西德安全的是華盛頓，不是巴黎。因此，最理想的是與美國直接展開軍事合作，或至少加入北約。三個小夥伴荷蘭、比利時和盧森堡不想在交出煤鋼領域的主權之後緊跟著放棄國防自主權，因此對防衛共同體計畫持觀望態度。

唯一對普利文計畫舉雙手贊成的是義大利總理加斯貝利。為了促成談判成功，他在一九五一年把外交部也接管了過來。這位天主教教徒希望在與艾德諾合作的有限時日裡實現盡可能多的歐洲融合目標，造成盡可能多的既成事實，這樣有朝一日德國社民黨當政就無法開歷史的倒車了。加斯貝利對德國左翼政黨到死（他也死得比較早）都不信任。

雖然六國在一九五二年五月簽署了《防衛共同體條約》，但它是個幾經妥協的產物，也就是說，誰都不滿意。德國感到委屈，因為儘管明顯的歧視沒有了，但畢竟德國是簽約國中唯一一個非北約成員。法國人也不爽，因為條約生效之後，德國就又可以擁有自己的軍隊了。條約另一項引起爭議的內容是政治聯盟的遠景，也就是明確了歐羅巴合眾國的目標，這明顯是莫內的手筆。不過這樣的設想在二戰結束六年後提出有點太強人所難了。儘管舒曼和艾德諾彼此信任，但法、德之間的關係依舊冷若冰霜。艾德諾一九五一年四月的法國之行就是最好的證明。

艾德諾那一次不是對法國的正式訪問，而是以外長身份[73]參加有關煤鋼共同體的談判。換句話說，迎接規格可高可低。但艾德諾沒有想到巴黎會那麼不給面子：到機場迎接的只是沒有任何正式官職的莫內。十幾年之後寫回憶錄的時候，他對此仍然耿耿於懷：「機場的迎接很不符合常規，畢竟我是戰後訪問法國的第一位德國政府成員。」[74]為什麼厚道的法國外長舒曼如此薄待一位七十五歲高齡的老朋友呢？因為他必須顧及法國人的感情。想想看，艾德諾是德國自一八七一年統一之後訪問法國的第四位政府首腦。前三位都是誰呢？俾斯麥、布呂寧（Heinrich Brüning）和希特勒。他們一個是將德國建國的榮耀建立在法國屈辱之上的「鐵血宰相」，另一個是一戰後一心擺脫戰爭賠償從而不斷與法國摩擦的總理，最後一個是立志將法國踩在腳下的大獨裁者。艾德諾雖然代表著民主的德國，但幾百年的仇恨不可能在幾年之內化解，因此，舒曼一方面暗中與艾德諾一起共建歐洲統一大廈，另一方面公開表示對宿敵和戰敗國代表的冷淡。為什麼說是暗中呢？歐洲融合從一開始便是一項精英的事業，是法國、聯邦德國、義大利、荷蘭、比利時和盧森堡的一批政治精英首先認識到歐洲團結起來的必要性，並開始組建團隊，設計方案，艱苦談判，達成妥協。與今天不同的是，當時的公眾對政治家玩弄的這些東西不感興趣。這也不難理解：當你還需為解決溫飽問題而動腦筋的時候，你在乎國內政治家有什麼樣的遠大抱負嗎？反過來，公眾的漠不關心使這些政治精英可以肆無忌憚地搞他們的歐洲試驗。

歐洲防衛共同體便是一項這樣的試驗，而且是一項讓大部分精英都感到不舒服的試驗。因此，在相關談判持續了一年半之後，各國的議會辯論也是異常激烈，而且拖拖拉拉，直到法國政府換屆，黃花菜就涼了。新一屆國民議會的多數成員認為前政府在談判期間對德國做出了過多的讓步，堅決不接受德國擁有自己的軍隊。議員的態度正是法國民意的反映。一九五四年夏天的民調顯示：五十一％的法國人認為德國人原則上熱愛戰爭；六十一％的法國人認為德國人有機會還會設立集中營；五十二％的法國人認為《凡爾賽條約》還不夠苛刻。[75]

在這樣的大氣氛下，一九五四年八月，法國國民議會槍斃了這項原本由法國人提出的計畫就不足為奇了。由於條約需要經過簽署國立法機構的批准才能正式生效，因此法國國民議會否決《歐洲防務共同體條約》，也就等於為該共同體判了死刑。

天時、地利、人和：歐洲經濟共同體

儘管法國議會表決的結果並不出人意料，但對那些視歐洲融合為歐洲唯一出路的政治家來說，這仍然不啻是當頭一棒。不要說政治聯盟變得遙遙無期，很多人認為整個歐洲融合的事業都被葬送了，一句話——歐洲沒戲了。當時的氣氛和目前歐洲的危機狀態有可比性。加斯貝利在生命垂危之際聽到這個消息後說：「現在只有上帝知道歐洲何去何從了。」艾德諾後來回憶說，這是他政治生涯中遭受的最沉重的打擊之一。不過，讀了前面有關艾德諾對防衛共同體計畫真實態度的文字之後，您也會同我一樣認為，他沒有說真心話，倒是加斯貝利的去世使艾德諾感到真誠的悲痛。

不過，艾德諾是個實用主義者，絕不在一棵樹上吊死，況且他本來就沒看上那棵樹。防衛共同體「流產」的第二天，他就將德國加入北約提上了議事日程。艾德諾擔任總理之後，給自己明確了兩項任務：首先，儘快恢復德國的主權國家地位；其次，將德國徹底納入西方體系。假如加入北約，兩個目的就都達到了。美、英對此早就沒意見，只是法國擔心普魯士軍國主義復發，堅決不同意讓德國在北約與自己平起平坐，於是提出了歐洲防衛共同體這個折衷方案。現在防衛共同體的計畫泡湯了，艾德諾第一個念頭是遺憾，第二個是希望——也許這下可以一步到位，直接進入北約。這個主意馬上得到華盛頓和倫敦的贊許。正為議會表決結果而愧疚的巴黎政府再一次聰明地變被動為主動，總理孟戴斯・弗朗斯（Pierre Mendès-France）在議會否決防衛共同體兩個星期之後，便與英國外相艾登（Anthony Eden）前往波昂，向德國發出加入兩個軍事組織的邀請——一個是北大西洋公約組織，另一個是《布魯塞爾公約》。後者的簽字國包括英國、法國及荷、比、盧三國，目的是共同防禦德國的軍事進攻。現在把公約抵禦的物件接納進來，名稱改為西歐聯盟，讓德國的軍力在西歐控制下發展。這樣，法國的安全利益得到保障，德國重建軍隊，結束被佔領狀態，西歐融合進程非但沒有阻斷，反而繼續深入。這也成了歐洲戰後融合的模式——退一步，進兩步，變危機為轉機。

歐洲統一事業是政治精英的專案，政治決策人不怕挫折，把失敗變成繼續前進的動力。不過，德國因達到了加入北約的目的，暫時志得意滿；法國還沒有從防衛共同體的挫敗中緩過勁兒來；於是下一輪融合的動力來自比利時和荷蘭，兩國建議將煤鋼共同體發展為經濟共同體。莫內又補充了一個原子能共同體。比利時外長斯巴克（Paul-Henri Spaak）組織相關的談判。本來德國打算無論如何拉英國入夥，沒有倫敦，就沒有進一步的融合。法國則對更多的歐洲層面的合作持整體懷疑的態度。就在這時，巴黎政府再度換屆。新政府對經濟共同體百分之百地贊同。大勢所趨之下，德國怎麼會拖歐洲的後腿？一九五六年十一月艾德諾訪問巴黎的首要目的便是與法國就經濟共同體的目標達成一致。

這一次的巴黎之行可以說是破冰之旅。當時正是蘇伊士運河危機（也稱第二次中東戰爭）的高潮。美國沒有支持英、法的軍事冒險，巴黎隨時擔心會遭到蘇聯的空襲。這時，德國總理不顧各方勸告，堅持對法國進行訪問。法國政府、媒體和公眾感動得一塌糊塗。這次訪問是法國人民對德國敵意消融的開始。

一九五七年三月二十五日，德、法、意、荷、比、盧代表在羅馬簽署成立歐洲經濟共同體和原子能共同體的條約（簡稱《羅馬條約》），商品、服務、人員和資本將在六國間自由流通，共同體還將推行共同的貿易政策。各國議會順利通過《羅馬條約》，一九五八年一月一日，條約生效。一九六七年七月一日，煤鋼共同體、經濟共同體和原子能共同體合併為歐洲共同體（簡稱歐共體）。這便是今歐洲聯盟的前身。這一輪融合的深入是歐盟歷史上爭議最小的，因而也是速度最快的。而三月二十五日這個日子直到今天仍被視為歐盟的生日。艾德諾在《羅馬條約》簽署前夕曾經對記者說：「歐洲經濟共同體的建立很可能是歐洲戰後最重要的事件。」

艾德諾為什麼如此看重歐洲經濟共同體呢？一九五五年，德國加入北約的同時，聯邦德國政府與美、英、法簽署的《德國條約》生效，德國基本恢復了主權國家地位。歐共體是德國作為主權國家參加的第一個國際組織。在戰爭結束十年之後，德國重新在歐洲昂首挺胸，那種心情大概只有嘗過戰敗滋味的人才能體會到。而且艾德諾總擺脫不了對美國有朝一日可能會為安撫蘇聯而出賣德國的擔心，有一個強大的歐洲做後盾總沒有錯。最後，對經濟已開始騰飛的德國來說，營造歐洲內部市場等於為「德國製造」保障了銷路。

法國也對歐共體寄予厚望。一九五六年的蘇伊士運河危機再次使法國政府痛楚地意識到，自己不過是個中游的歐洲國家，歐洲的外殼會使自己對外顯得更強壯。儘管缺乏相應的實力，法國仍然認為它對歐洲的第一把交椅擁有天然的佔有權。德國因為發動戰爭而失去了道義上的資格，但它早晚會成為世界級經濟強國。因此，與德國在歐洲框架下聯合，可掩蓋自身的虛弱。還剩下唯一能夠挑戰法國在歐洲領導地位的英國。讓巴黎慶倖的是：英國在更親近美國還是歐洲這個問題上遊移不定，先派觀察員參加共同體的談判，最終還是決定繼續袖手旁觀。這使擔心法國過於強勢的荷、比、盧和德國深感失望。英國對歐洲融合的態度從一開始就很矛盾：邱吉爾最早認識到歐洲團結的必要，但他認為這主要是歐洲大陸的事情，需要和解的是德國和法國，英國可以在融合過程中做德、法的場外指導；但是英國又很實用，貪圖實利，生怕共同體成員繁榮富強的時候沒有自己的份兒，於是後來努力入盟，卻兩度被法國拒之門外。今天脫歐公投之後，對倫敦最不留戀的又是巴黎。這是後話。

當時對歐共體意見最大的是昔日法國抵抗運動的領袖戴高樂將軍。他認為法國的利益，特別是法國農民的利益沒有得到足夠的考慮。不過那時候戴高樂的注意力不在歐共體的談判，而在阿爾及利亞的局勢。

法蘭西英雄戴高樂

一八九〇年十一月二十二日，夏爾・戴高樂出生於法國北部里耳（Lille）一個精神和物質都很富有的家庭。祖父是歷史學家，祖母是作家；父親開辦了一所天主教私塾，母親祖上是當地知名的企業家。父親在一八七〇年的普法戰爭中參加了巴黎保衛戰，並嘗到了失敗的恥辱。上中學的夏爾便發誓將為自己的祖國和父輩報仇雪恨。

「知己知彼，百戰不殆」，十幾歲的夏爾不一定聽說過孫子，卻與這位中國戰略家不謀而合。為了瞭解未來戰場上的敵人，他開始苦讀德語。一戰爆發後，戴高樂中尉像大多數同胞一樣興奮和樂觀。一九一六年三月，他受傷被俘。在接下來的三十二個月裡，戴高樂五次越獄都沒有成功——一百九十五公分的個頭使他太顯眼。這樣算下來，一戰的多半時間他是在戰俘營度過的。他利用這段時間，去戰俘營的圖書館閱讀德語書籍，並與看守聊天練口語。

一九二四年，戴高樂出了第一部書，以幾位德國政治家和將領的行為、戰略和政策為案例分析德國戰敗的原因。他批評了軍方將領的高傲自大和政治決策層的無能，但字裡行間也不斷流露對德國軍官和普通士兵的敬意，甚至好感。對德國人民，他更是讚不絕口：「這個勇敢的民族表現出的意志、決絕和承受苦難的精神從戰爭的第一天起便贏得敵人的欽佩，並終將得到歷史的承認。」[76]他在第二部談未來戰爭的書中認為坦克部隊是制勝關鍵。諷刺的是，法國對他的建議根本不予理睬，倒是德國軍方很重視戴高樂的觀點，並完全實施了他的設想。

戴高樂夢想著兩個民族有朝一日攜手合作，但他知道在當時劍拔弩張的氣氛中，這不過是夢想而已。拋開歷史的恩怨，單是法蘭西與德意志在傳統、性格、特長和思維方式等方面的巨大差異就為他們的合作增加了難度。差異使雙方不斷產生誤解。戴高樂勾畫了法國人眼中的德國人：「力大無比，受強大而迷亂的本能驅使，天生的缺乏品味的藝術家，自視為封建主的技術員，好戰的父親；寺廟一樣的客棧，森林裡的工廠，哥德式宮殿一樣的妓院；渴望被人愛的壓迫者，絕對服從的鬥士，嘔吐啤酒的藍花騎士。」[77]

戴高樂對自己的祖國恨鐵不成鋼。在他看來，直到一九三六年，法國與德國勢均力敵。但隨著一九三六年法國對納粹佔領萊茵區的行為毫無反應，力量的天平開始向德國傾斜。兩年之後，英、法、德、意簽署《慕尼黑協定》。英、法為避免戰爭爆發，拱手將捷克斯洛伐克的蘇台德地區（Sudetenland）讓給德國。戴高樂給妻子寫信：「像以往一樣，我們立刻在德國人的無理要求面前投降，並出賣我們的盟友捷克斯洛伐克。」在德國入侵法國之前，戴高樂就已預見到：德國稱霸歐洲已成事實，法國將不攻自破。

不過，這並不意味戴高樂主張既然打不過就乾脆投降，相反，戰爭爆發後被任命為戰時國務秘書的戴高樂是最堅決地反對與納粹協議停火的內閣成員。儘管與德軍力量對比懸殊，在與敵人的交戰中，戴高樂是唯一迫使德軍撤退的法國將領。當看到法國一半淪陷、一半主和，抵抗無望時，他於一九四〇年六月逃亡倫敦。英國首相邱吉爾允許戴高樂通過BBC向法國人民講話。他說失敗只是暫時的，呼籲法國官兵奮起反抗。儘管戴高樂開始不過是個光杆司令，但這個高個子將軍一人挽救了整個法國的名譽。

邱吉爾猶豫再三之後站到了戴高樂一邊，而美、蘇則承認了在法國南部維希成立的與納粹媾和的政府。為什麼這位與納粹抗爭的法國人卻得不到自由世界的誠意支持呢？在一定程度上，這與戴高樂本人的性格有關。他性格孤傲，自信到在他人眼裡狂妄的地步。他是軍校的高才生，對軍隊建設、對時局都有自己的見地。兩次世界大戰中他曾經在一所著名軍校任教，其教學方式和向學生灌輸的思想曾引起校方甚至上層軍方的不滿。比如，他主張法國軍隊改革，只設一名擁有絕對權威的統帥，以保障軍隊的應變能力和效率。換句話說，只有他戴高樂一人是法國軍隊的救星。因此，美、英政府都信不過戴高樂，認為他有獨裁的企圖。

這種不信任是相互的。戴高樂本來就認為美國幫助歐洲動機不純，與羅斯福話不投機更加深了他對大洋彼岸那個年輕國家的反感。當羅斯福在戰爭結束前夕訪問阿爾及利亞時，已將大本營移至阿爾及爾的戴高樂竟拒絕會晤美國總統。英國在戴高樂眼裡是美國送給歐洲的「特洛伊木馬」。據說他同邱吉爾的爭吵頻繁而劇烈。有一次邱吉爾竟對戴高樂咆哮：「您別忘了您的盟友不是德國，而是英國！」諾曼地登陸前五天，邱吉爾才通知戴高樂。

也就是說，儘管維希政府的不得人心使戴高樂領導的抵抗運動越來越紅火，但巴黎和法國的解放事實上跟戴高樂沒什麼關係。而這絲毫沒有動搖戴高樂自認為是戰後法國唯一合法領袖的信念。一九四四年六月，他將此前一年在阿爾及爾（Algiers）成立的法國民族解放委員會更名為法蘭西共和國臨時政府，並在盟軍解放巴黎之後，在香榭麗舍大街舉行盛大的凱旋儀式。美、英看到戴高樂下山摘取勝利果實，恨得牙癢癢，但也拿他沒辦法，因為法國人買他的賬。在法國人眼裡，戴高樂不僅是不在納粹面前折腰的英雄，也是法國利益的最佳保障。戴高樂也確實不負眾望。他阻止盟軍接管法國，並在德國為法國爭到了一塊轄區。一九四五年，他為法國贏得聯合國安理會常任理事國的席位。

德國的法占區主要是德國西南與法國接壤的地區：薩爾蘭（Saarland）以及萊茵蘭—普法

茲（Rheinlant-Pfalz）、巴伐利亞、巴登—符登堡的部分地區。一九四五年五月之後，戴高樂多次訪問該地區。戰爭破壞的程度和當時普通德國人的困苦使他感到震撼。戴高樂在回憶錄中寫道：「作為歐洲人，我的心在收緊。我也發現，這場史無前例的災難徹底改變了德國人的心態。面對大片的廢墟，看到德國人的悲哀和遭受的種種屈辱，我內心嚴懲德國人，永遠不要相信他們的聲音越來越弱。我甚至認為我們兩個民族之間終於有了相互理解的可能。」[78]

與舒曼一樣，戴高樂認為威脅不是來自德國人，而是德國這個國家。他因此認為最好的辦法是肢解德國，讓一個個小德國根本沒有發動戰爭的能力。不過，由於他很快辭去了臨時政府總理的職務，他對德國的政治設想也便沒有了兌現的可能。

戴高樂這一引退就是十二年。這期間，法蘭西第四共和國風雨飄搖，政局不定，政府像走馬燈一樣頻繁更換。似乎二戰給法國的打擊還不夠，二十世紀五〇年代歐洲海外殖民地風起雲湧的獨立運動使英、法版圖像用開水洗過的毛衣一樣縮得厲害。其他地方鬧獨立也就罷了，最讓法國人心痛的是阿爾及利亞——那可是一向被巴黎政府視為本土的。

由於戴高樂與阿爾及利亞的特殊關係，更由於他在引退期間已接近神話的威望，千呼萬喚之下，國民議會於一九五八年夏天被迫授予六十八歲的戴高樂全權，委託他制定新憲法。同年九月全民公投通過的新憲法標誌著法蘭西第五共和國的誕生。一九五八年年底，戴高樂以近八十％的得票率當選首屆總統。

戴高樂對歐洲的設想不同於莫內和舒曼。他不認為歐羅巴合眾國是個值得追求的目標，相反，他畢生致力於重樹法蘭西雄風，比如他說什麼也要讓法國擁有核武器，比如他不斷向美國挑戰，將黃金儲備運回巴黎，為布列敦森林體系敲響喪鐘。有人說他的思維方式停留在十九世紀，因為他始終認為法國理所當然地應當與世界一流強國平起平坐，當美國大哥不給他這面子時，他便像一個心性高傲的小男孩，對欺負人的大哥說：「你不讓我和你平等地玩，我就乾脆不跟你玩。」一個例子，二十世紀六〇年代中期，戴高樂毅然宣佈退出北約的軍事機構。

與對美國的反感和不信任相比，戴高樂對蘇聯的感情較複雜。在他看來，俄羅斯是歐洲的一部分，他理想中的和平、繁榮的歐洲應當是從大西洋到烏拉山脈，也就是從法國到俄羅斯。一九四四年，他與史達林簽署《法蘇互助同盟條約》。這是為防止東山再起的德國再度侵犯法國，也是向美國做出的姿態：法國不是離開美國就過不下去。不過，由於他很快卸任，條約名存實亡。二十世紀五〇年代末戴高樂重新為法國掌舵之後正趕上冷戰最激烈的時候，先是柏林危機，接著是古巴導彈危機，法國毫不含糊地站在德國和美國的一邊。但從二十世紀六〇年代中期開始，戴高樂逐漸疏遠美國，將外交重心轉向東方。原因一個是對美國的失望日益加深（特別是越南戰爭和美國自私的財政及貨幣政策），另一個是法國與東歐的歷史淵源。因此，儘管戴高樂反共出了名，卻是西方第一位試圖在東西兩大陣營之間打開缺口的政治家。一九六四年，法國成為第一個與中國建交的西方國家。由此看來，戴高樂為日後德國總理布蘭特

（Willy Brandt）的東方政策埋下了伏筆，是結束冷戰的第一功臣。

如果說戴高樂對本國國際地位的估量出現偏差，那麼他對歐洲融合進程的看法卻是完全符合現實的。在他看來，歐洲各國的覺悟還遠沒有到欣然交出主權的地步（今天仍然如此），因此他反對超主權國家的機構，主張歐共體成員國加強政府層面的合作，甚至在擔任總統之後很快就提出了「政治聯盟」的說法。不過，這個聯盟不是歐羅巴合眾國，而是由不同主權國家組成的歐洲。

戴高樂任期內我行我素，對超級大國和國際慣例都不屑一顧的外交政策沒少給法國惹麻煩。在內政上，這位軍人出身的政治家也少有建樹。不過，法國人熱愛他們的將軍，他那「我就是戴高樂，你能把我怎麼樣」的態度使法國走在下坡的路上卻有著良好的感覺。民調顯示，七十%的法國人認為戴高樂是整個法國歷史上最重要的人物。德國人也為他著迷，儘管他們從來沒有真正理解過戴高樂。一九七〇年十一月九日戴高樂去世之後，德國著名記者索默爾（Theo Sommer）在《時代週報》上致悼詞說：「他的腦子裡充滿了不合時宜的想法。但不可否認的是：即使他的錯誤也那麼與眾不同。」

保鮮期有限的《德法合作條約》

一九五八年九月十四日，當艾德諾驅車前往法國南部小鎮科倫貝（Colombey）——戴高樂的私人官邸時，這位久經沙場的八十二歲政治家卻感到異常忐忑。迄今為止，艾德諾與這位法國民族英雄未曾謀面，對戴高樂的瞭解主要是通過德國媒體，而媒體在戴高樂上臺之初對他沒什麼積極的評價，認為他既反美，又恨德，因此他的上臺對德國和歐洲不是什麼好事。艾德諾還沒忘記一九四四年的《法蘇互助同盟條約》，擔心戴高樂上臺後又將走親蘇的路線。兩位傳奇人物的首次會晤並非出於戴高樂的正式邀請。這位高傲的將軍怎麼會對別人發出邀請，特別是對德國的領導人。法國外交官多次暗示艾德諾「申請」拜見戴高樂。艾德諾同樣高傲而倔強。也許他對一九五一年抵達巴黎機場時的冷遇多少有些記仇；而且，一九五六年他的破冰之旅至今還沒有得到法國國家元首的回訪。不過，艾德諾最終為顧全兩國友好的大局，很不情願地提出了「申請」。他在回憶錄中說：「『我憂心忡忡，因為我擔心戴高樂的思維方式與我的相差太遠，導致我們兩人之間很難互相理解。』」79

與艾德諾對戴高樂知之甚少截然相反的是，戴高樂很早就開始關注艾德諾。艾德諾的基督教信仰、他兩次大戰中致力於與法國和解、他因出生於萊茵地區而對法國的天然接近以及他對納粹的抵制態度都引起戴高樂的好感。在將軍眼裡，艾德諾是優秀德國人的代表。因此，剛剛重掌法國政權的戴高樂迫不及待地結識這位「優秀的德國人」，而且不是在巴黎，而是在他的私人官邸。直到戴高樂去世，艾德諾是唯一一位享受過這一特殊待遇的外國領導人。

兩位世紀偉人似乎等了一輩子才等到這一次會面。當時戴高樂六十八歲，艾德諾則已八十二歲高齡；兩人都是瘦高身材，艾德諾一百八十八公分，戴高樂一百九十五公分；兩人都是虔誠的基督徒。不過除此之外，他們就沒有什麼共同點了。艾德諾是有名的實幹家，對什麼可行、什麼不可行總是有清醒的認識；戴高樂則總是在跨越這一界限的嘗試中尋找樂趣；艾德諾寬厚待人，戴高樂則擺脫不掉那種居高臨下的態度；艾德諾是典型的愛熱鬧、善交際的萊茵人，戴高樂則更喜歡獨處；艾德諾基於對本國歷史污點的清醒認識而對祖國保持著心理距離，戴高樂對法國的愛則幾乎上升到宗教的高度，並深信自己的命運與祖國的命運交織在一起。

兩人交談了四個小時，並於第二天共進早餐。艾德諾如釋重負——原來德國媒體的報導和美國傳遞的情報都不屬實。儘管兩人對國際局勢的判斷和看法不完全一致，但他們的交流深邃而智慧。曾為他倆多次擔任翻譯的庫斯特勒（Hermann Kusterer）回憶說：「每次他們見面，兩顆偉大的心靈總是撞擊出無數火花。每次為他們翻譯的時候，我都好像進入了一種帶電的流體。」[80]

戴高樂從一開始便想與艾德諾推動法、德的特殊雙邊關係。他在結識艾德諾之後說：「在歐洲，法國只有一個夥伴，而且是一個很理想的夥伴——德國，今天的德國。」在德國歷史學家施瓦茨（Hans-Peter Schwarz）看來，戴高樂關於特殊雙邊關係的想法仍然屬於強權政治的範疇——兩個利益相同的國家結成暫時或持久的排他性聯盟。不過，我在上面提到，戴高樂並不是排斥歐洲，他希望建設一個自強的歐洲，軍事上獨立於北約，經濟上不依賴美國，而且這個歐洲是不包括英國的歐洲。由於其他國家擔心這樣的歐洲將被法國獨霸，因此持保留態度，於是戴高樂決心與德國先行一步。

戴高樂的計畫讓艾德諾感到受寵若驚之餘，也給他出了道難題。德國是戰敗國，仍然處於低頭認罪的階段。德國的民族主義剛剛將歐洲推入深淵，因此，德國人要求自己在歐洲理念中尋求認同，而戴高樂的法、德結盟計畫似乎有悖於歐洲融合這個神聖的目標。經濟上，德國的復蘇很大程度上是托「馬歇爾計畫」的福，因此必須不斷表現出對美國的感激涕零，與法國一起另立山頭似乎對不起美國。蘇聯帶給德國的噩夢（東德的建立和柏林封鎖）更使德國緊緊抱住美國不放，這是法國體驗不到的。於是，艾德諾雖然歡迎德、法和解，但同時強調將雙邊關係納入歐洲多邊合作的框架。

戴高樂鍥而不捨。既然說出大目標把德國嚇著了，那就從具體做起。他與艾德諾磋商如何讓兩國政府的會晤制度化，這樣有助於理解對方的立場，排除誤解，並倡議兩國青年互訪。艾德諾漸漸被戴高樂的熱情感染。一九六二年夏天他訪問法國的時候，終於答應先與法國建立政治聯盟，並對其他國家敞開大門。當時艾德諾在黨內的挑戰者——經濟部部長艾哈德

（Ludwig Wilhelm Erhard）是著名的親美派，對艾德諾與戴高樂的熱絡很不以為然。因此，兩位老人產生了將兩國和解與合作寫入《備忘錄》的主意，以保證德、法友好關係在艾德諾時代之後得以繼續。

其實德、法和解並非始自戴高樂，做了大量鋪墊工作的是舒曼。戴高樂功績在於將兩國和解與合作植根於兩國人民的意識當中。一九六二年九月戴高樂對德國的訪問是和解過程的里程碑。「戴高樂在這次訪問中還給了德國人自尊，呼籲德國年輕人意識到自己的民族性。因此，它是一位外國元首對德國的最重要訪問，比甘迺迪一九六三年的訪問更為重要。」[81]

在參觀歷次對法戰爭的兵工廠蒂森鋼鐵廠時，戴高樂用德語對工人說：「今天，在魯爾河畔、在你們的工廠裡生產出來的產品贏得法國的好感和滿足。我在這裡向勤奮創造的德國人民表示敬意。我呼籲你們大家和我一起慶祝一個新產品的誕生，我們這個時代最偉大的產品——德國和法國之間的友誼。」[82]在與法國擁有最長邊界的聯邦——巴登—符登堡，戴高樂向兩國人民洩露了一個秘密：「我的祖祖祖父是巴登人。他的名字是路德維希・菲力浦・科爾伯，一七六一年出生在麥琴根（Metzingen）。」這位最知名的法國人的祖先竟有德國的血統。

戴高樂在路德維希堡宮殿花園對德國青年發表講話：「你們是年輕的德國人，一個偉大民族的後代，為此我向你們表示祝賀！是的，這是一個在歷史上犯過嚴重錯誤的偉大的民族，但它也為世界帶來了豐富的精神、科學、藝術和哲學的啟發，並通過其發明和技術為世界增添了無數新產品，它在和平時期的勞作和戰爭時期的痛苦中表現出超常的勇氣、紀律和組織才能。」[83]言外之意，德國青年不應忘記歷史，但也不必再因歷史的重負而與自己過不去。相反，他們完全有理由為自己是德國人而感到自豪。

在德國的六天裡，戴高樂像一位心理醫生，撫慰德國人的創傷，使他們開始與自己和解。為什麼這麼說？戰爭剛結束的時候，德國人在重建家園的繁忙中得以逃避對戰爭的思索；二十世紀五〇年代的經濟奇蹟使德國人開始過小康生活，特別是年輕人和知識份子開始自問：十幾年前肆虐德國的野蠻和瘋狂怎麼可能發生？不少人懷疑自己的民族是不是出了問題。他們或者認為做德國人可恥，或者認為至少德國軍隊永遠喪失了名譽。而就在這個時候，與德國兵作戰最堅決的法國抵抗運動的領袖來到德國，稱德意志民族是偉大的民族；他甚至來到漢堡的聯邦國防軍軍事學院這個培養德國高級將領的搖籃，向年輕軍官伸出和解之手，讚揚他們是優秀的官兵。作為一個不到一百年裡三度受德國侵略的國家的最高代表，還有比向德國官兵致意更高的姿態嗎？可以說戴高樂既展現了法國人的高姿態，又讓德國人重新擁有了自尊。

返回巴黎後，戴高樂趁熱打鐵，馬上將一份《備忘錄》草案發給艾德諾。內容包括兩國政府定期磋商以及外交、國防、教育和青年工作的密切合作。由於《備忘錄》不需要議會通過，甚至不需要公開，聯邦議院中的所謂大西洋派（親美派）威脅將狀告憲法法院。戴高樂派（親法派）的外交顧問於是建議乾脆把事情做大，把《備忘錄》變成需要兩國議會通過的國際法條約。戴高樂當然巴不得給這個雙邊協定升級。一九六三年一月二十二日，德、法兩國領導人在愛麗舍宮簽署《德法合作條約》。據此，法國總統和德國總理每年至少兩次峰會；外長和防長每年至少會晤四次；外交部高級官員則每月見一次面，協調兩國外交政策。條約還決定設立一項基金，促進兩國年輕人之間的交流。

美國總統甘迺迪坐臥不安。他與戰時總統羅斯福一樣，對戴高樂既不理解，也不信任。中情局此時火上澆油，向白宮提供了一份基本不屬實的情報：法國正與蘇聯談判德國的中立化，迫使美國從歐洲撤軍。甘迺迪像吃醋的婦人，對艾德諾攤牌：要麼是它（法國），要麼是我。言外之意，條約雖然簽了字，但不能通過。德、法簽約，美國說不算數，這不是開國際玩笑嗎？因此，艾德諾對甘迺迪的威脅根本沒當真。德國議會中的大西洋派與華盛頓探討可能的出路。最後想出了一個既不得罪美國，又不讓戴高樂太丟面子的妥協方案——給《德法合作條約》加一個德國對美國和北約表忠心的注釋性前言。

一九六三年五月十六日，聯邦議院幾乎全票通過附帶前言的《德法合作條約》。前言：「此條約是推動德國外交政策偉大目標的工具，這些偉大目標包括：維護歐洲和美國間的密切夥伴關係，在北約範疇內共同設防，推動包括英國和其他有意入盟國在內的歐洲一體化。」

想想看，戴高樂精心策劃《德法友好合作條約》的一個重要目的便是獨立於美國，加強不包括英國在內的歐洲的團結，從長遠來說擺脫北約。而德國在簽約之後，又加了這麼個與條約精神完全背道而馳的前言，這不把戴高樂的鼻子氣歪了。他在法國部長理事會上說：「他們（美國人）想把我們的條約變成一個空殼。為什麼？因為德國政治家害怕在美、英面前卑躬屈膝得還不夠。他們的表現豬狗不如。我們真應當立即解除條約，與俄國人結盟。」[84] 冷靜下來後，戴高樂當然沒有這樣做，但從他同年七月訪問德國前夕對本國議員發表的講話可以看出，他對《德法合作條約》的前景是多麼悲觀：「條約跟女孩子和玫瑰花一樣，保鮮的時間有限。假如《德法合作條約》形同虛設，那麼它在歷史上也不是遭此命運的第一個條約。」[85]

戴高樂並不怪罪艾德諾，因為艾德諾早已對自己的政黨和議會黨團失去控制。一九六三年四月，聯盟黨議會黨團不顧艾德諾反對，推舉親美的經濟部部長艾哈德為總理接班人。同年十月，艾哈德上臺。除了志不同道不合，艾哈德在政治閱歷和精神層面上都不是戴高樂的對手，因此他每次與法國總統會談之前都頗緊張。

卸任的艾德諾仍然保留了議員的席位，而且不放過任何一個批評艾哈德外交路線的機會。一九六六年，艾哈德任期未滿便因黨內權力鬥爭而倒臺，已是九十歲高齡的艾德諾就像自己當選總理一樣高興。

一年後，艾德諾與世長辭。法國總統戴高樂向德國總統和艾德諾的七個孩子發電報：「我以法國的名義向當代一位偉大的政治家鞠躬致意。在一場可怕的戰爭之後，艾德諾總理使他的國家脫胎換骨，並不知疲倦地為歐洲建設而盡力。他是法國與德國和解的大師。我的老朋友艾德諾總理的去世使我感到深切的悲痛。」[86]

一九六七年四月二十五日，送葬儀式在聯邦議院舉行。戴高樂當然沒有缺席。樂隊首先演奏海頓的作品，之後奏國歌。當德國國歌的旋律響起時，戴高樂忘記了禮賓規矩，情不自禁地站起來，全場隨他起立。場面催人淚下。

儘管《德法合作條約》墨跡未乾便被美國架空，但從長遠來說，該條約為兩國和解確定了法律框架，是歐洲和平與融合進程中的里程碑。即使是對條約橫豎看不順眼的艾哈德也表面遵守了定期與法國會晤的規定。常走動的親戚疏遠不了，而且民間的交往細水長流，特別是兩國青年的交流有助於增進感情，消除偏見。今天，法語是大多數德國中學的必修課。一般中學都在法國有夥伴學校，每年進行學生交換。我身邊有不少因這類交換項目而與法國同齡人保持常年友誼的例子。目前歐洲危機重重，德、法兩國政府對歐盟、對歐元區、對自由貿易的設想各異。儘管如此，我很難想像德國與法國之間還能再度開戰。這要歸功於舒曼、戴高樂和艾德諾這些二戰後第一批有責任感和道德準則的政治家。

西歐共榮，英國眼紅了

從二十世紀五〇年代歐洲融合進程啟動到七〇年代初，防衛共同體、政治聯盟的計畫紛紛告吹，唯一成功的就是歐洲共同體。整個二十世紀六〇年代，六個成員國的經濟迅猛發展。從一九五八年到一九七二年，六國間的貿易在其貿易總額中所占的比例由三十%上升到五十二%。一九五八年到一九七〇年，共同體國民生產總值增長了七十%。購買力年均提高四%～五%。[87]開始對歐洲大陸這項實驗半信半疑的英國越來越沉不住氣，生怕大家有便宜占自己落了單，於是兩次敲響共同體的大門。德、意、荷、比、盧都想開門，畢竟英國還算是世界一大強國，安理會常任理事國，倫敦入盟會提升共同體的地位；荷、比、盧希望英國制衡法國，免得巴黎過於霸道；德國的經濟和財政理念更接近倫敦，於是希望英國入盟之後好好給巴黎上上課，免得自己和法國摩擦太多，傷了和氣。那法國呢？二十世紀六〇年代歐洲最牛的政治家戴高樂連一個門縫都不肯開。他心想：「你倫敦一進來，肯定就要和我巴黎爭奪共同體的領導權，休想！而且你一向緊跟華盛頓，說不定你就是從美國主子那裡帶著削弱歐洲的任務來的。」換了其他法國總統，即使心裡這麼想，表面上也會圓滑一些，比如可以把門檻設得高一些，考驗一下倫敦的誠意。戴高樂可不，你敲你的門，我就是不予理睬。荷、比、盧拿這個倔老頭沒辦法，只能用自己的方式和法國較勁——既然不帶英國，歐洲的融合也就到此為止了。於是這個僵局持續了幾年。

一九六九年夏天上臺的龐畢度（Georges Pompidou）對法國的認識比戴高樂清醒。在他看來，法國自身的力量已太薄弱，需要歐共體來實現其經濟的現代化，而要強化共同體、密切技術合作、完善共同市場、統一貨幣政策，就需要一個更大的共同體，就必須帶上英國。因此，英國入盟完全符合法國的利益。至於倫敦可能挑戰巴黎的領導地位，這對蓬皮杜來說並不可怕。與其讓一個外強中乾的法國因為固執己見而受到孤立，不如大家攜手共同繁榮。

想通了這一點，龐畢度向德國總理布蘭特建議召開一次共同體的峰會，共商二十世紀七〇年代歐洲融合的議題。這便是一九六九年十二月召開的海牙峰會——共同體成員國國家和政府首腦第一個重要的峰會，也是一九七四年開始制度化的歐洲理事會的前身。布蘭特的誠懇政治促成峰會的成功。他事先將德國的立場通告大家，而不是告訴一方，瞞著另一方；之後外交部官員傾聽其他國家的訴求；德國調整自己的立場，再協商磨合。這樣，等峰會真正召開的時候，大家知己知彼，求同存異，先就大方向達成一致。而確定大方向正是海牙會議的功績所在：擴大共同體、完善共同農業市場、建立經濟和貨幣聯盟，也就是說：橫向與縱向同時展開，不再因為先後順序而爭吵不休。

不過，歐洲融合的一個特點是：先信誓旦旦地確定宏偉的目標；等到談細節的時候誰都不再想歐洲的大家園，腦子裡只有自己的一畝三分地。

以共同農業市場為例：別看歐洲鼓吹自由市場經濟，但要真將市場經濟的原則運用到農業，歐洲農民就活不下去了。這是因為歐洲農產品在國際市場上沒有競爭力。任憑農業自生自滅、完全依賴進口也不是事兒，畢竟糧食問題太重要了。因此，從歐洲國家談融合的那一刻起，農業就是一個特殊的領域。歐共體為農產品制定最低價格，一旦國際市場的價格低於歐洲的最低價格，共同體就買下農民的產品，這樣供應量降低了，價格就會回升。共同體買進的農產品要麼伺機出售，不易儲存的（像牛奶）就乾脆銷毀。換句話說，寧可浪費也不能低價出售。這不過是共同體干預農業市場的最重要手段。其他的我就不一一介紹了。這樣做的目的是：保障農民收入；保障共同體的糧食供給；不依賴進口；維護傳統和景觀。

成員國的大目標一致，但各國利益不同：德國和義大利這兩個工業國要求為農業補貼規定上限；法國和荷蘭這兩個傳統的農業國堅決反對，畢竟農民也是選民。因此，特別是法國政治家拼了命也要維護本國農民的利益，前赴後繼，可歌可泣。直到今天，農業補貼仍占歐盟總支出的四十％。如果二十世紀七〇年代初談判時以德國為首的工業國陣營不與法國錙銖必較的話，今天農業補貼在歐盟預算中所占比例肯定會更高。

英國除了產肉，再沒什麼值得一提的農產品，因此共同體的農業補貼從一開始就是倫敦政府的眼中釘。因為這意味著，它一旦加入共同體，先得接受農產品漲價，且還得出錢來補貼法國的農民。本來英國打算參與制定該政策，讓它朝非農業國傾斜一點，但被戴高樂擋在門外幾年後，現在只能眼睜睜看著別人談，自己只有接受的份。不願逆來順受的英國於是使出談判高招：凡是對自己不利的都要求例外，例外行不通就討價還價為自己爭取盡可能長的過渡期。

要求例外和過渡期的不只是英國，挪威和愛爾蘭政府也為自己的漁民據理力爭。挪威談判代表搬出了地形、氣候各種原因，計算出該國漁民在漁市開放和補貼結束之後收入將減少一半以上。布蘭特很夠意思，不停地為自己的第二故鄉說情，最終達成了挪威政府認為可以接受的妥協。不過，這個妥協案後來也被挪威人民否決了。於是，一九七三年歐共體首輪擴大（被稱為北擴）只有英國、丹麥和愛爾蘭三個國家。

告別歐羅巴合眾國的夢想：歐洲理事會

一九七四年施密特和德斯坦（Valéry Giscard d'Estaing）成為德、法掌舵人時，法國剛退出匯率走廊，西歐老大和老二之間的矛盾似乎不可調和。而歐共體這兩個最主要的國家離心離德，使共同體失去動力，前景黯淡。因此，兩位志同道合的政治家將重新開動歐洲融合列車視為首要任務。施密特在五月當選總理之後發表的第一個政府聲明便將歐洲政治聯盟稱為「比任何時候都更重要」的目標。他提議歐共體各國首腦舉行一次只帶翻譯、不帶任何官員的私人聚會。如果大家願意在歐洲融合的道路上繼續前行，那麼由外長和財長做具體準備；如果大家都失去了興趣，那麼私人晚餐不對外聲張，誰也不丟面子。德斯坦完全同意，並表示願意做東。晚宴是九月十四日在愛麗舍宮進行的，十個人參加——九位歐共體國家和政府首腦外加一位委員會主席。德斯坦建議這樣的峰會每年至少舉行三次，最多四次，並逐漸將此機制變成歐共體的最高決策機構。這便是今天歐盟理事會的前身。

德、法的這一倡議意味著歐洲政治精英告別了政治聯盟指日可待的夢想。政府首腦認識到，主權上交的歐羅巴合眾國理念過於超前，將歐洲融合的責任交給布魯塞爾的官員大家又都不放心，於是決定自己來控制一體化的速度和內容。而德國出主意、法國帶頭執行也成了施密特和德斯坦這對黃金搭檔發明的套路。兩人走在紅地毯上時，施密特總是讓德斯坦先行一步。施密特回憶他們的合作時說：「因為他是總統，我不過是總理。」[88]這話不錯。我們知道法國第五共和國憲法賦予總統很大的許可權，人民直選加大了總統的合法性；德國選舉不直選總理，只選政黨，按照政黨在議會所得議席組成執政聯盟，總理人選由這一聯盟推舉。而且按照德國憲法，總理名義上在國家領導人中排名第二，總統排第一，不過總統沒有實權。施密特讓德斯坦先行一步還有更深一層的意思：將歐洲的領導權讓給法國。施密特曾經直截了當地對德斯坦說：「你們在歐洲有最佳的地理位置；你們沒有歷史包袱，因為你們屬於勝利國陣營；你們擁有超出了你們實力的國際影響；你們手裡有各種牌。一句話，你們理應坐歐洲的第一把交椅。」[89]施密特對德斯坦講這一席話也大有恨鐵不成鋼的意思，因為他接下來就說：「但是你們沒有作為。」這話雖然承認法國的領導地位，但話中帶了點刺，既挑明法國單靠自己的實力不夠領導資格，又批評巴黎無所作為。那時候的德國心甘情願或者說無可奈何地將自己的實力借給了法國，並以不當領袖不操心而自我安慰。

不過，歐共體不是法、德說了算，小國們擔心理事會的成立將架空歐共體委員會，為歐洲融合開倒車。德斯坦和施密特於是提出直選歐洲議會，並增加其許可權。一九七四年十二月的巴黎峰會商定由國家和政府首腦組成歐共體理事會，成員國輪流擔任主席，半年一期；每年聚三次，一次在布魯塞爾或盧森堡，另外兩次在輪值主席國。歐洲議會將自一九七八年開始直選。給予歐洲議會更多許可權的改革在當時戴高樂派占議會多數的法國受阻，這使得歐洲議會雖然大動干戈地直選，但是沒有什麼決策權，對理事會也不能施加影響，拉大了選民和歐洲的距離。在很多人看來，歐共體不過是個各國滿足自己虛榮心的場所。不信你看：歐共體理事會每年先在上半年的輪值主席國首都開會，之後在布魯塞爾或盧森堡，年內最後一次峰會在下半年的輪值主席國召開，這樣照顧了三個到四個國家的情緒；在法國的堅持下，歐洲議會從一開始就設址史特拉斯堡，每月召開一周的會議；但議會各委員會或議會黨團會議則越來越多地在布魯塞爾舉行，於是議員每月都要搬兩次家——從布魯塞爾到史特拉斯堡，再從史特拉斯堡搬回布魯塞爾。浪費時間不說，幾百人在空中飛來飛去，還有卡車搬運他們的檔，這些年排放了多少二氧化碳？！

歐洲一體化最大的實惠：內部市場

戰後參與歐洲一體化的首批六個國家（德、法、意、荷、比、盧）屬於歐洲大陸傳統的核心地區。查理大帝的版圖和這六個國家的疆界差不多；查理五世如法炮製，只不過少了法國。後來的拿破崙、希特勒大同小異，凡是有統一歐洲野心或雄心的都先從這幾個國家下手，這也說明這些國家的歷史淵源較深，融合的難度較小。從煤鋼共同體到歐洲經濟共同體，歐洲政治精英在融合進程的頭二十年裡小心謹慎，連英國這樣給歐洲共同體漲實力的國家都要三叩其門，才終於得到入場券。二十世紀七〇年代與英國同時入盟的還有兩個北歐國家——丹麥和愛爾蘭。丹麥人均GDP高於歐共體平均水準，因此與英國一樣也是自命清高的類型，願意分享共同體的好處，又怕陷得太深。只有愛爾蘭是貧困戶。不過一個被富國包圍的小國不愁沒有發展的機會；作為英語國家，只要框架條件具備，很容易成為外國投資者的天堂。一九七五年，歐共體為縮小地區和國家之間的差距而設立區域發展基金，更是給了愛爾蘭一場及時雨，使它別提多滋潤了。

歐共體的第十個成員國是希臘。該國早在一九五二年加入北約。一九五九年，也就是歐共體成立兩年後，當時的希臘總理卡拉曼利斯（Konstantinos Karamanlis）提交了申請書。不過由於這個南歐國家的經濟太弱了，歐共體打算一步一步來，先在一九六一年簽署意向書，並約定一九八四年正式接收希臘入盟。一九六七年雅典發生政變，直到一九七四年才結束軍事獨裁。重新上臺的卡拉曼利斯想加快入盟步伐，並打出希臘是歐洲文化發源地的王牌。言外之意，沒有我們，就沒有今天的歐洲。更何況希臘還是民主的搖籃。雅典每次這樣撒嬌，總會讓具有歐洲情結的人們動心。再說，冷戰中希臘的地理位置太重要了。為了讓那裡脆弱的民主不再被政變摧殘，共同體決定破例讓希臘提前於一九八一年成為正式成員。當時該國四十%的就業人口在農業領域，沒有什麼值得一提的工業，沒有外匯，而且已經在破產的邊緣。其國民自從一世紀享受古羅馬皇帝尼祿的免稅待遇之後就沒再習慣向國家繳稅，財政部又缺乏有效的稅收機制，因此希臘根本稱不上是個現代意義上的國家；[90]兩大政黨只為自己的選民謀福利，使公務員隊伍越來越龐大，其占人口比例在歐洲是最高的。德國前總理施密特回憶說，他當時對接納希臘很不以為然，又不願駁老朋友德斯坦的面子，就這樣讓一個貧窮的發展中國家加入了一個富國俱樂部。從那以後，希臘就靠區域發展基金的救濟為生，二十年後靠虛假數字混入歐元俱樂部，又過了十年幾乎把整個歐元區拉入深淵。這是後話。

二十世紀八〇年代初希臘被破格錄取時，布魯塞爾的官僚機構還沒有養得太肥，成員國之間雖沒少衝突，可總體來說取長補短，共用經濟繁榮。在週邊國家看來，進了歐共體，就等於拿到了高增長、高福利的保證書，特別是那個結構基金實在誘人，於是另外兩個南歐國家——西班牙和葡萄牙也削尖了腦袋申請入會。嘗到北擴甜頭的政治精英一邊為成員國裡有兩個安理會常任理事國而沾沾自喜，一邊為門庭若市而飄飄然。雖然這個歐洲俱樂部名為歐洲經濟共同體，需要考慮申請國的經濟實力，但是我們已經知道歐洲融合首先是個政治項目，政治考慮也相應放在首位。既然希臘養起來了，再多兩個也沒什麼了不起。西班牙和葡萄牙也是受過獨裁統治之苦的國家，拉它們入盟，讓那裡的人民儘快感受到歐洲資本主義大家庭的溫暖，有利於鞏固這些年輕的民主體制。於是，區域發展基金的工作量激增。不過，當時的富國占絕大多數，又有德、法、英這些大戶，負擔有限，歐共體完全沉浸在又添新成員的喜悅中。

一九八五年，法國財長德洛爾（Jacques Delors）[91]在密特朗和柯爾（Helmut Kohl）的支持下成為歐共體委員會主席。在這之後的幾年，德洛爾全身心投入歐洲一體化的宏偉項目，成為繼羅伯特・舒曼之後第二個為歐洲融合做出巨大貢獻的法國政治家。他的第一個傑作是《單一歐洲法案》。這是一個里程碑的法案，是歐洲融合進程中一系列改革條約中的第一個，這之後的一個個里程碑都因簽約地點著稱——馬斯垂克、阿姆斯特丹、尼斯和里斯本。

在歐共體十二個成員國相繼通過之後，《單一歐洲法案》於一九八七年七月一日正式生效。據此，簽約國同意上交部分主權，特別強調了密切政治合作的意願，確定成立經濟與貨幣聯盟的目標。這一切儘管具有劃時代的意義，但畢竟只停留於意願和目標，條約最核心和最具體的內容是在一九九二年年底之前實現內部市場，具體說來就是實現商品、服務人員和資本的流通。正是這部分內容使倫敦政府心動。精於盤算的柴契爾夫人（Margaret Thatcher）認為內部市場將使倫敦金融業特別受益，但她擔心一旦在此法案上簽字，便等於上了經濟與貨幣聯盟的「賊船」。英國一向視統一貨幣為洪水猛獸。

儘管柯爾和柴契爾夫人彼此沒有任何好感，但柯爾像他的前任們一樣希望英國成為歐洲融合進程的一部分，於是派財政部國務秘書提特邁爾（Hans Tietmeyer）[92]去倫敦做鐵娘子的思想工作。要說柯爾有眼力——提特邁爾高大慈祥，是個典型的保守、厚道的德國人，正對了柴契爾夫人的口味。他賭咒發誓說，假如英國在確定貨幣聯盟為終極目標的《單一歐洲法案》上簽字，並不意味著日後將自動成為貨幣聯盟的一員。柴契爾夫人估摸著這位老實巴交的德國人不會信口開河，於是決定對該法案投贊成票。《單一歐洲法案》最終成為全體十二個歐共體國家的共同行動，這裡有提特邁爾的一大功勞。直到今天，就是英國的脫歐派也對內部市場戀戀不捨，恨不能只保留這一項，剩餘部分與歐盟分家。不過，歐盟不會讓英國只佔便宜，不盡義務，這樣無異於鼓勵其他國家效仿英國的榜樣。

內部市場消除了歐共體內的貿易壁壘，使其成為世界上數一數二的經濟體[93]，為成員國帶來真正的實惠，是歐盟各項政策中最沒有爭議的一個。其實，在二十世紀九〇年代初實現內部市場和九〇年代中期吸收奧地利、芬蘭和瑞典為新成員後，歐盟本應在相當長時間裡不再擴大規模，不再深入融合，並給東歐國家一個較長時間的過渡期。一九九九年引入歐元和二〇〇四年的東擴都未免操之過急。歐元使歐洲分裂，東擴則使內部市場人員自由流動的原則受到嚴重挑戰。可以說，英國退歐與這兩個錯誤有關係。

雖然為歐元奠基的《馬斯垂克條約》[94]也第一次明確了政治聯盟的目標，但實際上，在《馬斯垂克條約》簽署的同時，德國總理柯爾便不得不徹底埋葬政治聯盟的理想。對這位在經濟與貨幣問題上一知半解的政治家來說，政治聯盟本來就重於貨幣聯盟。同時在聯邦銀行的耳濡目染之下，他逐漸接受了其「皇冠理論」，意思是說，統一貨幣是歐洲融合進程的最後一步，是政治聯盟實現之後加在聯盟頭頂上的皇冠。看到密特朗（François Mitterrand）建立貨幣聯盟心切，柯爾於是提出政治聯盟同步進行。一九九〇年，密特朗發現柯爾將兩個聯盟綁定時，猶猶豫豫地同意了將政治聯盟也提上議事日程。不過，柯爾很快認識到，對此熱衷的只有他一個，英國和其他成員國都堅決反對將歐共體發展成歐羅巴合眾國。柯爾只好作罷。也許他內心逐漸接受了法國的「水到渠成」論：只要統一貨幣成真，政治聯盟將隨之到來。後來的發展證明，「水到渠成」論是個悖論。而歐元的籌畫者在沒有政治聯盟的前提下，也沒有給統一貨幣設計一個財政聯盟做保護，也就是說，未來使用共同貨幣的國家保持各自的預算主權。至於一個或幾個歐元國可能破產並可能殃及其他國家，這種可能性不只柯爾、密特朗和德洛爾沒有預見到，就是當初反對歐元的德國經濟學家想都沒想過。這是疏忽還是自大？

憲法危機中梅克爾脫穎而出

歐洲煤鋼共同體和歐洲經濟共同體儘管名義上是經濟的聯盟，但歐洲融合的總設計師莫內一開始就說了，煤鋼聯營是個政治專案，長遠目標是歐洲政治聯盟——歐羅巴合眾國。在歐洲融合進程中扮演重要角色的政治家當中，只有戴高樂的想法與大家不一樣。他不願意把主權上交布魯塞爾，而是主張建立一個由主權國家組成的歐洲政治聯盟。聯盟的第一步是德法同盟。不過在當時的冷戰時代，戰敗國德國不可能拋開美國與法國單幹，不敢配合戴高樂實現歐洲的自我解放。在歐洲融合的道路上，德國歷屆政府也更傾心於莫內的一步步放棄主權，最終實現歐羅巴合眾國的方案。

從數量上說，歐洲大家庭越來越人丁興旺，從二十世紀五〇年代的歐共體六個國家到今天的歐盟二十八個國家。第一輪是西北擴——一九七三年丹麥、英國和愛爾蘭加入歐共體；二十世紀八〇年代實現南擴，希臘、西班牙和葡萄牙相繼成為新成員；冷戰結束，原來的中立國不必再堅持中立，一九九五年瑞典、芬蘭和奧地利加入更名之後的歐盟。至此，歐盟成員由六個增至十五個。原來六國一致通過的原則漸漸力不從心了。而且擴張還遠沒有結束，原華約成員國一個個躍躍欲試。

為了使聯盟東擴後不至臃腫得走不動路，一九九九年生效的《阿姆斯特丹條約》開始在部分領域施行多數通過原則。不過，成員國各有各的算盤，誰都擔心自己的影響不如從前，特別是大國擔心在重要問題上被多數小國架空，於是核心領域仍然保留一致通過的原則。對歐盟來說最實際的內容是將一九八五年簽署的取消內部邊界檢查的《申根協定》納入《阿姆斯特丹條約》，並將申根區擴大至除英國和愛爾蘭外的所有成員國。

《阿姆斯特丹條約》最有意義的部分是提升歐洲議會的地位。此前歐洲議會擁有話語權的立法只占歐盟全部立法的三十％，條約生效後這一比率升至七十％。但立法倡議權仍牢牢掌握在歐盟委員會手中。該條約還確立了一個新的職位——共同外交和安全高級代表，相當於歐盟外交部部長。不過，由於成員國在很多問題上達不成共識，這個歐盟外長在國際舞臺上的地位也很有限。

當時歐盟的狀態表面上紅紅火火，歐洲大同似乎近在眼前，可是實際上一盤散沙，不比今天好到去。成員國只考慮自己的利益，為了理事會的一個席位爭得面紅耳赤；歐洲土地上的戰亂歐盟都解決不了，還得仰仗北約；斯雷佈雷尼察大屠殺[95]甚至是在荷蘭藍盔士兵眼皮底下發生的；東擴在即，但幾年談判達成的兩項條約[96]都沒有在通往歐羅巴合眾國的道路上獲得實質性突破，十五個成員國已經很難一條心，成為二十五個國家之後不就名存實亡了嗎？

這種狀況讓德國外長菲舍爾（Joschka Fischer）心急如焚。他像那位一九八七年為貨幣聯盟振臂一呼的前任根舍（Hans-Dietrich Genscher）一樣，也在二〇〇〇年單槍匹馬地發表了一篇呼籲歐盟制憲，勇敢向歐羅巴合眾國挺進的文章。

菲舍爾這一聲呼籲還真是一石激起千層浪，不久歐盟就成立了制憲委員會，主席是原法國總統德斯坦。這個高瘦的男人年紀輕輕就失了業，而且沒有像他當年的黃金搭檔施密特一樣很快找到卸任後的事業（寫書、周遊世界、為煙草公司做廣告等），正在鬱悶的時候，聽說要立憲，立刻毛遂自薦做立憲主席。當時的法國總統席哈克（Jacques Chirac）當然同意：第一，德斯坦也是法國人；第二，把德斯坦抬到歐洲層面，順帶排除了一顆自己當選連任道路上潛在的絆腳石，這不是一舉兩得嗎？因為與施密特的交情，德斯坦在德國的聲望良好，與施密特同是社民黨人的德國總理施羅德（Gerhard Schröder）當然也沒意見。法、德達成一致，其他國家看中的候選人就都沒戲了。

其實，德斯坦並沒有多大決策權，歐盟給主席配備了一個十二人的主席團，涵蓋了所有成員國或成員國集團。從二〇〇二年二月主席團開始工作，到二〇〇四年十月已壯大到二十五國的歐盟[97]成員國國家和政府首腦在憲法草案上簽字，德斯坦在這期間證實了他的膽識和凝聚力。剛開始的時候，很多人對「憲法」一說提出質疑，因為「憲法」太容易給人造成歐盟已成一個國家的印象，擔心會對那些生怕喪失主權的政治家造成太大刺激。德斯坦則堅持「憲法」的字眼，因為雖然歐盟距離歐羅巴合眾國還有一段距離，但「憲法」標誌著歐洲一體化進程上的飛躍。在「憲法」擁有多大約束力的問題上也是眾說紛紜，有人認為這不過是一個政治意向說明，德斯坦則堅持它對所有成員國具有約束力，並最終達到了目的。

憲法的最主要內容是什麼？首先，憲法將取代迄今所有的歐盟條約；其次，憲法加大了歐盟三大機構（理事會、委員會和歐洲議會）的許可權，委員會主席將是專職，相當於未來的歐洲總統。不過在委員會成員數量問題上，憲法仍沒有拿出令所有人信服的答案。為什麼這個問題如此關鍵？因為按照規定，幾個歐盟大國在委員會中有兩個席位，其他國家各一人。現在成員多了，大國主動放棄一個席位，可就是每個成員國出一名委員，委員會的規模也總是在水漲船高。按照歐盟規定，每個委員負責一個領域，哪來那麼多領域好負責呢？於是有時候要絞盡腦汁設計出一個領域讓新增的委員來負責，這就是歐盟官僚機構越來越臃腫，干涉的事務越來越荒唐的原因。本來歐盟幾年前為委員會設定的「痛苦臨界點」是二十七人，也就是說當成員國數量超過二十七個時委員會成員不得再上升。這意味著總有一個或幾個國家暫時在委員會中沒有代表。由於大國、小國對此都不接受，於是當二〇一三年七月一日克羅埃西亞成為歐盟第二十八個成員國時，歐盟委員會的規模隨之擴大到二十八人。歐盟的決策速度由此可見一斑。

歐盟外交部部長的地位也在憲法中得到提高。他（她）將擁有更多決策權，同時自動兼任歐盟委員會副主席。歐盟唯一的直選機構——歐洲議會將與代表各成員國的理事會平起平坐，使歐盟不會因規模擴大而喪失民主性。

在爭議最大的理事會席位問題上，憲法主席團終於找到了一個大家都認可的妥協方案。據此，歐盟未來將在大多數議題上遵循雙重多數通過的原則：五十五%以上的成員國和六十五%以上的歐盟人口。加上人口的因素對統一後的德國比較有利，這將意味著法國與德國之間不再是勢均力敵，因此一直受到法國的抵制。現在法國不再堅持與德國擁有同樣多的席位，正視現實，可以說是一大突破。

二〇〇四年十月二十九日，二十五國首腦在歐盟憲法上簽字，地點是羅馬市政大樓。有意思的是，舉行簽字儀式的大廳就是一九五七年歐洲共同體呱呱落地的那個大廳，可見義大利東道主的良苦用心。

我曾經提到過，每當歐洲一體化進程向前邁出一大步的時候，多少具有歐洲情懷的人們熱淚盈眶地歡慶勝利，一切的斤斤計較和自私自利都拋到九霄雲外。但是歡慶的儀式一過，歐盟馬上又進入醜陋的現實。

先是英國首相布萊爾（Tony Blair）在反對黨壓力下宣佈將就歐盟憲法舉行全民公投。英國這麼一表態，席哈克覺得如果不公投法國人民會不答應，於是馬上跟進。照當時的民調，席哈克認為勝券在握。但在接下來的幾個月裡，經濟衰退使失業率上升、福利削減，憲法反對者成功地將公投變成了一個發洩對政府不滿的機會。二〇〇五年五月二十九日，五十四・七%的法國人對憲法說「不」。僅僅三天之後，六十一・六%的荷蘭人對憲法投了反對票。

歐盟理事會輪值主席榮克（Jean-Claude Juncker）和歐盟委員會主席巴洛索（Jose Manuel

Barroso）的反應是：其他國家的憲法通過程式照舊，讓法國和荷蘭人看看其他國家人民的覺悟，以便在下一次公投中做出正確的選擇。接下來，拉脫維亞議會通過憲法，英國政府則決定推遲公投。理事會於是宣佈將憲法生效日期推遲一年，由二〇〇六年十一月推到二〇〇七年十一月一日。好幾個國家繼而也宣佈推遲本國的議會表決日期。轟轟烈烈啟動的憲法工程大有灰頭土臉結束的兆頭。

這時候，一位相貌平平的女性登上歐洲政治舞臺——德國新當選總理梅克爾。她受理事會委託在二〇〇七年上半年德國任輪值主席期間對憲法工程做了一個階段總結報告。梅克爾沒有放過這個嶄露頭角的機會。二〇〇七年一月她在歐洲議會發表講話，表示了不改變憲法內容的決心。她的表態受到已通過憲法國家的支持，而那些曾指望將憲法內容拆開，重新談判的反對者一下子沒了氣焰。

梅克爾的策略是組織啦啦隊。當時已經通過和即將通過憲法的國家已經達到二十個，她在柏林峰會之前先與這二十個國家的代表碰頭，確定了他們的支持。這樣，她便可以將其他七個刺頭各個擊破。在這個問題上，不能不說梅克爾立了一功。試想，假如把憲法包裝打開，重新打點內容的話，那得拖到何年何月。二〇〇七年三月二十五日《羅馬條約》簽署五十周年的時候，梅克爾在歐洲議會發表講話說，將在二〇〇九年歐洲議會大選之前把歐盟推到一個新高度。這樣，「鐵娘子」明確了憲法工程結束的時間表。

如何說服憲法的反對派？這位學物理出身的女政治家一方面不放棄憲法工程，另一方面又表現出靈活性：既然有些人接受不了「憲法」這個名稱，那就換一個不那麼極端的名稱，比如「簡化的條約」。這一招多聰明，連正式條約都不是，不過是簡化了的條約。既然不是憲法，那也就不用全民公投了。於是梅克爾給了新當選的法國保守黨總統薩科吉（Nicolas Sarközy）一個體面的臺階下，而薩科吉則答應說服其他死硬分子接受憲法新方案。

又經過幾個回合的談判和對憲法草案的些許修改之後，二〇〇七年十二月，二十七個國家和政府首腦在里斯本簽約。於是，一部歐盟憲法變成了《里斯本條約》。不用公投了，各國議會很快通過，該條約於二〇〇九年十二月一日生效。條約增設理事會常設主席[98]，為外交和安全代表配備了外交機構，實際上就是歐盟外交部，只不過名義上不這麼叫，怕刺激那些擔心融合進度過快的國家和政治家。條約還第一次做出退出歐盟的規定。不過該規定只是空殼，沒有具體內容，因此英國退歐只能是摸著石頭過河。根據《里斯本條約》，成員國將密切關於員警和司法方面的合作。因此，雖然它沒有得到憲法的級別，但仍然是歐洲統一道路上的一個里程碑。

梅克爾因化解憲法危機而於二〇〇八年五月獲得查理獎殊榮。

英國又不想玩了？

我前面提到歐洲政治融合進程中的兩次重大挫折，一次是二十世紀五〇年代的防衛共同體「流產」，另一次是二十一世紀初的憲法危機。不過與英國公投脫歐相比，上兩次危機簡直就像幼稚園小孩子的吵嘴。因為之前的危機都是因某國議會或單個國家的公民不同意一體化過程中的某個措施或某項條約而引發的，英國公投則是對整個歐盟、對一體化本身說「不」。那麼英國脫歐手續辦妥之時將是歐洲大家庭第一次人口減少之日，打破了歐洲融合進程越來越深入、參與者越來越多的規律。由於前所未有，因此後果還難以估量。

為什麼英國會動「離婚」的念頭？這裡有英國自身的原因。我前面已經說過，歐盟前身的歐洲煤鋼共同體是二戰後德、法和解的產物，英國對此持支持態度，但更願意做「場外指導」。後來英國看到歐洲融合給參與國都帶來了好處，於是也想搭便車。不過那時候歐共體的框架已經確定——其結構基本是按照法國中央集權理念設計的，這與英國的自由主義格格不入。加上特殊的地理位置、與美國的特殊關係，使英國對歐共體和後來的歐盟總是若即若離。此外，倫敦還對歐盟的高額「會員費」耿耿於懷。歐洲夥伴忘不了柴契爾夫人一九八四年向布魯塞爾發出的豪言壯語：「I want my money back.」英國人討價還價、要求特殊待遇的毛病也就是那時候慣出來的。

很多人對英國的印象是：只想占歐洲俱樂部便宜，不想盡歐盟成員國的義務。這個印象也對也不對。英國確實不像德國那樣任勞任怨，甘做老黃牛，而是想方設法把高額會費找補回來些。在這方面，英國並不是例外；但不管怎麼斤斤計較，自入盟後，英國始終是淨繳費國，屬於對歐盟有重大貢獻的國家；歐盟東擴之後，英國是受「人員自由流動」影響最大的國家，單是從波蘭就去了一百萬人。雖然在福利國家體系方面，英國不是歐盟最優惠的，但英語是國際語言，移民不必克服語言障礙。英國人本就感覺移民太多，二〇一五年歐洲大陸在應對難民浪潮時表現的混亂和無助，使這個島國的很多居民對歐盟徹底失去信心。他們擔心留在歐盟，早晚要替德國的難民政策埋單。因此有評論說對公投結果負主要責任的應當是德國總理梅克爾，因為自從她二〇一五年秋天敞開國門後，英國民意發生了有利於脫歐派的逆轉。

梅克爾的難民政策確實為脫歐派提供了口實，但同樣難辭其責的還有歐盟。歐盟既然是精英專案，就註定了其運作的不透明、不民主。歐洲議會是歐洲層面唯一的民選機構，但在很長時間裡幾乎沒有什麼權力。經過幾十年的融合，歐盟成了一個巨大的官僚泡沫。那裡的官員收入不菲，據說高於德國總理的就有幾千人。出於自身利益，他們當然希望歐盟管轄的領域多多益善，但成員國哪裡情願交出更多的主權，於是歐盟機構和成員國政府之間展開拉鋸戰。這往往導致本應由歐盟統籌拿主意的領域，歐盟缺乏許可權，結果只能在細枝末節上調節，其規定往往成為歐盟老百姓的笑柄，最典型的例子是對歐盟進口香蕉彎曲度的規定。幾十年來，成員國政府很少誇獎歐洲機構，而經常把歐盟當成替罪羊，不好的事情都往歐盟身上推。還能指望歐盟得人心嗎？

不過，儘管歐盟有不得人心之處，儘管梅克爾的難民政策為英國國內留歐與退歐的討論火上澆油，但卡麥隆平白無故地搞什麼公投呢？二〇一三年，前首相卡麥隆為了堵住黨內反歐勢力的嘴，承諾一旦當選連任，將在二〇一七年大選之前就是否留歐舉行公投。卡麥隆將事關英國和歐洲前途的大事當作爭取連任的籌碼，由此打開了潘朵拉的盒子。比卡麥隆更不負責任的是倫敦前市長伯里斯・詹森（Boris Johnson）。他本來並沒有堅決主張退歐，最終卻把公投當作了與昔日同窗卡麥隆較量的遊戲。當他贏得這場遊戲時，卻因不知如何收場而退出保守黨黨魁的角逐。

英國公投退歐使歐盟其他國家反歐勢力氣焰高漲。儘管一批歐盟高官條件反射般地強調戰勝危機的唯一出路是加大一體化的步伐，但正像德國財長蕭伯樂（Wolfgang Schäuble）所說，今後一段時間裡別想進一步實現歐洲融合了。歐羅巴合眾國的事只好擱置一邊。

迄今為止，唯一成為現實的是貨幣統一。

注釋

51 查理帝國一分為三：西法蘭克王國相當於今天的法國，東法蘭克王國大致相當於今天的德國，中法蘭克王國包括阿爾薩斯—洛林和義大利部分地區，成為德、法爭奪的對象。最倒楣的是阿爾薩斯—洛林，在普法戰爭前是法國領土，普法戰爭中被德國奪走，一戰後重新劃歸法國，二戰中被納粹德國佔領，二戰後最終回到法國懷抱。

52 Hans August Lücker, Robert Schuman und die Europäische Einigung (Bonn: Bouvier, 2000)

53 他的出生地特倫蒂諾當時屬於奧匈帝國義大利少數民族的自治區。

54 Tiziana Di Maio, Alcide De Gasperi und Konrad Anedauer: Zwischen Überwindung der Vergangenheit und europäischem Integrationsprozess (Frankfurt: Peter Lang, 2014)

55 Drutmar Cremer, Maria Lach: Ort der Begegnung (Braunschweig: Buch-und Kunst, 2014)

56 Konrad Adenauer, Erinnerungen 1953-1955 (München: dva, 1966)

57 Dorothea und Wolfgang Koch, Konrad Adenauer: Der Katholik und sein Europa (Erlangen: MM, 2013)

58 Jean Monnet, Erinnerungen eines Europäers (München: dtv, 1983)

59 Jean Monnet, Erinnerungen eines Europäers (München: dtv, 1983)

60 Jean Monnet, Erinnerungen eines Europäers (München: dtv, 1983)

61 Woody Allen（1935—）：美國導演和演員。

62 一九五一年美國修憲，為總統任期確定了兩屆八年的上限，這使羅斯福得以永遠保持任期和任職時間（十二年）的紀錄。當然前提是美國不取消任期的上限。

63 王湘穗、喬良：《割裂世紀的戰爭— 朝鮮 1950—1953》，北京：國防大學出版社，二〇一六年版，第二頁。

64 馬歇爾是當時的美國國務卿，一九五三年獲諾貝爾和平獎。

65、66 Claude Prévost, Geschichten aus der Geschichte Frankreichs seit 1945 (München: Luchterhand, 1989)

67 Armin Fuhrer, Norman Haß, Eine Freundschaft für Europa: Der lange Weg zum ÉlyséeVertrag (München: Olzog, 2013)

68 Konrad Adenauer, Erinnerungen 1945—1953 (München: dva, 1987)

69 Armin Fuhrer, Norman Haß, Eine Freundschaft für Europa: Der lange Weg zum Élysée Vertrag (München: Olzog, 2013)

70 Thomas Schuman, Persönlichkeiten der Europäischen Integration: Robert Schuman (Bonn: Europa Union, 2010)

71 Konrad Adenauer, Erinnerungen 1945-1953 (München: dva, 1987)

72 Thomas Schuman, Persönlichkeiten der Europäischen Integration: Robert Schuman (Bonn: Europa Union, 2010)

73 那個年代總理兼任外長是常有的事。

74 Konrad Adenauer, Erinnerungen 1945-1953 (München: dva, 1987)

75 法國雜誌Réalités二〇〇六年七月版發表文章《法國原諒德國了嗎？》。

76 Wilfried Loth, Robert Picht, De Gaulle, Deutschland und Europa (Leverkusen: Leske+Budrich, 1991)

77 Wilfried Loth, Robert Picht, De Gaulle, Deutschland und Europa (Leverkusen: Leske+Budrich, 1991)

78 Wilfried Loth, Robert Picht, De Gaulle, Deutschland und Europa (Leverkusen: Leske+Budrich, 1991)

79 Armin Fuhrer,Norman Haß, Eine Freundschaft für Europa: Der lange Weg zum Élysée Vertrag (München: Olzog, 2013)

80 Armin Fuhrer, Norman Haß, Eine Freundschaft für Europa: Der lange Weg zum Élysée Vertrag (München: Olzog, 2013)

81、82、83 Wilfried Loth, Robert Picht, De Gaulle, Deutschland und Europa (Leverkusen: Leske+Budrich, 1991)

84、85 Armin Fuhrer,Norman Haß, Eine Freundschaft für Europa: Der lange Weg zum Élysée-Vertrag (München: Olzog, 2013)

86 Armin Fuhrer,Norman Haß, Eine Freundschaft für Europa: Der lange Weg zum Élysée Vertrag (München: Olzog, 2013)

87 Wilfried Loth, Europas Einigung: Eine unvollendete Geschichte (Frankfurt: Campus,2014)

88、89 Matthias Waechter, Helmut Schmidt und Valéry Giscard d'Estaing (Bremen: Edition Temmen, 2011)

90 這種狀況到今天也沒有根本改變。

91 Jaques Delors（1925—）：一九八一年至一九八四年任法國經濟和財政部部長，一九八五年至一九九五年擔任歐共體委員會主席。

92 Hans Tietmeyer（1931—2016）：一九八二年至一九八九年任財政部國務秘書，一九九三年至一九九九年擔任聯邦銀行行長。

93 從二十世紀九〇年代至今，世界最大經濟體不是歐盟（歐共體），便是美國，排名與美元匯率關係密切。

94 根據一九九三年生效的《馬斯垂克條約》，歐洲經濟共同體更名為歐洲聯盟，簡稱歐盟。

95 一九九五年的波黑戰爭中，南聯盟軍在斯雷佈雷尼察屠殺大約七千名穆斯林，被視為二戰以來歐洲發生的最血腥事件。

96 《馬斯垂克條約》和《阿姆斯特丹條約》。

97 二〇〇四年五月一日，愛沙尼亞、拉脱維亞、立陶宛、馬爾他、波蘭、斯洛伐克、捷克、斯洛維尼亞、匈牙利和賽普勒斯正式加入歐盟。

98 二〇〇七年，保加利亞和羅馬尼亞入盟。

99 第一任常設主席是范龍佩。

CHAPTER 5

貨幣統一

歐元在德法較勁中呱呱落地

回頭看歐洲融合幾十年的歷史，質的飛躍都發生在德、法領導人情投意合的時候；相反，當兩國政府首腦波長不對的時候，歐洲一體化便陷入停滯。戴高樂和艾哈德便屬於後一種，更何況還有美國這個干擾台。但即使在艾德諾和戴高樂駕駛歐洲「和諧號列車」的時候，美國也是一個永遠的「第三者」。它兩次大發戰爭財，成為西歐乾爹之後，不僅要求乾兒子對自己俯首貼耳，還讓他們為自己的貨幣和財政政策埋單。前美國財長康納利（John Connally）說得最露骨：「美元是我們的，問題是你們的。」因此，當戴高樂與艾德諾構築政治聯盟的同時，其財政部的下屬也已著手設計歐洲貨幣的藍圖。煤鋼共同體的其他成員國也舉雙手贊成。這些國家各有各的盤算，但它們有一個共同的目標，那就是——結束美元一統天下的時代。為什麼美元成了歐洲人的眼中釘？這要從布雷頓森林體系說起。

美國負債、大家買單的布雷頓森林體系

兩次世界大戰間的二十年是國際貨幣和貿易史上極混亂的一段時間。金本位制逐漸被拋棄，匯率自由浮動，各國展開貨幣貶值競賽，以提振出口，創造就業機會，結果將失業問題輸

出國外。這種自私的做法被稱為「將我的鄰居變成乞丐的政策」（beggar-my-neighbour-policy）。

當時，美國像吸塵器一樣把歐洲的資金吸入自己腰包：先是承受戰爭賠款重負的德國一有收入便上交英、法等協約國；而在一戰中負債累累的英、法剛剛收到德國的匯款便不得不立即轉交給債主——美國。先被超級通脹壓垮，又在大蕭條中折腰的德國逐漸堅定了「要錢沒有，要命有一條」的信念，單方面宣佈停止賠款，與東歐、南美國家做起了以物易物的貿易，「德國製造」從此名揚海外。

在很多經濟學家和政治家看來，一戰後貨幣體系的混亂無序某種程度上為希特勒上臺做了鋪墊。於是在二戰結束前夕，美國決心制定全新的國際貨幣秩序，前提當然是美元主導一切。英國的經濟學家凱因斯則有著自己的跨大西洋世界貨幣的設想。不過英國在二戰中遭受了致命打擊，其貿易總額下降到戰前的三分之一，不得不繼續靠向美國借貸為生，這使凱因斯名氣再大也沒有與華盛頓討價還價的底氣。為了得到美國貸款，大英帝國只好於一九四四年夏天在《布雷頓森林協議》上簽字，拱手讓出了英鎊主宰世界的地位。[100]據此，參與該體系的國家將自己貨幣的匯率與美元綁定，上下只允許浮動一％。如果市場匯率超過法定匯率的波動幅度，各國政府有義務在外匯市場上通過買賣本國貨幣進行干預。布雷頓森林體系的與會者還確定了一盎司[101]黃金三十五美元的比價。各國可隨時以此價格向美國兌換黃金。

在某種程度上，布雷頓森林體系是人類有史以來第一個全球貨幣聯盟。在《布雷頓森林協議》上簽字的有各大洲四十四個國家，比此前歷史上任何一個區域性貨幣聯盟的成員都要多。該體系雖然不像今天的歐元區那樣擁有共同的央行，發行統一的貨幣，但是成員國放棄了通過匯率調節競爭力和保持經常帳平衡的自由，自願給本國貨幣套上緊箍。一些經濟學家也因此更願意稱該體系為匯率聯盟，而非貨幣聯盟。

不管怎麼定義，這個布雷頓森林體系運轉如何呢？只有十九個國家的歐元區都因成員之間差異過大而陷入困境，那四十四個國家的聯盟就更難統一步調了。以二十世紀五〇年代的德國為例。當時的聯邦德國正沐浴在「經濟奇蹟」的陽光下，這一方面是因為西部的工業基礎並沒有如人們想像的那樣被盟軍的轟炸摧毀，另一方面剛剛輸掉一場戰爭的德國又因朝鮮戰爭而發財，特別是對美國出口的激增帶來巨額貿易順差，年輕的馬克（Mark）（一九四八年才剛剛降生）面臨升值壓力。而聯邦銀行卻只有百分之一的升值空間，於是只好以提息的方式來給經濟降溫，為貨幣減壓，同時降低通脹的風險。提息效果不佳並不出人意料，因為與美國的息差將更多的熱錢吸引到德國。聯邦銀行好像在緊捂高壓鍋的蓋子，越來越力不從心。

美國則利用美元主導貨幣的地位，心安理得地讓德國等出口大國為自己的貿易逆差埋單。聯邦銀行提高主導利率的同時，美聯儲（Fed）卻做出降息決定，使德國央行抗通脹的努力付諸東流。

奧特馬・埃明格爾（Otmar Emminger）[102]是聯邦銀行董事會中最敢講真話的人。一九六〇年年初，他在董事會會議上說：「聯邦德國不斷增長的貿易順差是世界經濟的『病夫』美國造成的。」他要求大幅調整布雷頓森林體系，允許馬克升值七・七%。[103]他沒有能夠立即改變聯邦銀行同僚的意見，卻引起經濟部部長路德維希・艾哈德的共鳴。艾哈德堅信，馬克自身價值的穩定對老百姓來說比一味維護馬克對美元匯率更重要。一九六一年二月，剛剛走馬上任的美國總統甘迺迪拒絕德國提出的讓美元升值的請求。看來德國只能單獨行動了。在聯邦政府和央行達成共識後，德國於三月四日宣佈一美元兌換四馬克，與原來的一比四・二兌換率相比，馬克升值五%。荷蘭盾（Dutch guilder）也隨馬克升值，該國也從此成為德國在貨幣政策上最堅定的盟友。

馬克和荷蘭盾的升值以及由此引起的連鎖反應使歐洲經濟共同體委員會第一次認真考慮發行歐洲統一貨幣。態度最積極的是法國。德國當時是歐洲列車的副駕駛，不能駁巴黎的面子，但對統一貨幣熱情不高。討論過程中，德、法兩國背道而馳的理念越來越突出，因此首輪建立歐洲貨幣聯盟的嘗試很快告吹。

法國政府視貨幣為關鍵因素，認為各國只要在貨幣問題上步調一致，經濟發展的差異就會自動消失。換句話說，貨幣聯盟可以一蹴而就，各國收支不平衡的問題也可隨之迎刃而解。前提是：順差國也有調整經濟政策的責任，且將自己的外匯儲備拿出來「充公」。支持法國這種貨幣主義理念的是比利時、盧森堡和歐共體委員會。

德國主流經濟學家對此持拒絕的態度。當時的德國正在享受經濟奇蹟的果實，出口猛增，貿易順差隨之不斷擴大。在德國占主導的是所謂經濟主義思想。據此，自願結盟的各國必須首先協調其經濟政策，在財政與貨幣政策完全合拍之後，貨幣聯盟便水到渠成。也就是說，政治聯盟在先，貨幣聯盟在後。與德國同一陣營的是荷蘭。

德、法分歧概括起來就是：德國視共同貨幣為終點、為目標；法國則將共同貨幣看作起點，是工具。

歐洲統一貨幣的夢想很快破滅，而美國濫用美元主導貨幣地位的做法則變本加厲。華盛頓政府讓那些辛勤生產、出口的國家來支付自己的經常帳逆差；它還利用美元與黃金齊肩得天獨厚的優勢，加大印鈔機的馬力，讓全球分擔其越南戰爭的費用。戴高樂咽不下這口氣，於一九六五年提出讓黃金成為唯一儲備貨幣的要求，並開始將法國手中的美元兌換成黃金。巴黎政府想拉德國一起和美國對抗，卻遭到德國的斷然拒絕。一方面，雖然德國的「苦難」比法國更深，德國人不僅因貿易盈餘更高，為美元支付的「暗帳」也更高，而且還要付美國駐軍的「明帳」，但因戰敗國地位，哪敢和美國唱反調；另一方面，如果德國政府也像法國那樣蠻幹，吃虧的將是自己，因為德國一旦將自己的巨額美元儲備換成黃金，那麼這將立刻引發美元匯率暴跌，德國豈不是搬起石頭砸自己的腳？因此德國人從一開始便明確告訴法國人，在對國際貨幣體系的態度上，他們將站在美國一邊。

儘管德國和其他幾個西歐國家早在一九六〇年就與美國簽了君子協定，不將其美元儲備兌換成黃金，而是購買美國國債，使布雷頓森林體系苟延殘喘，但其缺陷仍然越來越明顯。

第一個缺陷是三十五美元為一盎司黃金的固定兌換率。這意味著美元的總量必須與黃金儲量掛鉤。在黃金總量不變的情況下，美元的數量上升便會導致美元價值縮水。事實上，戰後幾年國際貿易迅猛發展，一些國家的美元儲備激增，對美元的需求遠超出黃金儲量許可的規模。第二個缺陷是美國政府花起錢來又缺乏自律，越南戰爭的耗資更使華盛頓的財政狀況雪上加霜，於是越來越多沒有黃金墊底的美元上市，使三十五美元為一盎司的匯率成為虛幻。這個完全脫離了現實的兌換率之所以能維持那麼多年，是因為外匯儲備高的國家沒有跟美國較勁，真的去兌換黃金；不僅如此，這些國家還不斷通過對外匯市場的干預，力挺美元。直到後來戴高樂開始較真，不光把美元換成了黃金，而且還借月黑風高，用潛艇把黃金偷運回巴黎。這是一九六六年年初的事，法國當時以平均每週十噸的速度轉移黃金。戴高樂此舉實際上為布雷頓森林體系敲響了喪鐘。

換句話說，這個國際貨幣聯盟以一個很不現實的設想為基礎，那就是美國真的能夠隨時以三十五美元為一盎司的匯率「一手交錢，一手交貨」。這很像奠定歐洲貨幣聯盟基礎的一個原則——《馬斯垂克條約》白紙黑字的「互不救助條款」（No-Bailout）：歐元區某個成員國不為其他成員國的債務埋單。這是當初德國人同意放棄馬克的最重要的前提條件——保證入盟不是去充當冤大頭的。結果呢，危機一爆發，誰還拿這個「互不救助條款」當真，因為如果你「照章」辦事，歐元區就可能崩潰。布雷頓森林體系中美元與黃金兌換率和歐洲貨幣同盟互不救助條款的區別是：三十五美元為一盎司的匯率是給美國以外的國家做樣子的，讓它們對以美元為主導的貨幣體系信心十足；而「互不救助條款」是安撫德國人的，讓他們對歐元放心，因為條款保證他們不會為統一貨幣付出高昂代價。由此可見，兩個貨幣聯盟都是為好景氣設計的聯盟，經濟好，財政好，你好我好大家都好。一旦不那麼順暢，有的國家錢緊，有的還不了債，聯盟的設計缺陷便暴露無遺。

布雷頓森林體系的另一個缺陷是賦予了美元過於強勢的地位。美元未經任何競爭而成為法定的主導貨幣。英鎊雖黯然失色，但傳統的強勢不會在一夜之間消失。美國在一九四四年的布雷頓森林會議上很給英國面子，請英國經濟學家凱因斯與美國共商戰後金融體系的大計。由於英鎊綁定了美元，因此得以保持了儲備貨幣的地位。這樣的體系很不合理。因為貨幣的價值與它所代表的國民經濟的競爭力以及財政狀況有直接關係，競爭力強，財政盈餘，則貨幣必然堅挺，就像後來德國的馬克。但美元和英鎊的特殊地位則是無功受祿，不管你的競爭力是否下滑，不管你的債務有多深重，其他國家離不開你，甚至還不得不忍氣吞聲地替你還債。

不過，美國也不是法力無邊，它可以強迫西歐的小夥伴不買黃金買債券，卻不能向投資者施障眼法，讓他們對美國的雙赤字（經常帳赤字和預算赤字）視而不見。投資者首先將矛頭對準美元的小老弟英鎊。二十世紀六〇年代中期，英國競爭力的日衰使其貿易赤字創歷史紀錄。工黨政府死要面子活受罪，堅持英鎊與美元的匯率不變。為此，倫敦先是變賣自己的外匯儲備，之後向盟國借貸。一九六七年十一月，在英格蘭銀行以及英國同盟國的央行所有力挺英鎊的措施都無濟於事之後，倫敦政府決定讓英鎊貶值十四・三％。鑒於英鎊與美元唇亡齒寒的關係，英鎊的落魄使投資者對美元的信心也受到重挫。

由此我們看到布雷頓森林體系的另一大缺陷：體系成員的經濟發展程度各異，且不是一成不變，成功或失敗的經濟政策可能使弱國變強、強國轉弱，或是強上加強。而貨幣匯率是國家競爭力的一面鏡子。假如你的產品在國際市場上暢銷，出口多於進口，便產生貿易盈餘，人家隨之對你的貨幣另眼相看；貨幣升值卻提高了你產品的價格，降低了你的競爭力，貿易順差減少，你的貨幣也就不那麼吃香。如此周而復始。這是市場經濟的規則。如果像布雷頓森林體系那樣把那麼多種貨幣的匯率固定死，只允許一％的上下浮動，又沒有設其他機制緩解貿易和經常帳的不平衡，那這樣的緊身衣早晚會被撐破。實際上，體系內的各種貨幣此升彼降，固定匯率的機制形同虛設。我們前面已提到馬克和荷蘭盾的升值，後來是英鎊的貶值。

法國對掙扎中的英鎊見死不救。戴高樂在公開表態時也毫不掩飾對英鎊和美元的蔑視。一九六八年年初，他甚至口出狂言：「法郎與黃金一樣優質。」儘管他的原意是要求結束美元的獨霸地位，但是這話還是說得太滿了。其實，就在他說這話的時候，法郎已經是投機者的下一個目標。那時，德國的工業已經從「二戰」的重創中完全恢復。與法國相比，同樣的產品，德國的品質高，造價低，原因是德國的勞動力比鄰國便宜。偏偏在一九六八年春天，法國人民示威遊行，工會達到了大幅提薪的目的。這一方面使法國產品更無法與「德國製造」競爭，另一方面提高了人們對法國的通脹預期，金融市場認為法郎貶值已無法避免。對法國來說，更體面的解決辦法不是法郎貶值，而是馬克升值，更何況馬克確實面臨巨大的升值壓力。事關兩國的經濟利益、睦鄰關係和顏面問題，德、法之間展開了一場驚心動魄的拉鋸戰，結果誰也沒有退讓。直到一九六九年八月，法國能正視現實的新總統龐畢度終於同意讓法郎貶值十一・一%；兩個月之後，德國社民黨人維利・布蘭特（Willy Brandt）領導的政府則決定讓馬克升值八・五%，一美元不再折合四馬克，而是三・六六馬克。為什麼要由政府來確定貨幣的匯率？因為布雷頓森林體系不允許匯率自由浮動，不是市場決定，於是匯率就成了政府的事情。升值或貶值的壓力太大時，政府一般是與央行商議之後再做決斷。

各國政府雖然能夠在一段時間裡抵抗市場的升值或貶值壓力，但這也暴露了布雷頓森林體系的又一個缺陷：該體系實際上在鼓勵投機行為。由於體系內各國發展水準參差不齊，經常帳不平衡的問題越來越嚴重，急需匯率來調節；但由於各國保證自己的貨幣與美元掛鉤，對匯率的升降壓力只能捂著、蓋著。但壓力並不會因此而消失，而是越積越大，總有一天會爆發。那時，浮動的幅度便很可觀。由於改變匯率的過程有時十分漫長，給投機分子帶來可乘之機。他們可以從容下賭，且基本上百發百中。

一方面，德、法以及其他國家貨幣價值的大起大落已使布雷頓森林體系名存實亡；另一方面，越南戰爭繼續消耗著美國的財力，同時刺激經濟增長，通脹超過五%，也使美元的威信嚴重受挫。一九七一年八月十五日，美國總統尼克森（Richard Nixon）宣佈美元與黃金脫鉤，為布雷頓森林體系的壽終正寢拉開序幕。這便是歷史上有名的「尼克森震盪」。

之後西歐國家和美國為國際金融體系做了幾次人工呼吸，但搶救無效。一九七三年三月一日，聯邦銀行買入二十七億美元，以支撐世界主導貨幣。這是德國央行歷史上一天之內最大的外匯市場干預數額。這次行動使布蘭特內閣當中要求馬克與美元脫鉤的呼聲最終占了上風。德國隨之宣佈結束支持美元的義務，暫時關閉外匯市場。德國開了先例，越來越多的國家跟進，布雷頓森林體系土崩瓦解。

話不投機半句多：德法冰凍期

我前面已經提到，一九六三年十月上臺的艾哈德與戴高樂話不投機，德、法雙邊關係由年初簽署《德法合作條約》時的高溫一下子降到冰點。一九六四年夏天，戴高樂剛剛對越南戰爭發出激烈批評，隨後訪美的艾哈德便答應為戰爭提供政治和財政上的支持；這位緊跟華盛頓的德國總理還承諾不會以法國為榜樣，與中國建交。然而，《德法合作條約》的核心內容之一便是兩國協調對外政策，因此戴高樂憤憤地說：「德國簡直在拿《合作條約》開玩笑。」[104]

對戴高樂來說，聯邦德國對美國越是「卑躬屈膝」，他就越要顯示法國在歐洲和世界的特立獨行，最有名的例子是一九六五年到一九六六年長達七個月的「空椅子」政策——戴高樂擔心歐共體委員會共同農業市場的方案以及在農業領域實行少數服從多數原則的計畫會讓法國吃虧，因而拒絕出席部長理事會的會議。一九六六年七月，這位倔強老頭又決定退出北約（NATO）的軍事指揮系統，收回北約對法國軍隊的調動權。如此「大逆不道」的決定也只有戴高樂有膽量做出。

這還不夠。不是美國要求德國在《德法合作條約》的前言裡特別表明將共同體的大門對英國敞開嗎？戴高樂偏不信這個邪。一九六三年和一九六七年，他兩次對英國的入盟申請行使否決權。他大概忘不了邱吉爾二十世紀四〇年代說過的一句話：「如果需要在歐洲和美國之間擇其一，那麼英國必定會選擇美國。」

在是否將英國納入歐洲融合進程的問題上，德國和法國的立場基本上針鋒相對。戴高樂內心深處從沒有放棄過重振法蘭西帝國雄風的夢想。法國的宿敵德國發動並輸掉了兩場世界戰爭，暫時失去了領導歐洲的道德資格，這個角色法國似乎責無旁貸。而與法國爭奪歐共體第一把交椅的只可能是英國。這是戴高樂不待見英國的第一個原因。

德國的心態則完全不同。正處在臥薪嚐膽階段的德國最不願與法國生隙，但又深知自己的經濟、財政政策傳統以及對歐洲一體化的理解與鄰國迥異，倒是英國的貿易自由主義與德國的萊茵資本主義更情投意合。有英國在，德國就可以把與法國唱對臺戲的角色推給英國；且對德國來說，三足鼎立比一山二虎的局面更容易駕馭。因此，德國對接收英國入盟持積極態度。

戴高樂不待見英國的第二個原因是擔心英國入盟的真正目的是貪圖經濟上的好處，卻可能會成為政治一體化的絆腳石。看後來英國與歐盟的關係，不得不佩服戴高樂的遠見。

這位高個子將軍執意把英國關在門外的第三個原因源於美、英的密切關係。他不想因英國的參與而提高美國干預歐洲事務的可能。

英國遭拒，丹麥和英國的小兄弟愛爾蘭也撤回了入盟申請。歐洲融合進程陷入停滯。

德、法不僅在外交政策和歐共體擴大的問題上意見分歧，一九六八年還發生了一場貨幣政策上的惡戰。法國經濟當時已不是德國的競爭對手，金融市場的態度是法郎貶值勢在必行。向德國認輸是法國政治家拼死拼活也要避免的。於是，法蘭西銀行在幾個月的時間裡，悄悄動用價值一百多億馬克的黃金和外匯儲備來抵禦法郎的貶值壓力。這筆數目相當於當時法國外匯儲備的近四十%。換句話說，戴高樂為了死要面子，快把家底都搬出來了。偏偏在這個時候，法國的學生運動發展成為全國性總罷工。巴黎政府答應將最低工資提高三十五%，並責成雇主和工會就大幅漲薪達成一致。在通脹率已達十%的關口，這些舉措無疑加劇了通脹的惡性循環，並使法郎一下子成了大家都避之唯恐不及的燙手山芋。

一九六八年十一月二十五日出版的《明鏡周刊》（Der Spiegel）對剛過去的週末做如下描述：「法國的小商販和資本家提著裝滿法郎的箱子越過邊境，為的是在比利時、瑞士和德國的火車站及飛機場兌換硬通貨幣。由於拋售法郎的浪潮越來越洶湧，瑞士的貨幣兌換小屋開始限量，最多只收五百法郎。在德國火車站的銀行視窗，每人最多只能拿一千法郎兌換馬克。」

在法國顏面丟盡的這一刻，剛剛受命於危難之中的總理德姆維爾（Couve de Murville）如何向國人解釋呢？他說：「問題的癥結不在法郎的疲軟，而是金融市場對馬克升值的賭注。」這一招很妙，因為他的話並非空穴來風，馬克確實存在著升值的空間。但德國也不願輕易打開這個閘門，因為讓馬克升值意味著德國出口產品價格的提高，依賴出口的企業將叫苦連天。兩國由此揭開一場持續了二十多年的貨幣拉鋸戰。

還在拋售法郎制高點的一九六八年十一月，兩國央行就一項折衷方案達成一致：馬克升值與法郎貶值同步進行。怎奈當時兩國的領導人都很執拗，並且都已把話說絕。法國總統戴高樂將法郎貶值稱為「世界上最荒唐的事情」，而聯邦德國總理庫爾特・基辛格（Kurt Kiesinger）[105]則早把「馬克升值」歸入免談的話題。為了緩解大量資金流入帶來的升值壓力，聯邦德國政府制訂了一項稅務包攬計畫：向出口產品徵收四%的附加稅，同時為進口產品提供四%的特別優惠。

十個工業國的央行行長和財長緊接著在波昂召開會議。當時的氣氛充滿火藥味。不輕易上街遊行的德國人也急紅了眼。他們舉著「救救馬克」的橫幅在波昂經濟部大樓前示威。在德國的壓力下，法國財長很不情願地同意讓法郎貶值。戴高樂則立即表示不能接受這一措施。

德、法關係進入低谷。著名英國記者和金融專家大衛・馬什（David Marsh）在撰寫《歐元》[106]一書時得以參閱許多迄今不為人知的資料，比如一九六九年德國駐法國大使布勞恩給總理布蘭特的一封信。他在信中回憶了戴高樂一九六九年新年與他的一番談話。戴高樂說，法國與德國在歐洲和其他國際事務中的立場不同。特別在貨幣問題上，兩國觀點迥異，因為德國是一個工業化程度更高的國家。[107]直到一九六九年四月辭職，戴高樂在貨幣政策上沒有讓出一分一毫。德國總理基辛格不比戴高樂遜色。他也將在貨幣政策上的強硬態度堅持到一九六九年秋天敗選。此後不久他在接受媒體採訪時承認抵制馬克升值是他任總理以來最大的錯誤。

此時，戴高樂和聯邦德國歷史上任期最短也最為蒼白的總理基辛格幾乎同時下臺。歐洲期待著新的領導人為融合進程帶來新的動力。

為冷戰結束奠基的布蘭特

布蘭特原名赫伯特・弗拉姆（Herbert Frahm）。一九一三年十二月十八日，他出生於德國北部的盧貝克。母親瑪塔是售貨員，生父是一位從外地來代課的中學教師。代課合約一結束，他便與盧貝克和懷有身孕的女友說再見。一九四七年，布蘭特才知道自己生父的名字，卻沒有認識他的欲望。

布蘭特與母親的關係也很淡漠，回憶錄裡稱她是「那個做我母親的女人」。這並不奇怪，因為把他撫育成人的是外公路德維希。他從小就稱外公為「爸爸」，中學畢業證書上父親一欄也是路德維希的名字。一百年前的德國，私生子雖不至遭人唾棄，但總歸是個污點，低人一等。因此，赫伯特這樣做一來表示與外公的親密，二來也想借此逃避大家閒言閒語。後來他才知道外公也不是親外公，不過是因為他娶了已懷有母親瑪塔的外婆。換句話說，瑪塔也是個私生女。赫伯特對自己家庭關係的「一團糟」十分無奈，因此乾脆閉口不談。後來他的政敵不斷用他私生子身份說事，他也保持緘默，但生性敏感的布蘭特因此受到的傷害只有家人知道。

外公路德維希是鐵杆社民黨人，這也為外孫的政治取向確立了框架。赫伯特中學便入了黨。為參加政治活動，他自己給自己開假條，差一點高中沒畢業。[108]納粹上臺之後，赫伯特逃往挪威，隨身只帶了幾件襯衫和《資本論》（Das Kapital）的第一卷。在奧斯陸，他給自己起了個響亮而且國際化的名字——維利・布蘭特，也許他想借此擺脫私生子身份給自己童年和青少年時代留下的陰影。

挪威很快也被德軍佔領。一九四〇年，布蘭特一度被拘禁。同年，他逃往瑞典，並在挪威駐斯德哥爾摩使館獲得挪威國籍。他與兩位原瑞典記者一起成立「瑞典－挪威新聞社」，為七十家瑞典報紙供稿。於是，布蘭特成了流亡瑞典的德國裔挪威籍記者。

一九四五年十一月，《奧斯陸工人報》和其他幾家斯堪的納維亞報紙派布蘭特前往紐倫堡，報導國際軍事法庭對納粹頭目的審判。這一回，布蘭特說什麼也不離開自己的生身之地了，他下決心幫助祖國重建，讓德國重新贏得尊嚴。[109]

一九五七年，布蘭特接任西柏林市市長。當時柏林處於東西兩大陣營的夾縫，冷戰的氣氛不時令人戰慄。布蘭特很快為自己樹立了臨危不懼的危機總指揮的形象。一九六一年，他被社民黨推舉為挑戰艾德諾的總理候選人。媒體刊登出布蘭特的家庭甜蜜照：一對魅力十足的父母與兩個聰穎的兒子。很快便有人稱布蘭特為德國的甘迺迪。不過，這樣的比較並沒有給他帶來更多選票。更何況聯盟黨推動了一場極為骯髒的選戰。艾德諾暗示布蘭特的私生子身份，強硬派的代表施特勞斯（Franz Josef Strauß）則以他的流亡作文章：「我們總可以問問布蘭特先生吧，那十二年裡您在外面幹了什麼？我們知道自己在國內做了些什麼。」這一招很損，言外之意是你在人民受苦受難之際逃到國外，戰爭災難過去了，你回來收割成果，就差罵布蘭特是賣國賊了。這類指責也許對當時保守的德國選民產生了影響：他們最終選擇了久經考驗的艾德諾，儘管他當時已是八十五歲高齡。

四年之後，布蘭特第二次競爭總理的職位，結果敗給了聯盟黨的艾哈德。回到柏林，他顯得麻木。晚上借酒澆愁，難以自拔。他甚至動過退出政壇的念頭。有人說那是布蘭特每年秋天發作一次的抑鬱症的開始，擔任總理之後依舊如此。[110]

一九六九年，布蘭特第三次參選終於成功問鼎總理寶座，與自民黨組成聯合政府。選舉結果對德國來說不啻一場革命。為什麼？布蘭特是聯邦德國歷史上第一位新教總理，打破了天主教政治家對政府首腦職位的壟斷；他是聯邦德國的第一位左派總理，保守的聯盟黨第一次被排除在政府之外；他還是第一位登上總理寶座的抵抗戰士——此前的總理不是納粹成員（基辛格）便是持消極抵抗態度的政治家（艾德諾）。在布蘭特看來，隨著他的當選，德國徹底與希特勒劃清界限，德國人民面臨第二個「零點」，也就是說，再一次從頭開始，實現社會的現代化以及社民黨創始人倍倍爾（August Bebel）提出的一個「充滿愛和正義的祖國」的理想。

從就任總理的那一刻起，布蘭特便將全部熱情投入到他策劃已久的東方政策。一九七〇年三月，他第一次訪問東德。東德政府一如既往地要求西德必須先在國際法上承認東德，否則一切免談。雙方的立場暫時處於僵化狀態。不過，那一次東德之行仍然給了他歷盡萬難也要使東西關係實現緩和的力量。在圖林根首府埃爾富特，數千東德人聚集在他下榻的賓館樓下，衝破員警的防線，齊聲高呼：「維利，維利！」布蘭特後來回憶說他一生從未經歷過那樣的感動，但他又不能感情用事。猶豫片刻之後，他走到窗前，推開窗戶，向人群做了一個手勢，既是鼓勵，又是平息。那一個難得的動作正是他整個東方政策像走鋼絲般需要掌握平衡的寫照。

布蘭特之前的歷屆政府將德國統一作為長遠目標，在統一之前不談邊界的事情。換句話說，德國雖接受了戰敗的事實，但戰後劃定的邊界是否永遠有效，先擱置一邊。這特別使波蘭心有餘悸，擔心統一後的德國要求重新劃定邊界。布蘭特認為要取得突破，必須放棄之前的教條。他先與蘇聯達成協定，給予德國人民在歐洲自由狀態下自決實現統一的權利。之後，布蘭特一個個安撫東歐國家，保證現在和以後都不會提出領土要求，包括承認奧德河－尼斯河為德國的東部邊界。德國的保守勢力譁然，抨擊布蘭特出賣國家利益。在華沙與波蘭簽署《基礎條約》之後，布蘭特對國人苦口婆心地解釋：「失去的讓我們痛心，波蘭人民尊重我們的傷痛。」直面歷史也意味著德國不能再死抱著不現實的要求不放。

同樣使德國保守派受刺激的還有他在華沙無名烈士墓前的長跪。不過，布蘭特的那個衝動之舉卻使他贏得了全世界的尊敬。布蘭特事後回憶說，那本來是個敬獻花圈的儀式，但在那一刻，他不由自主地跪下了。一個曾經受到納粹迫害的抵抗戰士在那一瞬間代表德國背負起歷史的罪責，他那凝重的表情流露出的真誠感動了世界，他在國外的威望如旭日東昇。美國《時代雜誌》（Time）將他評為「一九七〇年年度人物」。

美國總統尼克森開始對這位德國政治家另眼相看。在德國出生長大的國務卿季辛吉（Henry Kissinger）趁機說服尼克森：既然搞緩和政策，就應當由美國來帶頭。在接下來美、英、法、蘇關於柏林地位的談判中，德國雖仍沒有正式參與的份，但布蘭特派最得力的助手巴爾（Egon Bahr）與美、蘇駐西德大使保持熱線聯繫，將德國的設想傳遞給兩個超級大國。一九七一年九月，四國大使達成《柏林協定》，允許西柏林與聯邦德國在政治和交通上更加融合，特別為東、西柏林居民之間的互訪帶來便利。協定還規定四方中的一方不得單獨改變柏林現狀。《西柏林協定》為戰爭遺留的一顆定時炸彈拆除了引信，為東方政策的成功奠定了基礎。一九七一年十月，諾貝爾獎委員會決定將和平獎頒發給德國總理布蘭特，以表彰他的東方政策以及由此帶來的國際緩和。

布蘭特的國際聲望達到頂峰。連敵對陣營的勃列日涅夫（Leonid Brezhnev）也看上了這個誠懇的德國人，認為他可以擔當蘇、美之間的仲介。布蘭特的助手巴爾在回憶錄中生動描述了兩位政治家異常和諧的會晤。一邊是熱情奔放的勃列日涅夫，另一邊是矜持的北德人布蘭特，巴爾夾在中間。他不得不一再暗示勃列日涅夫放棄親吻客人的禮節。在訪問結束的聲明中，巴爾費了好大勁才說服蘇共總書記不使用「友誼」的字眼。兩年後美、蘇開始「平衡裁減武力」的談判，雖然與當時美、蘇的處境和國際局勢相關，但布蘭特也同樣功不可沒。他的例子說明，個人擁有改變歷史進程的力量。

布蘭特在外交上的和平主義以及在國內推行的社會和教育改革使他獲得了年輕人和政治左派的高度認同。一九七二年，當基民盟對他投不信任案時，民眾上街遊行表示對「維利」的擁戴。可以說，布蘭特是戰後德國人傾注感情最多的政治家。不過，他的總理生涯也是少有的跌宕起伏。朝野剛剛為他獲得諾貝爾和平獎而歡呼，基民盟就企圖將他趕下臺；不信任案失敗後，預算又沒有得到議會的多數票，於是一九七二年十一月提前大選。結果，社民黨獲得接近四十五%的選票，第一次成為戰後德國最大的政治力量。那是布蘭特政治生涯的巔峰，緊接著則是加速度地走下坡路。

這與當時社民黨三足鼎立的局面有關：在德高望重的總理和黨主席布蘭特身邊，是善搞陰謀詭計的議會黨團主席維納爾（Herbert Wehner）和精明強幹的財政部部長施密特。三人互相對付，維納爾甚至多次惡語攻擊布蘭特。生性忠厚的布蘭特對黨友下不了毒手，因此越來越給人在權力鬥爭中力不從心的感覺。當一九七四年布蘭特的秘書紀堯姆（Günter Guillaume）的東德間諜身份曝光時，他似乎終於找到了卸任的理由。還有人說，布蘭特辭職的真正原因是東德方面掌握了有關他的一些風流韻事的細節。[111]

布蘭特與女人也是一個被人津津樂道的話題。有人將他和甘迺迪做對比。兩人都有遠大的政治抱負，都是不畏艱險的理想主義者，這使他們在世俗的政治世界成了另類。曲高和寡帶來的是終生的孤寂，女人便成了排遣這種孤寂感的工具。我不是說兩位玩弄女人，他們個人的魅力加權力使女人趨之若鶩，誰征服誰不過是角度問題。

辭去總理職務後，布蘭特繼續做社民黨黨主席。一九七六年，他當選社會主義國際主席，並為南北對話、為世界和平奔波不息。[112]一九八四年布蘭特與鄧小平會晤。一九九二年布蘭特生命垂危時，德國人再度燃起對他的熱愛，院子門前是絡繹不絕的鮮花，執著的攝影記者等候著國內外前來與布蘭特告別的名人。九月的一天，戈巴契夫（Mihail Gorbachov）去探望老朋友布蘭特。由於事先沒有通告，布蘭特的妻子以為是有人惡作劇，讓戈巴契夫吃了閉門羹。一九九二年十月八日，這位德國人、歐洲人和世界公民的心臟停止了跳動。他曾經說：「德意志的名字能夠與和平、歐洲自由的前景聯繫在一起，這是我此生最大的滿足。」

帶病構築匯率走廊的龐畢度

一九一一年七月五日，喬治・龐畢度出生于法國中部蒙布迪夫市一個小學教員家庭。祖父是農民，家境貧寒。在二戰後的歷屆法國總統當中，龐畢度是出身最卑微，但也是資質最高的總統之一。中學時他曾贏得全法古希臘語比賽；後畢業於巴黎高等師範學校文學院；一九三四年，喬治以年度最佳成績獲得古語言學博士學位。他的第一份工作是中學教師。

二戰爆發後，龐畢度加入步兵團；法國隨即戰敗，他也馬上退役。他沒有參加過抵抗運動，卻通過朋友結識了戴高樂，並得到將軍的器重。在戴高樂退隱期間，他始終與其保持密切聯繫，並為戴高樂一九五八年的復出積極籌畫。在第五共和國憲法的制定和阿爾及利亞危機的解決過程中，龐畢度都扮演了至關重要的角色。一九六二年，戴高樂任命龐畢度為總理。一九六八年，法國爆發以學生運動為開端的「五月風暴」。龐畢度主張解散國民議會，提前大選。由於激進左派力量主導了街頭抗議活動，並得到民眾支持，因此總統身邊的顧問都認為龐畢度的建議無異於政治自殺，戴高樂本人對此也持懷疑態度。選舉結果證明了龐畢度的遠見卓識：戴高樂的政黨獲得絕對多數。不過，總統非但不感激龐畢度，反倒擔心他對自己構成威脅，於是逼迫龐畢度辭職。

一九六九年年初，龐畢度在接受西瑞士電視臺採訪時被問及自己的政治未來，他回答：「我可能沒有政治未來，而只有政治的過去。」事實證明，他的預言有些操之過急。同年四月，戴高樂辭職。兩個月後，龐畢度當選為法蘭西第五共和國第二屆總統。

一九七三年九月，龐畢度應中國政府邀請，對中國進行國事訪問，他是西歐國家訪華的第一位在任國家元首。去機場迎接的是總理周恩來和剛剛恢復工作的副總理鄧小平。與毛澤東的會面不是在人民大會堂，而是在中南海毛澤東的寓所。當時已是癌症晚期的周恩來不顧病痛，全程陪同。而那時的龐畢度也身患癌症，只是外界還不知曉。

他內閣中最重要的部長——財政部部長德斯坦（Valéry Giscard d'Estaing）是在一九七三年

五月陪同龐畢度前往雷克雅維克會晤尼克森的途中第一次發現總統病情的。德斯坦這樣描述道：一道屏風將專機一分為二，總統在屏風前面休息，後面是隨行人員。飛到蘇格蘭北部的時候，他被總統召見。兩人邊喝咖啡邊談論貨幣問題和美元兌換法郎的波動。之後龐畢度說：「對不起，我的感冒仍然很嚴重。也許是我煙抽得太多了。我想在降落之前再睡一會。您就留在這。這裏比後面安靜。」德斯坦坐到了過道的另一邊。「龐畢度馬上就睡著了，頭仰著，嘴張開。他的呼吸很沉。我突然看到了他的另一面：他的臉像皮革一般，生命正悄然撤退。我的心縮緊了。我努力不去看他，但我仍然忍不住一次次轉向總統的一邊，直到空服員通知我們馬上就要降落了。」[113]

一九七四年三月，龐畢度訪問蘇聯。與勃列日涅夫的照片上，他面部浮腫，使外界對他的身體狀況紛紛猜測。三月底的部長理事會上，龐畢度沒有像往常一樣，與部長們一一握手寒暄，而是徑直走到他的座椅前，與其說是坐下，不如說是倒在了座椅上。他的動作很不自然，姿態鬆懈。閣員們意識到了氣氛不對，以最快的速度討論議題。龐畢度最後說：「部長先生們，今天我請你們先行一步，不必等我起來。我目前接受的治療很消耗體力。有人認為我將不久於人世，這些人會感到失望。但我必須承認，治療很辛苦。感謝各位的理解。」[114]

第二天，三月二十八日下午，德斯坦按照約定向總統彙報經濟和財政狀況。「他的目光中有一種不同尋常的柔和的友好。他平素對下屬的那種不信任第一次煙消雲散。」[115] 龐畢度接下來向德斯坦交代說，他將休息一段時間。如果治療順利，他將在四月中旬重新理政。當然，有重要的事情，德斯坦可以隨時找他。他說近幾個月的狀態不是疾病，而是治療的結果，因為總統身份，醫生強迫他服較大劑量的藥。後來又得了感冒，增加了併發症狀。那是德斯坦最後一次見到龐畢度。

四月二日，龐畢度在巴黎去世，他是唯一一位在任期內死亡的法國總統。龐畢度的死在法國引發了一場公開辯論：總統是否有權利淡化或隱瞞自己的病情。討論結果：總統今後必須定期公佈自己的健康狀況。

陰差陽錯，龐畢度與布蘭特當政的時間基本吻合。與精通德國歷史和國情，甚至可熟練使用德語的戴高樂不同的是，龐畢度對德國不感興趣，與布蘭特也沒有什麼交情，但他本著實用主義的態度，在掌握法國命運的五年裡，與布蘭特一起實現了歐共體的擴大，並引入匯率走廊，為貨幣聯盟奠定了基礎。

短命的歐洲匯率走廊

龐畢度和布蘭特任期內的歐共體北擴我已經提及。新添成員是共同體橫向的發展。縱向呢？給予共同體委員會更多許可權和歐洲議會直選的方案得到布蘭特的支援，卻被龐畢度否決。德、法對歐共體機構改革的不同主張與兩國國情有關：法國為克服失去海外殖民地的痛楚，需要重振民族精神，因此促進歐洲融合以遏制德國可以，但不能因此而喪失主權；德國民族主義的嘗試因建立在他人災難之上而遭慘敗，因此戰後德國人容易將歐洲理念神聖化，喪失點主權算不了什麼。龐畢度對機構改革興趣不大的另一個原因是他想明確側重點，而重中之重對他來說是貨幣聯盟。為此，他一上臺便在貨幣戰場上表示與德國休戰，同意讓法郎貶值；布蘭特則同時讓馬克升值，兩國不再較勁。

經濟與貨幣聯盟的專案是與共同體北擴談判同時進行的。一九六九年十二月的海牙峰會成立以盧森堡首相維爾納（Pierre Werner）為首的專家委員會，負責籌畫細節。為何選盧森堡人呢？試想，如果委員會由德國人領導，法國能答應嗎？反過來，若讓法國人領導委員會，德國人也不會甘心。於是就給了盧森堡人維爾納垂名青史的機會。這一模式延續至今，歐元區和歐盟擔任要職的政治家往往來自歐洲的小國。以歐元集團主席為例：盧森堡人榮克在這一位置上一待就是八年。他心生厭倦後，在德國從政四十多年的財長蕭伯樂曾打去布魯塞爾的主意，怎奈法國就是不答應，結果又「便宜」了荷蘭人迪塞爾布洛姆（Jeroen Dijsselbloem）。值得注意的是：盧森堡和荷蘭都曾經是馬克區的成員，在原則性問題上一般傾向於德國的立場。

回過頭來看維爾納委員會。維爾納不是光杆司令，委員會裡法國和德國代表之間的爭論十分激烈。簡單來說就是，德國認為統一貨幣的前提是共同的經濟和財政政策，而這將意味著貨幣聯盟的成員國必須交出部分主權。這對法國來說是不可接受的。巴黎政府代表認為，只要先引入統一貨幣，其他一切都會水到渠成。法國還建議把各國的外匯儲備集中起來，以備急用。德國人馬上條件反射般地反對。德國代表、經濟部國務秘書舍爾霍恩（Johann Schöllhorn）向聯邦銀行行長克拉森（Karl Klasen）彙報委員會的第一次會議時說：「所有的擔心都得到了證實。除了我的荷蘭同事以外，委員會的其他成員都毫不掩飾打算建立共同外匯儲備的意圖。」他還致信委員會：「經濟聯盟必須走在貨幣聯盟的前面。」[116]

維爾納委員會一九七〇年為歐洲貨幣聯盟制訂的藍圖稱為「維爾納計畫」，它可說是為德、法兩個針鋒相對的立場找到的一個折中方案，但德國立場明顯占了上風。據此，歐洲貨幣聯盟將分三個階段於一九八〇年之前實現：第一階段，成員國縮小匯率浮動的幅度，協調經濟和財政政策；第二階段，綁定匯率，建立共同的央行體系；第三階段，將歐共體發展為政治聯盟，貨幣聯盟也便水到渠成。這時，一個共同的歐洲央行將承擔共同貨幣的責任，一個歐洲經濟政策決策中心將負責制定共同的經濟政策。監督該中心的是歐洲議會。把經濟政策的主權上交歐洲，這太強法國所難了。龐畢度馬上聲明，任何放棄主權的要求都是不能接受的，法國將滿足於第一階段的實現。

經過談判，德國政府得到了法國關於貨幣與經濟政策必須得到協調並最終上交歐洲層面的承諾，但沒有任何具體內容。在此基礎上，部長理事會于一九七一年二月就成立經濟和貨幣聯盟的計畫達成一致。第一步將布雷頓森林體系上下浮動一•五％的匯率走廊縮小一些，變成一•二％。不過在二十世紀七〇年代初，計畫趕不上變化，還沒等簽約，就出現了新情況：大批熱錢流入德國，使德國面臨進口通脹的危險，經濟部部長席勒（Karl Schiller）要求允許馬克在一定期限內自由浮動。這位學者部長想得簡單：只要共同體國家的貨幣一起浮動，就不會危及貨幣聯盟大業。這意味著法郎將對美元升值，龐畢度堅決不答應。於是德國單獨行動。而這是在大家剛剛約定將匯率走廊變窄的時候。龐畢度既憤怒又失望。他覺得德國很沒義氣，不與法國和其他歐洲夥伴一起向美國施壓，讓美元貶值，只會跟自己的歐洲兄弟過不去。當尼克森八月十五日宣佈美元不再與黃金掛鉤，從而為布雷頓森林體系宣判死刑的時候，歐洲也未能做出一致的反應。德國財長只知重複歐洲匯率一起浮動的要求。

這時候，布蘭特出面干預了。他自稱是貨幣政策的外行，因此給了財長席勒很大的自主權。但現在，他發現席勒的固執己見已經危及貨幣聯盟的大目標，於是派一位原心腹前往巴黎，與法國央行協商兼顧兩國利益的對策。龐畢度也親自出馬與尼克森談判。結果是：美元貶值七•九％，馬克升值四•六％，法郎保持不變。同時，歐共體國家貨幣對美元的浮動空間由一•五％，擴大到四•五％。

德、法兩國好不容易在匯率問題上達成一致，布蘭特於是打算趁熱打鐵，為貨幣聯盟推波助瀾。部長理事會決定在拓寬與美元浮動走廊的同時，為歐共體成員國貨幣確定彼此上下浮動一・一二五%的匯率走廊，也就是說，走廊寬度為二・二五%，是美元浮動走廊的一半。一旦匯率偏差超過這一界限，央行有義務用歐洲國家的貨幣進行干預。一九七二年四月，歐共體成員就歐洲匯率走廊簽署協定。即將成為新成員國的英國、愛爾蘭和丹麥也加入該協定。

不過，英國在這個走廊逗留的時間只有兩個月。當一九七二年六月又有大批美元湧入歐洲時，英國政府決定撤離，允許英鎊自由浮動。席勒也主張還馬克自由。當布蘭特又一次駁回財長的意見時，席勒宣佈辭去所有政治職務，回大學繼續做教授。接替他的是施密特。

棘手的德國財長走人後，龐畢度趁這個與德國短暫的和諧期建議成立一個外匯調節基金，以備不時之需。法國的最終目標是將共同體成員國的外匯儲備合併，這樣就再也不用害怕投機者的圍攻了。不過，這意味著德國把辛勤出口掙來的外匯充公，用來扶助共同體中的軟貨幣。用德國的財力給那些入不敷出的國家開空頭支票，這與前兩年在歐元危機中討論的歐元區債券差不多。德國怎麼會答應呢？於是龐畢度決定一步一步來，先讓大家拿出一定數量的外匯。一心想促成貨幣聯盟的布蘭特滿口答應，只不過顧及財長施密特和聯邦銀行的意見，要求給上交的外匯數額和給單個國家的貸款額規定上限。一九七二年十月召開的巴黎峰會宣佈該基金將於次年四月啟動，並再次強調一九八〇年實現貨幣聯盟的目標。假如基金如期兌現，那這相當於歐洲貨幣基金。但美國再度攪亂了歐洲貨幣聯盟的時間表，歐洲貨幣基金則成了永遠的遺憾。

一邊是越南戰爭的費用使美國的財政虧空越來越大，另一邊是德國經濟越來越強勁。這使金融市場在一九七三年一月底再賭馬克升值，美元再次鋪天蓋地地湧向歐洲外匯市場。一九七三年三月，華盛頓宣佈允許美元自由浮動。之後，歐洲匯率走廊成員國也紛紛擺脫了支撐美元的義務，為布雷頓森林體系的棺材蓋敲上了最後一枚釘子。

不過，這一戰後全球貨幣體系的解體並沒有起到刺激歐洲人行動起來的作用。英國和義大利堅決不再承受歐洲匯率走廊這個貨幣政策的緊箍咒，布蘭特怎麼苦口婆心都無濟於事。匯率走廊開啟不久，成員國便只剩下了六個：德國、法國、荷蘭、比利時、盧森堡和丹麥。德國特別對義大利這個歐共體元老不願通過加強財政紀律而穩定匯率感到失望。德國媒體從那時起批評花錢不眨眼的南歐人，直到今天。

一九七三年秋天，第四次中東戰爭爆發，並進而觸發戰後第一場石油危機。美元繼續源源不斷地湧入歐洲，特別是德國。法國面臨兩個選擇：要麼大規模動用外匯儲備，與馬克一起升值；要麼退出貨幣走廊。一九七四年年初，龐畢度在財長德斯坦的建議下，選擇了後者。不只是歐洲貨幣聯盟大業暫時泡湯，整個歐洲融合進程都戛然而止。

這對布蘭特來說是個沉重的打擊。四月初，他在總理府對身邊的工作人員說：「法國人和德國人的經濟及貨幣政策哲學相差太遠了，看來沒有可能用政治倡議來阻止共同體經濟上的崩潰了。」

一九七四年五月，施密特和德斯坦在十天之內先後成為德、法的政治掌舵人。在這一對黃金搭檔執政期間，貨幣聯盟前身——歐洲貨幣體系誕生。

「德國股份公司董事長」施密特

一九一八年十二月二十三日，赫爾穆特・施密特出生於德國北部的港口城市漢堡。做教師的父親教子嚴格，使施密特從小牢記持之以恆、嚴於律己和吃苦耐勞的美德。幸好嚴父身邊還有一位有藝術細胞的慈母。她經常帶孩子們去聽音樂會、看藝術展。在母親的薰陶下，施密特對藝術情有獨鍾。他是第一位在總理府舉辦畫展的總理，家裡的藝術收藏顯示出他行家的眼光。他不僅有鑒賞藝術的能力，自己也喜歡繪畫。施密特還彈得一手好鋼琴，卸任後曾和兩位藝術家錄製唱片。

施密特曾為帝國軍隊服務的歷史不斷為他的批評者提供素材。他參加了列寧格勒戰役，獲二級鐵十字勳章，並被升為中尉。後來調到柏林的航空部。很多年後他回憶說，在戰爭最後幾年，他和幾位朋友都毫不懷疑德國將最終失敗，並將陷入崩潰。「我們一方面自覺自願地捍衛自己的國家，另一方面也深知我們是在維持著一個罪惡的政權。」[117]

據說施密特對自己「生不逢時」而耿耿於懷。不是嗎？如果他早出生幾年，在戰爭爆發時已具備政治頭腦，那麼他可能像前任布蘭特一樣背井離鄉，或參加地下抵抗運動；如果他晚出生幾年，像繼任柯爾那樣，戰爭結束時才十五歲，不可能參戰，也就沒有什麼罪責可言。可偏偏他在那兩代人之間降生，弄得不尷不尬，讓別人抓著把柄。

一九五三年，三十五歲的施密特以社民黨黨員身份入選聯邦議院，並很快顯示出演說天賦。怎奈社民黨接連在議會大選中敗給聯盟黨，在野黨的冷板凳都坐熱了，這使施密特感到沮喪。因此，當一九六一年年底漢堡市請他去做內政部部長的時候，施密特就像抓住了救命稻草。上任不到兩個月，他便因出色指揮抗洪搶險行動而全國聞名。

一九六九年，社民黨贏得大選，布蘭特出任總理。施密特很想當外長，可這個位置是為執政夥伴預定的。他想繼續做議會黨團主席，可黨內元老維納爾舉手申請。布蘭特想起施密特曾研究過軍事問題，於是請他出任國防部部長。施密特很不情願，但最終還是答應了。三位黨友互不喜歡、互不信任，可命運偏偏把他們綁在了一起。二十世紀七〇年代施密特出任總理之後，布蘭特是社民黨主席，維納爾擔任議會黨團主席。一位社民黨議員曾開玩笑說：「社民黨擁有世界上最穩定的領導層，因為只要布蘭特和維納爾還在任上，施密特不可能離職；而布蘭特不可能在施密特和維納爾之前辭職；維納爾又絕不會先於施密特和布蘭特告別政壇。」[118]

社民黨出美男子，布蘭特可以用「帥氣」來形容，二十世紀九〇年代初的黨主席恩霍爾姆[119]叼著煙斗瀟灑無比，而施密特則是棱角分明的英俊。他在政壇最活躍的七〇年代也是電視的黃金期。而這一傳媒手段成為施密特的同盟。在電視上，他的矮個子（一百七十二公分）顯不出來，而他的講話藝術、他那深褐色的眼睛和那桀驁不馴的微笑使他特別受到女性選民的喜愛。二十世紀七〇年代初，漢堡一家報紙的讀者將他評選為「德國最性感的男人」。[120]

在德國，國防部長的位置是彈射座椅，隨時可能被甩出去。聯邦德國歷史上有幾個善始善終的防長？施密特深入「虎穴」之後，以超人的勤奮鑽研國防軍的內部架構，「請」一批高級將領提前退休，並盡可能掌握即將提升的軍官的情況。為了使軍隊的形象符合時代潮流，國防部部長下令士兵可留長髮、蓄鬍子，招來保守人士的狠批。施密特說：「我只關心一個人腦袋裡的內容，不管腦袋上的東西。」這多像鄧小平的黑貓白貓理論。

一九七二年，負責財政和經濟的「超級部長」希勒辭職，給施密特及時離開彈射座椅提供了良機。同年大選後，施密特在新內閣接管了最重要的財政部。當時社民黨和自民黨組成的聯合政府在當選連任後所做的第一件事就是擴充福利國家規模，特別讓低收入群體歡欣鼓舞。這主要是布蘭特的主意。施密特則扮演煞風景的角色，不知疲倦地強調，國家開支的增長必須與收入成正比。而國家收入的提高取決於經濟增長，經濟增長又依賴生產率和投資的提高。也就是說，國家和老百姓不可能既要吃蛋糕，又想讓蛋糕保持不變。多吃的前提是將蛋糕變大。這個道理似乎很淺顯，但在民主國家實施起來並不容易。

一九七三年的石油危機不僅給德國經濟，也給德國人的心理帶來重創。為節省能源，德國政府實施周日禁行。嗜車如命的德國人周日像丟了魂似的，空空如也的高速公路令人不寒而慄。戰爭結束近三十年後，他們第一次意識到經濟增長不是德國的專利，他們渴望一位政治強人帶領德國走出困境。總理布蘭特不是這樣的強人，他既不懂經濟，又給外界優柔寡斷的印象。因此可以說，石油危機加快了布蘭特下臺的速度。當一九七四年四月紀堯姆間諜案[121]曝光時，布蘭特幾乎是求之不得地辭了職。據說當他將此決定通知維納爾和施密特的時候，財長施密特暴怒。他指責布蘭特臨陣脫逃，將爛攤子交給別人收拾。

一九七四年五月十六日，議會選舉施密特為聯邦德國的第五屆總理。他曾經說，等布蘭特退休，自己的年紀就太大了，言外之意，他當總理沒戲唱。然而這時，五十五歲的施密特成為聯邦德國歷史上最年輕的總理。一九七五年第一次訪問中國的施密特與當時的中國副總理鄧小平一見如故。兩人都是實幹家，不受任何意識形態的禁錮。鄧小平對施密特說，市場經濟既適用於資本主義，也適用於社會主義。施密特對此完全贊同。由於他的決定總是不符合左派陣營的設想，因此從他當總理的那一刻起，他在民眾當中的聲望就遠高於社民黨對他的認同。他曾將德國比喻為股份公司，大選就相當於股東大會。施密特可以說是德國股份公司稱職的董事長。儘管他的總理任期被石油危機、經濟危機和貨幣危機蒙上陰影，但與其他發達工業國相比，德國的通脹率更低，失業率更低，馬克成為信譽最佳的貨幣之一。這與施密特這位董事長的出色管理分不開。

在施密特上臺前，德國被公認為經濟上的巨人，政治上的矮子。在外界眼裡，政治強人施密特使德國的政治地位終於向其經濟實力看齊。不過，這樣的看法無疑是過分的。施密特對此看得很清楚，因為德國仍是個分裂的國家；與法國、英國不同，德國不得擁有核武器，因此在國防上仍依賴美國。不過，以德國的經濟實力和財力為後盾，又加上天生的自信，施密特開始越來越大膽地維護德國的利益，並不懼怕與美國的衝突。從福特（Gerald Ford）、卡特（James Carter）到雷根（Ronald Reagan），施密特一個都看不上眼。他特別對卡特的人權政策發出毫不留情的批判。在施密特看來，美國不停地批評蘇聯踐踏人權，只不過表現出自己的軟弱，既無益於解決國際問題，又改善不了蘇聯異議人士的處境。

一九八〇年大選之後，施密特開始第三任期。不過，他與執政夥伴自民黨的分歧越來越大。一九八二年九月，四位自民黨部長集體辭職。退出政府的自民黨馬上與在野黨聯手申請於十月一日對施密特投不信任案。頭一天晚上，總理請各國使節到總理府。他以一貫的輕描淡寫的口氣對這些外交官說：「請大家來是因為德國內政局勢出現了一些變動。」大使們心裡明白施密特是在向他們、向八年半的總理生涯告別。一些人眼裡含著淚水。施密特特別強調了與法國和波蘭的友誼，說他堅信歐洲的共同文化將超越所有政治界限。第二天，聯邦德國歷史上的第二次不信任案表決開始。第一次針對的是布蘭特，結果失敗；而這一次，在野的聯盟黨主席柯爾獲得必要多數。當選舉結果公佈時，施密特發了一會愣，很快便站起來，挺直腰板，走向聯盟黨的陣營，向柯爾表示祝賀。

一九八三年十二月二十二日，施密特在六十五歲生日的前一天被授予漢堡榮譽市民稱號。之後，他在一個簡樸的大廳裡慶祝生日。數百位企業家、工會領袖、左翼和右翼政治家以及著名的演藝界人士、作家和音樂家為他祝壽。外國客人包括基辛格和德斯坦。當午夜鐘聲敲響的時候，德斯坦站起身，用德語發表生日祝詞。他稱施密特是當今歐洲和世界上最有名望和最受尊敬的德國人，是一位充滿智慧和善心的偉人。「歐洲在走向統一的道路上需要您。而我們兩個兄弟般地為此付出了努力。」[122]

骨子裡是半個德國人的德斯坦

一九二六年二月二日，瓦勒里・季斯卡・德斯坦生於德國的科布倫茨。當時萊茵區被法國佔領，德斯坦的父親負責佔領機構的財政事務。他在德國出生這一事實並沒有在這位日後法國總統的生活中留下什麼痕跡。德斯坦在學校沒有學德語，就像少年時代的赫爾穆特對法語不感興趣一樣。兩人交流借助英語，不用翻譯。

表面上，德斯坦和施密特的出身及生長環境迥異。德斯坦是法國的名門望族。離開德國後，德斯坦一家搬到巴黎香榭麗舍附近的富人區。棄政從商的父親終日在外奔波，為家族積累了可觀財富，並為日後的德斯坦編織了一個經濟關係網絡。母親則及時發現德斯坦的天賦，將他送入一所私人精英中學，並很早培養了他「天將降大任於斯人也」的意識。

一九四〇年六月法國經歷奇恥大辱的時候，德斯坦剛滿十四歲。德斯坦一家像大多數法國人一樣選擇了苟且偷生的道路。德斯坦後來說他曾在一九四四年散發抵抗運動的報紙，並在一九七四年選戰中稱自己是抵抗戰士。就像很多德國政治家對自己在納粹德國扮演的角色刻意輕描淡寫一樣，法國的政治家則傾向於誇大自己在抵抗運動中扮演的角色，這也是人之常情。

德斯坦和施密特成為國家及政府首腦的道路對兩國國情來說都很典型。德斯坦從小接受的教育就是讓他日後挑起領導國家的重任的，至於從屬哪個政黨並不重要。當然他挑選的政黨要大致符合自己的政治理念，但政黨不過是個跳板，是進入議會甚至政府的平臺。德國則正相反。歷屆總理一般都是從小資甚至無產階級的下層奮鬥上來。他們依靠的是自己所在政黨的支持，但前提是要為黨而獻身。布蘭特和柯爾是最好的例子，他們擔任黨主席的時間比做總理的時間長得多。施密特與社民黨則有點陌生感，不過他也在做總理之前當了幾年議會黨團的主席。由於德國議會的地位高，因此議會黨團主席是個很有實權的職位。法國議會的權力小得多。在法國至關重要的是政治家的出身（當然也有例外，比如薩科奇），有個好爸爸，上個好學校，在精英階層有人緣，仕途便勝券在握。

一九五九年，年僅三十三歲的德斯坦出任負責財政和稅務的國務秘書。一九六二年年初，當施密特坐膩了議會在野黨的冷板凳，去漢堡做內政部長的時候，三十六歲的德斯坦榮升財長，成為巴黎政治舞臺上一顆耀眼的明星。當時法國財政部的官員十四萬人，被法國人視為國家最重要的機構，因此財長也是總統和總理之下的第三號政治人物。德斯坦在這一位置上如魚得水，後來稱那幾年是他一生最幸福的時光。

後來幾年裡，德斯坦整頓財政和穩定貨幣的舉措引起了戴高樂派的不滿。因此，龐畢度打算趁一九六五年大選後的內閣改組之機，把德斯坦調到另外的部門，德斯坦則堅持認為財長的位置非己莫屬。在這場爭執中，德斯坦發現不能依附某個黨派，最好有自己的政黨。於是他在原來那個超黨派議員小組的基礎上創立了獨立共和黨，使自己成為戴高樂的自由版和現代版。

還記得那位歐洲之父莫內嗎？歐洲融合的每一步幾乎都是他的主意。他的歐羅巴合眾國行動委員會聚集了歐洲政治、經濟、社會的精英。一九六九年，施密特和德斯坦幾乎同時加入莫內委員會，並在委員會的聚會上相識。可以說，幾年後兩人成為德、法政治領袖之後實現了莫內的兩個重要主張——歐洲理事會和為貨幣聯盟奠基。戴高樂下臺之後，德斯坦終於又回到財政部部長的位置上。他擔任財長期間最主要的功績是促成了歐共體六國貨幣間的匯率走廊。

一九七四年四月，受血癌折磨多年的龐畢度去世。作為當時最受法國人歡迎的部長，德斯坦很快宣佈將參加總統角逐。戴高樂陣營沒有強勁對手，因此德斯坦只需在第二輪選舉中擊敗社民黨候選人密特朗（François Mitterrand）。五月十九日選舉當晚，德斯坦向歡呼的人群宣佈一個新時代的開始：「自一九五八年第五共和國成立以來，法國人第一次選舉出一位非戴高樂陣營的總統。」他在選戰中的口號是「自由和歐洲」，保證當選後將帶領法國實現現代化。當時法國人要求變化的呼聲很高，但似乎還沒有做好從保守的戴高樂主義一下進入社會主義的思想準備，於是德斯坦似乎是比較理想的中間人選。雖然男人的外貌並不十分重要，但外形好的男性政治家對女性選民具有很強的感召力，這又是施密特和德斯坦的一個共通點，儘管他們完全是兩種類型：小個子施密特英俊精幹；身材修長的德斯坦（一百八十九公分）高雅清秀。

年輕的總統給法國帶來新的政治風氣。他認為高層政治家與民眾的距離太遠，於是想出破冰的主意——公開表示願意受邀用餐。也就是說，任何法國人都可以向他和夫人發出邀請。夫婦倆定期「出訪」，去素不相識的尋常人家，每次都與主人暢談至深夜。一九八〇年十月，德斯坦訪問中國期間與鄧小平會晤。他在回憶錄中說：「這位經受『文革』磨難後成為中國第一領導人的政治家對我說，我們的大使告訴我，您訪問普通的法國家庭。您這樣做是對的。我很想效仿。政治家應當接近人民。我們的工作本來是為了他們的，但我們距離他們太遠了。」[123]

德斯坦的宏圖大志是變革法國社會，而這些姿態可以說是革新的組成部分。在他看來，與歐洲鄰居相比，法國人有幾個「過分」：過分依賴國家，過分熱衷政治辯論，過分拘泥於左右翼陣營的劃分。幾十年後的今天，這幾個「過分」依然存在。

按照法國第五共和國的憲法，外交和國防政策由總統制定，總統在這兩個領域可基本脫離議會的控制，總理一般負責內政。我們回憶一下戴高樂執政時的情形，對北約、對歐共體、對德國的關係都是他一人說了算。德斯坦也承繼了這一傳統。在他看來，由人民直選的總統具有很強的合法性，只有他才能定義國家的利益。他曾經對一位外交官說：「真正的外長是我。」他將維護和加深與德國的聯盟視為法國外交政策的核心，並在此基礎上推動歐洲的融合。這對他來說像走鋼絲，既時刻不忘自己的大目標，同時又盡可能不得罪內閣和議會中占多數的戴高樂派。他當選總統的當天晚上便給施密特打電話，說他希望德國總理是他上任後第一位訪問法國的外國政府首腦。如此急切地表現出兩人的交情和他對德國的重視。

施密特欣然接受邀請，並在五月三十一日（德斯坦當選十二天後）前往巴黎。兩人交談至深夜。當他們走出愛麗舍宮的時候，德斯坦決定陪伴施密特走到他下榻的酒店，令在場的記者大吃一驚。電視畫面顯示的是兩位輕鬆漫步的政治家，在酒店門口，他們像老朋友一樣告別。德斯坦用這個特別的姿態告訴法國公眾，此前法國媒體大肆渲染的一味親美、對歐洲持懷疑態度的德國總理形象是多麼缺乏根據。

一九八一年，德斯坦在與密特朗的第二輪較量中敗下陣來。他當總統的時候年輕，卸任時也還遠沒有到退休的年齡。因此他一直在尋找著貢獻餘熱的機會，直到高齡。二〇〇二年，德斯坦出任歐洲制憲籌委會主席。籌委會制定的《歐洲憲法草案》在次年羅馬峰會上被批准。德斯坦因而有了「歐洲憲法之父」的美譽。與生怕被世人忘記的德斯坦不同的是，三十多年前卸任的施密特享受著無官一身輕的生活。他寫書、旅遊，思考著全球問題。老人對中國情有獨錘，訪問中國十幾次，二〇一三年出版的《最後一次訪問》[124]就是寫他對中國的感受和認識。他因為中國說好話，沒少挨媒體的罵。不過施密特毫不在乎。在德國老百姓的眼中，他早已是半人半神。他是全德國唯一一個可以在電視脫口秀上點燃香煙的人。在生命的最後幾年，施密特對歐洲尤其擔憂。二〇一〇年，德斯坦和施密特這一對老朋友在德國《時代周報》（Die Zeit）共同發表題為《給歐洲一個機會》的文章，呼籲深化歐洲融合，戰勝歐元危機。

歐洲的布雷頓森林體系：歐洲貨幣體系

前面提到施密特和德斯坦任期內沒有給歐洲機構建設帶來太大起色，理事會的成立甚至實際上削弱了歐共體委員會，但兩人在貨幣領域的合作可說碩果累累。這基於他們近似的貨幣和財政政策理念。德斯坦一九六九年擔任財長前夕寫的一篇文章就已引起施密特的注意。他在文章中呼籲歐洲實行統一的貨幣政策。德斯坦說：「當今時代，單個國家已無法控制貨幣發行量。因此，不能再將貨幣視為神聖的國家主權的一部分。」這在以主權至上思想為主導的法國實在很難得。更讓施密特喜出望外的是：德斯坦強調財政紀律，並認為央行的主要任務是抗通脹。這完全是德國人的理念。不過，施密特也深知德斯坦的這些觀點絕不代表法國的主流，在法國流行的觀念是：通脹刺激經濟增長，替代體制改革。法國在這一點上和義大利心有靈犀。

在這一背景下，施密特不敢對德斯坦抱過高的期望。

法國曾因經受不住貨幣貶值的壓力於一九七四年年初退出匯率走廊，德斯坦接替病逝的龐畢度擔任總統後讓法郎歸隊。一九七六年法郎抵擋不住投機分子的圍攻，再與馬克分家。匯率走廊只剩下德國以及馬克的衛星國。

施密特沒有馬上想辦法補救的原因有二個：第一，他想先等新當選的美國總統卡特的行動，也許他有什麼取代布雷頓森林體系的錦囊妙計。當他發現卡特根本指望不上的時候，才於一九七七年開始尋找局限於歐洲的貨幣方案；第二，戴高樂派的總理席哈克與德斯坦的理念格格不入，法國總統被束縛住了手腳。施密特因此認為德、法為共同貨幣投入新一輪努力的時機還不成熟。一九七六年夏末，德斯坦對席哈克忍無可忍，改組內閣，請無黨派的經濟學家巴爾（Raymond Barre）擔任總理。巴爾下決心改革國家至上的經濟體制，並公開將德國稱作他今後工作的榜樣。

這讓很多法國人不爽，但是巴爾似乎鐵了心，凍結價格，提高稅率，一定要在一九七七年實現國家收支平衡，通脹率向德國看齊。施密特的喜悅可想而知。當時德國駐法國大使說：「這簡直是艾哈德式的改革。」在兩國經濟和財政政策趨近的背景下，施密特和德斯坦於一九七七年二月宣佈將於次年重新啟動貨幣聯盟的專案。為什麼又要等一年呢？

原來，法國將於一九七八年春天舉行議會選舉。總理巴爾的改革使德斯坦的保守陣營陷入壓力。左派領袖密特朗是法國政壇的新星，勝選呼聲很高。因此出現了一個看似荒誕的局面：身為左派政治家的施密特擔心法國兄弟黨獲勝，因為密特朗的社會主義理想與施密特的社會市場理念大相徑庭。為了證明與德斯坦的交情，一九七六年密特朗訪問波恩時，施密特對他避而不見。密特朗在一九八一年當選總統後對此仍然耿耿於懷，與施密特的關係十分冷淡。

不過，一九七八年的議會選舉還不是密特朗時來運轉的時候，德斯坦新成立的保守政黨聯盟贏得最多選票。不僅如此，戴高樂派在保守陣營中的影響削弱，這意味著德斯坦總統和巴爾總理將獲得更大的行動空間；這也意味著，法、德終於可以推動貨幣聯盟大業了。第一個祝賀德斯坦選舉獲勝的當然是德國總理施密特：「我必須馬上恭喜您，因為我相信您的勝利對法國和歐洲來說都是非常重要的。太棒了！」[125]

兩人一刻都不耽誤，馬上著手設計一個比匯率走廊更大膽的傢伙——用施密特的話說是「重新確立我們歐洲自己的布雷頓森林體系」。兩人將此絕密行動只透露給英國工黨籍首相卡拉漢（James Callaghan），意思當然是希望英國入夥。三人甩開了各自的財長和央行行長，每人只配備一名自己信得過的專家。由於英國態度極不明朗，德斯坦和施密特決定走雙邊道路。一九七八年六月，德斯坦來到施密特在漢堡的私宅，兩人商定歐洲貨幣計畫的細節。我前面提到歐共體理事會由共同體成員國政府首腦組成，大家輪流當主席，半年一屆。一九七八年下半年的主席國是德國，一九七九年上半年是法國，這為德、法火車頭提供了額外的便利。

兩人像搞政變似的，在七月六日不來梅峰會的頭天晚上將他們的貨幣方案發給了歐共體其他成員國。卡拉漢對德、法的雙邊行動表示不滿（其實是他自己錯過了三人行的機會），揚言不能被德、法兩國牽著鼻子走。但在峰會上，卡拉漢處於孤立境地。會議決定在一九七八年年底之前為歐洲貨幣體系的降生做好準備。

接下來幾個月裡，德斯坦和施密特的主要精力集中於說服本國的反對派。法國敵視貨幣體系專案的包括戴高樂派、共產黨以及從左到右的民族主義者，他們警告貨幣體系將使法國喪失主權，成為德國的附庸。德國最響亮的反對聲音則來自聯邦銀行。德國央行擔心貨幣體系將削弱自身的地位，使其無法執行維護物價穩定的使命。最讓聯邦銀行起疑的是計畫中的結算貨幣——埃居（Ecu）。因為它代表的是所有貨幣體系成員國的貨幣，因此其價值不會像馬克那樣穩定。那它會不會無形中將某些成員國的高通脹帶到德國？這是聯邦銀行最為擔憂的。

一九七八年九月十四日和十五日，德斯坦和施密特在德國西部城市亞琛就歐洲貨幣體系的細節舉行磋商。這個位址選得很妙。我前面說過，亞琛是八世紀末第一個統一西歐的查理大帝的首都。這位查理大帝是法國人還是德國人很難說，因為當時兩個國家都不存在。是查理的兒子分家之後才有了今天德、法的雛形。因此，查理可以說是德意志和法蘭西的共同祖先。德斯坦和施密特一起瞻仰了查理的遺骨，參觀查理在世時開始動工的亞琛大教堂。兩人在亞琛談歐洲貨幣體系，實際是為這一項目添加了歷史的深意。德斯坦說，在共建歐洲貨幣體系的努力中，他明顯感覺到了查理的精神。施密特回憶說，他和德斯坦在亞琛的兩天談了很多歷史，不僅有查理大帝，還有納粹統治給歐洲遺留的傷疤。在他們看來，隨著聯邦德國地位的上升，周邊國家對德國的潛在恐懼也會加深，因此，「對歷史最好的反思是構建一個美好的未來」。[126]在德斯坦的設想裡，未來的歐洲應當是由法國和德國共同引領的歐洲，為此法國必須提高自己的經濟實力，必須在今後幾年裡實現高於德國的經濟增長。他在同年對法國人發表的一次講話中說：「為什麼我總是談德國？因為如果讓歐洲受制於一個國家不是個好主意。我希望法國能夠使歐洲至少擁有兩個平起平坐的國家：德國和法國。」[127]可見德斯坦積極推動貨幣體系的建立實際上是為了遏制德國的權力膨脹，使德國的出風頭不再給歐洲帶來新的災難。而這也是德斯坦說服國內反對派的最有力的理由。

那麼施密特又是如何啃聯邦銀行這塊硬骨頭的呢？他知道央行理事會全體反對貨幣體系的計畫，而德國央行在民眾中又享有至高無上的聲譽，因此公開與央行對抗等於是政治上自殺。施密特做出了「深入虎穴」的大膽決定，於一九七八年十一月三十日前往法蘭克福與央行理事會見面。那一次談話記錄幾年前才公佈，讀施密特的這一次內部講話其實就可以把貨幣體系的本質弄得一清二楚。在央行理事會面前，德國總理從一開始就把貨幣體系作為一個德、法共同項目來兜售，不斷提「我的朋友季斯卡」。換句話說，如果該專案失敗，那麼德、法兩國領導人都將威信掃地。他實際上在迫使央行理事會成員顧及德、法友誼的大局，將經濟和貨幣政策的理性考慮暫時置之腦後。

施密特請在場的各位設身處地地為法國總統想一想。德斯坦內心裡雖然贊成德國的經濟和財政模式，但他不能明說，因為法國的政黨比德國多，搞內政平衡十分不易。一九七八年春天的議會選舉使德斯坦地位空前穩固，這是與法國制定共同貨幣政策的天賜良機，不可錯過。假如是密特朗執政的話，施密特說什麼也不會與他共商貨幣體系的大計。[128]而對與施密特志同道合的德斯坦來說，貨幣體系將是他在國內推行德國式經濟與財政政策的最佳理由。實際上，不只是法國，整個西方世界都以德國為榜樣，美國總統卡特最終也放棄了用通脹拯救世界的幻想。這當中有聯邦銀行的很大功勞。

看到魅力攻勢開始生效，施密特進一步用國家的責任感來打動這些銀行家。他說，創立歐洲貨幣體系的真正動機不是經濟原因，而是政治考慮：「貨幣政策是外交政策。」德國戰後的外交政策基於兩大支柱：歐洲共同體和北大西洋聯盟。其中的一個發生動搖，就將危及德國內部的穩定。施密特說：「德國仍然是個分裂的國家，而且有奧斯威辛（納粹屠殺猶太人）的污點。德國在經濟、軍事和外交方面越是成功，奧斯威辛就越不容易成為歷史。」換句話說，德國越強大，鄰國對德國的恐懼就會越深，對德國歷史罪惡的記憶就越是清晰。施密特得出結論：「我們因此更需要歐洲的外衣。我們不僅要用這件外衣遮掩因國家分裂和奧斯威辛帶來的外交軟肋，還要遮掩我們日益壯大的實力。」[129]

施密特的這一席心裡話一語道破了德國和法國需要歐洲的不同出發點：德國想藉歐洲遮蓋自己的強勢，法國則要藉歐洲掩飾自己的弱點。施密特對央行理事會掏心掏肺，對他們發出的明確信號是：為國家的利益放棄對歐洲貨幣體系的抵制。因為貨幣體系將使歐洲的外衣更寬、更長，這樣會使德國的日子更加舒心，不必因歷史錯誤而抬不起頭，不因現實的強大而受到孤立。權衡利弊之後，貨幣體系帶給德國的好處遠大於風險。

施密特一方面以歐洲和德國的國家利益打動死腦筋的央行理事會成員，另一方面在無傷大雅的細節問題上做出讓步。不過施密特對聯邦銀行的核心建議堅決拒絕。這些馬克的捍衛者要求在歐洲貨幣體系的章程中增加「必要時解除央行干預外匯市場義務」的條款。德國央行擔心一旦體系成員競爭力差距拉大，馬克再度面臨升值壓力的時候，干預外匯市場的義務可能變成一個無底洞，而且將無限增加馬克的發行量。施密特說他不能將這樣的條款強加給歐洲的夥伴。因為這等於說，德國保證履行某項義務，但同時書面聲明必要時將毫不猶豫地毀約。他請在場的各位回憶一九七三年他在財長位置上與央行共同做出的歷史性決定——停止買進美元，讓馬克自由浮動。這在當時也是違背國際協定的行為。言外之意，情急之下還顧得上什麼條約和協議？在總理的苦口婆心之下，聯邦銀行終於對歐洲貨幣體系點頭通過。[130]

一九七八年十二月四日召開的歐共體峰會一錘定音。一九七九年三月，歐洲貨幣體系正式生效。成員國有八個：歐共體的創始國德、法、意、荷、比、盧，加上後來的丹麥和愛爾蘭。

西班牙、英國、葡萄牙、奧地利、芬蘭和希臘陸續加入。

該體系是德、法火車頭的傑作：先由雙邊非正式協商，兩國拍板之後由理事會推廣。除英國開始時不吃這一套，其他國家別無選擇。那麼歐洲貨幣體系到底是怎麼運作的呢？

它其實和歐洲匯率走廊大同小異，浮動範圍也是上下二・二五％，總幅度仍然是四・五％，只是參照系發生了變化。新體系引入了一個結算貨幣埃居。首先確定體系內每一種貨幣對埃居的匯率，之後各國貨幣彼此間的兌換率便一目了然。比如一埃居等於二馬克，一埃居同時相當於六法郎。於是馬克和法郎的兌換率為一比三。按照貨幣體系的規定，馬克對法郎升值不得超過二・二五％，法郎對馬克貶值也不得高於二・二五％。其他一對對貨幣的關係同理。只有義大利是例外。德國為了把義大利拉進貨幣體系，允許里拉（lira）兌馬克上下浮動六％，也就是說，走廊對義大利人的總寬度是十二％。義大利傳統上是高通脹國家，一九七八年的通脹率超過十一％，是當時有意加入歐洲貨幣體系國家中唯一達到兩位數的。而高通脹的原因之一正是里拉的疲軟。所以要求羅馬政府使里拉和馬克基本保持同步有點太不現實了。

現在到了詳細介紹兩個貨幣和一家央行的時候了。

兩個貨幣，一家央行

我要說的第一個貨幣是埃居。它本來是法國的一種古貨幣，十三世紀開始鑄造，有金埃居和銀埃居之分。埃居是拉丁文「盾牌」的意思，硬幣上有盾牌的圖案，名稱由此而來。埃居一直使用到十八世紀。

歐洲貨幣單位（European Currency Unit）的簡寫也是Ecu。這是法國總統德斯坦的絕妙主意：全稱是英文，縮寫聽著像法文，又是法國古貨幣的名字，體現了法國的主導地位。其他國家的代表看重的是「歐洲貨幣單位」這個全稱，大概忽略了縮寫的原意，無形中讓法國占了便宜。德斯坦心裡不知怎麼樂呢。

從內容上說，埃居是歐洲經濟共同體九國貨幣組成的「貨幣籃子」，不管這些國家是否都是貨幣體系的成員。由此可以看出，歐洲貨幣聯盟從雛形階段就不是一個志願者同盟，而是帶有強制性的，達標了就得入盟。你可以暫時游離在外，比如英國，可是位置給你留著。

埃居的價值是怎麼來的呢？是由那個「貨幣籃子」確定的。籃子裡最初的九個貨幣並非等值，各占九分之一。各國貨幣所占的比例計算起來很複雜，有三個主要標準：一國GDP在歐共體GDP總額中所占比例、一國貿易在歐盟內部市場貿易額所占比例，以及該國貨幣在外匯儲備中的重要性。由於這些參數都是變數，因此各國貨幣在埃居價值中所占的比例每五年重新計算一次。埃居誕生的時候，馬克分量自然最重，占二十七・三%，法郎占十九・五%。英國雖然甘願扮演旁觀者的角色，但英鎊在埃居中的比例相當高，占十七・五%，義大利里拉占十四%。其實，埃居的絕對價值並不重要，因為這一貨幣並不流通，重要的是埃居與其他貨幣的匯率。比如一九七九年，一埃居相當於兩個多馬克；到一九九九年歐元取代埃居時，埃居與馬克的匯率變為一比一・九五。這說明，儘管歐洲貨幣體系是個匯率相對固定的體系，但馬克的價值明顯上升。

馬克的重要性還可以從另一方面看出來。「貨幣籃子」編織完畢後，各國貨幣所占比重做了幾次調整，一般是在共同體吸收新成員之後。值得注意的是，隨著共同體的擴大和埃居籃子裡貨幣種類的增多，馬克所占比例非但沒有變小，反而越來越高。我們甚至可以說馬克很快取代埃居成為歐洲貨幣體系的核心貨幣。這並不奇怪：在一個貨幣體系內，最優質的貨幣自然會成為其他貨幣看齊的對象，更何況馬克實實在在，看得見摸得著，而埃居沒有現金，不過是記帳、統計和結算的貨幣單位。

在籌建貨幣聯盟的過程中，法國曾提議未來歐洲統一貨幣也沿用埃居這個名稱，不過那時候德國人早清醒過來，既發現了埃居的法語味道，又搞清了這個縮寫的原意，因此堅決不同意。有人提議盾（gulden），可這是荷蘭貨幣的名稱，大多數國家不樂意。歐元（Euro）的名字是義大利的發明。大家馬上認為這個名稱很中性，又讓人聯想到歐洲（Europe），是個更好的選擇。特別是德國舉雙手贊成，法國不再堅持。

一九九九年一月一日，埃居一對一變成了歐元。

到了講馬克（D-Mark）故事的時候了。一九四八年六月二十一日，一個星期一的早晨，不到四歲的小提洛牽著姨媽的手乘八路有軌電車，橫穿魯爾區，從雷克林豪森一直到波鴻。一路上，提洛不斷聽到「貨幣改革」這個字眼。他雖然根本不知道這是個什麼東西，但是從大人們的神情中他猜得出這一定是件很激動人心的事情。姨媽把他送到父母的新居，當他還在陌生的走廊裡猶豫不定的時候，媽媽和姨媽又在說「貨幣改革」了。[131]

德國經濟學家提洛・薩拉岑（Thilo Sarrazin）[132]講述的這一天是德國馬克的誕生日。「二戰」結束後，德國被盟軍和蘇軍劃分成四個管轄區。當時流通的帝國馬克已經完全失去人們的信任，再加上日用品奇缺，「香煙貨幣」成了硬通貨。美、英、法管轄區的代表與德國經濟學家一起秘密商議貨幣改革，制定了相關法律。德國老百姓是在一九四八年六月二十一日之前的那個週末通過廣播得知這一消息的。

根據新法，每個德國人可領取四十馬克，工資一對一轉換成馬克。市面的帝國馬克基本失去價值：一個帝國馬克只能換取六・五芬尼。除了少數擁有股票和非現金資產的德國人之外，一夜之間，全國人民都成了無產階級。與此同時，價格完全開放。就在六月二十一日「貨幣改革」的第一天，商店貨架像變魔術一樣突然間琳琅滿目。大家手裡的錢雖然有限，但有了它便有了購買力。一九四九年聯邦德國成立之後，馬克成為法定貨幣。德國加入布雷頓森林體系時，美元與馬克的固定匯率為一比四．二。

雖然絕大多數德國人變得一窮二白，但德國的工業生產能力卻出人意料地保留了下來。據說後來的美國總統甘迺迪曾在二戰剛結束時參觀廢墟中的德國，發現被摧毀的主要是民宅，而工廠的現代化程度令他驚歎。某種程度上，二十世紀五〇年代初的朝鮮戰爭對德國來說爆發得正是時候。德國企業得到美國的大批訂單，貿易盈餘汩汩而來。在匯率自由浮動的時代，馬克早該升值了。但在布雷頓森林體系裡，大家都與美元掛鉤。一比四．二的固定匯率對那些饑渴的德國企業來說，簡直像是一服興奮劑。到二十世紀五〇年代中期，德國的人均國民生產總值已達到戰勝國英國和法國的水準。

馬克逐漸成為德國延續到二十世紀六〇年代中期的「經濟奇蹟」的象徵。經濟學家薩拉岑繼續回憶：「是的，即使只有四歲的我也知道，我們發動了一場可怕的戰爭；是的，我的祖母、母親失去了家鄉和財產，失去了丈夫、父親、兒子和兄弟；是的，我們是個被佔領的國家，行駛在路上的軍車不斷地提醒著我們。但我們有馬克和經濟奇蹟，這是誰也奪不走的。我就在這種氛圍中長大成人。我們的民族尊嚴是我們的經濟成就，它讓我們贏得了其他國家的敬重。」[133]

馬克確實成了令人敬畏的貨幣。它與瑞士法郎一樣，享有世界最堅挺貨幣的美譽。不信我們來看看它與美元和英鎊的匯率。我們剛才說了，一九四八年馬克誕生時確定的比價是一美元兌換四・二馬克。一九九五年四月馬克價值最高的時候，一美元只合一・三六馬克。與英鎊的反差就更大了。一九五五年，近十二個馬克才能換一英鎊；整整四十年後，只用不到二・二馬克就可以買一英鎊了。我記得二十世紀九〇年代回國休假的時候，偶爾手頭上的人民幣花光，賣主一般會說：「用美元也可以。」而我錢包裡的馬克現鈔馬上會使對方的眼睛放光：「馬克更好。」更幸運的是，我正巧在一九九五年去美國度假，至少從貨幣角度過了把癮。

對馬克的咄咄逼人最氣不過的是法國。想想看：法國本以為德國將需要很長時間重整旗鼓，歐洲老大的角色捨我其誰。可沒想到德國經濟在短短幾年內便恢復到戰前水準，並把法國甩在後面。一九六九年三月，即將卸任的戴高樂在巴黎對德國總理基辛格開誠佈公地說：「德國註定會比法國發達。德國早就是一個工業化國家。它的企業家、它的人民、它的基礎設施為工業生產、為貿易和出口提供了最佳前提條件。法國的工業化則遠遠晚於德國。」[134]

如果說戴高樂流露出的是無奈，那密特朗有關馬克是德國核武的言論則將法國對馬克的憤怒和恐懼暴露無遺。在馬克與法郎的較量中，法郎沒有一絲一毫獲勝的希望，這是讓驕傲的法蘭西人最接受不了的。因此法國從二十世紀六〇年代初便熱衷於歐洲貨幣聯盟的目的之一便是讓馬克消亡。

二〇〇二年一月一日，歐元現金流通標誌著馬克徹底退出了歷史舞臺。

馬克對德國人來說就像早逝的情人一樣完美無瑕。馬克在他們心目中引發的聯想是物價穩定，購買力強勁；伴隨歐元而來的則是物價上漲，購買力下降。其實，這實在有點冤枉歐元。如果我們將兩種貨幣做個直接比較：一九九九年，馬克的購買力下降到一九四八年誕生時的四分之一，這期間的年均通脹率為三％。而歐元區十幾年來的年均通脹率不到二％。當然，這樣的比較對馬克有點不公。因為馬克的五十年歷史風風雨雨，特別是二十世紀七〇年代的兩場石油危機使主要工業國的通脹率達到和平時代罕見的水準。與其他國家相比，德國的通脹率相當低。而這主要是德國央行——聯邦銀行的功勞。

前歐盟委員會主席德洛爾（Jacques Delors）曾有一句名言：「不是所有的德國人都信上帝，但所有的德國人都信聯邦銀行。」這是聯邦銀行在德國老百姓心目中崇高威望的生動寫照。而這家央行受百姓信賴的根本原因是它的獨立性。

一九五七年七月二十六日是聯邦銀行正式誕生的日子，總部設在緬因河畔的法蘭克福。央行獨立於政治的特性是與聯邦銀行分不開的。德國的立法機構是聯邦議院。也就是說，議員自己確定了央行既不聽命於政府，也不必服從議會的原則。這是為什麼？根源在德國歷史。二十世紀上半葉，德國央行曾兩次充當政府的戰爭機器。大量印鈔的結果是二十世紀二〇年代中期的超級通貨膨脹和一九四八年的貨幣改革。可說央行的兩次失職使德國人民在二十五年之內兩度傾家蕩產。這樣的慘痛歷史不能再發生第三次。因此，立法者甘願接受央行獨立可能給政治帶來的不爽。獨立便意味著央行可能與政治唱反調。而聯邦銀行還真沒少讓政府難堪。我們甚至可以說德國二十世紀六〇年代到八〇年代的幾次政府垮臺都多少與央行有關。

最先嘗到央行厲害的是聯邦德國首屆總理艾德諾。我們前面提到過二十世紀六〇年代初德國馬克的首次升值。艾德諾曾是匯率調整的最堅定反對者之一。這不難理解，他擔心馬克升值會使德國出口受挫，從而影響自己的政績。聯邦銀行卻有另外的擔憂：當時金融市場狂賭馬克升值，大量熱錢湧入德國，央行不斷印鈔買進美元也無濟於事。為抵禦通脹風險，艾德諾不得不在聯邦銀行和經濟部部長艾哈德面前妥協，同意提高馬克的價值。艾哈德因為與央行並肩作戰，人氣大漲，一九六三年成為艾德諾的繼任。

不過，人稱「經濟奇蹟之父」的艾哈德做了總理之後卻運氣不佳，趕上二戰後德國的第一次經濟滑坡。按理說，這時候央行可通過降息刺激經濟，助政府一臂之力。但偏偏當時的通脹率明顯超過三%，發出提息的暗示。在這樣的矛盾處境下，聯邦銀行一刻不忘法律賦予自的抗通脹、保幣值的使命，連續提息。一九六六年春天，聯邦銀行的主導利率達到五%的高度，使德國經歷了戰後的第一次經濟衰退，也間接導致了艾哈德政府的瓦解。

下一個因與央行較勁而威信掃地的總理是基辛格。爭論的焦點又是是否大幅上調馬克兌美元的匯率。基辛格一度被稱為「不讓馬克升值的總理」。為了緩解升值壓力，他對出口產品徵收四%的附加稅。聯邦銀行則通過減少對外匯市場的干預，使馬克實際升值。這使出口企業受到雙重「剝削」，使它們逐漸放棄了對政府強硬態度的支持。一九六九年秋天，社民黨人布蘭特當選總理後的第一個「壯舉」便是允許馬克升值九・三%。而基辛格在敗選之後說：「拒絕讓馬克升值是我任期內的最大錯誤。」

一九七四年成為德國政府掌舵人的施密特是聯邦德國有史以來最諳熟經濟、金融的總理，但他的運氣最不好。兩次石油危機都被他趕上。二十世紀七〇年代末的那一次油價飆升不僅使德國的通脹率超過了六%，還將德國推入經濟衰退和高失業率的惡性循環，馬克表現出少有的疲弱。聯邦銀行緊縮銀根，為馬克打氣，同時提高主導利率以抗通脹。這使馬克價值恢復，通脹率下降，但也使德國經濟雪上加霜。施密特對聯邦銀行行長珀爾（Karl Otto Pöhl）惱羞成怒，稱聯邦銀行的路線是「極為危險的」。兩人的公開對峙一時成為媒體津津樂道的話題，也是一九八二年施密特下臺的原因之一。

提起珀爾，他可以說是聯邦銀行獨立不羈的最佳證明。他與施密特一樣是社民黨黨員。在擔任財政部國務秘書期間，他與頂頭上司、時任財長的施密特關係甚密。因此，當一九七七年施密特提名珀爾接任聯邦銀行副行長職務時，在野黨抨擊施密特試圖對央行施加影響。施密特也確實對珀爾寄予厚望，期冀由此改善政府與央行的合作。珀爾曾做了多年的經濟記者，給人印象不同於那些古板的聯邦銀行高官。施密特這樣讚揚過珀爾：「他與那些人相比有一大優勢：他從外面（媒體）來，他的標準與聯邦銀行的傳統不一樣。」[135]但施密特顯然高興得太早了。珀爾剛走馬上任便立刻受到央行獨立性的薰陶，那種氛圍可能像傳染病一樣讓所有初來乍到者無法逃脫。珀爾後來說：「施密特以為我一進央行理事會便會對政府俯首聽命，但他的算盤完全打錯了。」[136]

聯邦銀行對歐洲貨幣聯盟這個宏偉計畫從一開始便持懷疑態度。在德國央行看來，統一貨幣應當是歐洲融合漫長道路的終點，必須以政治聯盟為前提。聯邦銀行還堅決反對將歐共體成員國的外匯儲備「共產」，堅決維護央行的獨立。您一定還記得我前面不止一次提到的兩條路線的鬥爭。如果說在維爾納計畫、歐洲匯率走廊和貨幣體系中，都是德國的理念占了上風，那麼也可以說是德國政府基本接受了聯邦銀行的設想。

換湯不換藥：從匯率走廊到貨幣體系

比較兩者要看從哪個角度。站在法國立場，表面上有改進：與匯率走廊相比，貨幣體系更體現互助精神，也就是說，在一國貨幣快被甩出浮動範圍，自己的外匯儲備又將告罄時，貨幣體系可提供短期或中期貸款；貨幣體系還引入新的結算單位——埃居。不過仔細想想，這些改進都不是實質性的。埃居是個看不見、摸不著的貨幣，所以核心貨幣的角色很快又被德國馬克取代。緊急貸款過去也有，不過必須在三個月內還清，現在只不過增加了兩年的中期貸款。

法國在一個關鍵問題上未能如願：順差國有義務通過市場干預削弱自己的貨幣，也就是說貿易順差的國家與貿易逆差的國家同樣具有干預外匯市場的義務。

為什麼這對法國來說如此重要呢？我們假設你是一個出口旺盛的國家，那這說明你的產品搶手，你的競爭力強。你再用出口收入從其他國家那裡買來你需要的，但自己不生產或產量不足的東西。這一進一出之後，你的錢還有富餘，這便產生了貿易盈餘。日積月累，你的外匯儲備越來越可觀。德國、日本、中國都是這樣的國家。相反，假如你看別人的什麼東西都好，都想買，可是你自己拿不出等值的產品賣給別人，那麼你就是貿易逆差國。美國、英國和二十世紀七〇年代後的法國都屬於這類國家。現在假如你是投資者，那麼你認為是逆差國還是順差國的貨幣更值得信賴？我想你不需要思索太久就能得出結論。

由於逆差國的貨幣容易受到貶值壓力，不斷需要在外匯市場干預，因此它們要求順差國共同行動。在它們看來，順差國應當對其他國家的逆差負一定的責任。順差國則認為這是一個不講理的邏輯。這就好像在一所學校裡，一旦學生成績差距拉大，不僅成績差的學生要加緊努力，迎頭趕上；成績好的學生也必須懈怠一些，等一等較弱的同學。這不是豈有此理嗎？在順差國看來，產生逆差的原因是這些國家競爭力不足，唯一的出路是體制改革。兩個陣營間的拉鋸戰從二十世紀七〇年代延續至今。幾年前在二十國集團峰會上，逆差國曾提出給順差國設上限，不得超過國內生產總值的四%，過了這個線就得受罰。德國、日本和中國堅決拒絕了這個在它們眼裡完全無理的要求。

三十多年前，法國向德國提出了類似的要求，順差多了雖不必受罰，但是必要時有義務在外匯市場上助逆差國一臂之力。德國央行那時候已多次幫助了法國、英國和義大利，但是德國政府堅持認為，幫忙必須是出於自願，而不是出於義務。德國最終在這個問題上占上風。

德國總理施密特在一九七八年十一月三十日訪問聯邦銀行時說了一句再坦率不過的話：「法國需要一些點綴性的東西。」[137]他指的是埃居，德國在這一點上成全了法國。不過法國人也不是傻子，對貨幣體系的結構基本照搬匯率走廊而耿耿於懷。

儘管德國和法國這一對鄰居的性格、理念迥異，但在二十世紀七〇年代，兩國社會在彼此接近。二戰結束時，法國的農業人口占總人口的三十五%，還是一個農業社會。到二十世紀七〇年代末，這一比例下降到三%。可以說，法國在德斯坦的帶領下實現了社會的現代化。但一九八一年，大多數法國人將進一步革新社會的任務交給了密特朗。

別看施密特和密特朗兩人都是左派政治家，但他們怎麼也合不來。這是因為法國的社會黨比德國社民黨左出一大塊。而社民黨中偏右的施密特和右翼中較溫和的德斯坦正好般配。密特朗的社會主義實驗令施密特橫豎看不上眼。似乎是命運的安排，德斯坦落選之後，施密特也在次年被「推翻」。那時候，密特朗發現自己的實驗失敗，開始向右轉，正趕上右翼中偏左的柯爾擔任總理，兩人一拍即合，將歐洲帶上了貨幣聯盟的不歸路。

現代版劉邦：密特朗

一九一六年十月二十六日，弗朗索瓦・密特朗出生於法國西部沙朗特河畔仙境一般的小城雅納克（Jarnac），距離莫內（Claude Monet）的家鄉白蘭地只有十公里。雅納克也靠白蘭地發了財，富人很富，窮人不是很窮，沒有階級鬥爭。對弗朗索瓦影響最大的兩位男人是他的外祖父和父親。外祖父身強力壯，精力過剩，開朗健談，樂善好施，不僅是成功的企業家，還熱衷於社會活動，有政治家的素質。弗朗索瓦身上明顯有外祖父的基因。父親和外祖父剛好相反：沉默寡言，性格內向，自己沒有商業頭腦，也希望子女遠離金錢。密特朗對金錢和資本主義的仇視完全秉承了父親的觀點。

一九二五年，九歲的密特朗被送到一個教會的寄宿學校。他非常偏科，法語、拉丁語、歷史、宗教等科目成績優異；但他對不喜歡的科目不屑一顧，特別是數學，老師也拿他沒辦法。他最為傾心的書籍是文學作品，外國作家當中他最喜愛的是杜斯妥也夫斯基（Fyodor Dostoyevsky）和托爾斯泰（Leo Tolstoy）。而對他童年影響最大的讀物是《聖經》。一九三四年，密特朗開始在巴黎政治學院攻讀法律和文學。他對政治的興趣和運用語言的遊刃有餘使他很快成為宿舍同學的「領袖」。畢業之後，「一〇四」室的同學們每年聚會一次。他們成了密特朗的死黨。他的另一批鐵哥們是在德軍戰俘營中結識的難友。

也許因為參戰的經歷，一九四七年，年僅三十一歲的密特朗出任退伍軍人部部長，成為近百年來法國最年輕的部長。這之後，他在法蘭西第四共和國十一屆短命政府中擔任部長，值得一提的是海外領地部長這個職務。這是他自己要求的，因為他對非洲情有獨鍾。在這一背景下，非洲殖民地的接連獨立使密特朗苦不堪言。而給法國人帶來最大傷痛的莫過於阿爾及利亞。這是因為阿爾及爾與法國本土的關係最密切，又是二戰中抵抗運動的一個重要根據地。戴高樂和密特朗都在那裡逗留過較長時間。一九六二年，當就阿爾及利亞獨立舉行全民公決的前夜，密特朗發表文章說：「阿爾及利亞要離開我們。今天多少法國人同我一樣感到內心灼痛。」[138]從某種程度上說，阿爾及利亞的獨立象徵著法蘭西帝國的終結。

一九六五年，密特朗首次挑戰戴高樂。當時左翼陣營爾虞我詐，幾位有總統候選人實力的政治家都想著如何給別人使絆，只有密特朗目標明確——擊敗戴高樂，儘管希望是那麼渺茫。不過，由於左派的不團結，密特朗在宣佈角逐總統職位之後像個光杆司令，沒人幫他選戰。是昔日戰俘營中的鐵哥們自發結成了支持密特朗的志願軍，從出謀劃策到張貼海報，鉅細靡遺，他們全包了。密特朗在全國各地演說的時候，晚上就在這幫朋友家裡打地鋪。我前面提到，密特朗自幼受到父親的影響，認為金錢是萬惡之源，視金錢為糞土，因此他的口袋裡從不裝著糞土，出門吃喝全靠朋友。這讓我想起戰國後期的劉邦。那位「好酒及色」的楚國政治家在成為漢高祖之前經常去一家小店喝悶酒。沒有朋友替他埋單，他便賒帳，而且因為確信自己日後會成大氣候，賒的帳比實際價格要高。按理說誰會接受他這樣窮大方的空頭支票，可是偏偏那家店主就像密特朗的鐵哥們一樣對劉邦光明的未來堅信不疑。兩位政治家都沒有覺得這樣做有任何不妥。劉邦心安理得地給店主畫餅充饑，密特朗則認為讓誰破費是看得起對方，是國王對大臣的褒獎。有意思的是，他的鐵杆朋友也是這麼看的，他們認為密特朗有朝一日成為法國「國王」是板上釘釘的事情。當他日後果真成為總統、擁有一部龐大的官僚機器時，他向自己的傳記作家洩密：其實有六十個朋友就足以領導法國了。

一九七四年的總統選舉有些突如其來，因為戴高樂的繼任龐畢度一命嗚呼。社會黨推舉密特朗為候選人。當時法國也深受石油危機引發的經濟危機之苦。密特朗在短暫的選戰中炮轟自由主義和資本主義，認為它們才是經濟危機的元兇。儘管密特朗對現行體制的抨擊頗得人心，但一九七四年的法國還沒有做好發動一場革命的心理準備，多數法國人選擇了右翼陣營中溫和派的代表——季斯卡・德斯坦。不過，德斯坦的多數票優勢相當微弱，只有五十・七％。險勝也是勝。密特朗再一次與總統職位失之交臂。七年[139]之後，六十五歲的密特朗在第三次拼搏中，以五十二％的得票率擊敗了德斯坦，成為法國第五共和國歷史上第一位社會黨籍總統。

密特朗的傳記作者卡特琳・耐伊（Catherine Nay）將他的第一個總統任期分為兩個階段：「密特朗一世」和「密特朗二世」。「密特朗一世」執政時間大約有三年。這段時間裡，密特朗將國家變成無處不在的慈善組織，提高最低工資、養老金，縮短工作時間，延長帶薪假期，降低退休年齡。很快，各項經濟指數變得很糟糕，債務率和失業率都直線上升，剛為政府善舉歡呼的老百姓開始怨聲載道。於是，「密特朗一世」下臺，「密特朗二世」繼位。二世的使命是引導法國重新回到資本主義的道路上，縮短與德國的差距。[140]

密特朗四十多年政治生涯的巔峰是一九八八年當選連任。那時他已七十歲出頭，在國內外享有極高的聲望。他被視為法蘭西第五共和國最具智慧和謀略的政治家，法國人相信他是國家利益的最佳維護者。至於他的風流韻事，他半公開的情婦和私生女，法國人寬容視之。當密特朗帶私生女參加接待日本天皇的國宴時，法國老百姓在震驚之餘，贊許總統的勇氣。總之，密特朗在法國的地位和國王差不多，這和他的自我評估基本吻合。

密特朗敢於將自己的私生活曝光，但對自己的身體狀況，他卻撒了彌天大謊，並將自己的病情保密十幾年。還記得那位死在工作崗位上的總統龐畢度嗎？他在競選總統時就患了骨髓瘤，卻對公眾隱瞞病情。為了避免同樣的悲劇重演，密特朗上臺不久便確立總統健康狀況公開制度，定期公佈總統健康報告。不過命運捉弄密特朗似乎已經成了習慣。當選總統沒幾個月，他便被確診前列腺癌，而且已經擴散。醫生說他活不過三年。如果將實情和盤托出，他就必須卸任，這意味著四十年的夢想剛剛實現又成泡影，意味著放棄實現政治理想的千載良機。密特朗選擇撒謊，將病情列為國家最高機密，連自己的夫人都不知情。愛麗舍宮的醫生一邊傾全力幫助他減緩病痛，一邊定期宣佈總統健康狀況良好。密特朗靠著超出常人的毅力與死神討價還價，不僅在癌細胞擴散之後活了十五年，而且在其中的十四年裡擔任總統，創造了醫學史上的奇蹟。一九九六年一月八日，密特朗在卸任半年後去世。

密特朗當選總統之前，黨友、政敵、媒體和公眾都沒少向他投來懷疑甚至敵對的目光；擔任總統之後，他的弱點都變成了優勢：年齡成為經驗豐富的象徵，專斷成為個性的表現。當法國人知道他一邊日理萬機十四載，一邊天天與病魔作戰的時候，他們對密特朗的愛戴接近於個人崇拜。他的傳記汗牛充棟，有關他的傳聞漫天飛舞。據說他除了仇視金錢，還蔑視時間，從來不戴手錶。密特朗的不守時是出了名的。他當內政部部長時，有一次讓外面的客人等了一個多小時，秘書進門看部長忙什麼呢——結果，密特朗看漫畫書入了迷。

正是這位不拘小節、浪漫無邊的政治家在二十世紀八〇年代與德國總理柯爾聯手為歐洲經濟與貨幣聯盟奠基。我們先來看看柯爾其人。

永遠被低估的柯爾

一九三〇年四月三日，柯爾出生於德國西南部普法爾茨的路德維希港。他是幸福的老三，上面有一個大姐和長他五歲的哥哥。哥哥在二戰中陣亡，這給柯爾的父母造成很大刺激。幸好戰爭結束得及時，尻爾不用去當兵，在這一點上，他比前任施密特幸運。他自己稱之為「後生者的福氣」。家庭的悲劇更使他堅信現代化的戰爭是人間地獄。當他成為聯邦德國的掌舵人之後，柯爾發誓再也不能從德國土地上爆發戰爭。在他看來，民族主義是魔鬼的工具，最有效的對策是歐洲融合。一九九六年，已擔任德國總理十四年的柯爾在接受法國《世界報》（Le Monde）總編輯採訪時說：「我致力於歐洲融合，因為這是我對母親的承諾。」141

回到一九四五年，柯爾的家鄉路德維希港當時屬於法國佔領區，是供給最差的地區。這一來是由於法國人多少有些報復心理，二來也是因為法國自身的窘境。他後來回憶說，當時的麵包定量減到每天兩百克。這對正在長身體，而且是那麼大塊頭的柯爾來說簡直是太殘忍了。這時候美國人雪中送炭，不光解決了學校食堂的伙食問題，還帶來了大批美國國民捐贈的衣服。美國人成了衣食父母，這是柯爾一輩子對美國心懷感激的原因。也許是嘗過挨餓的滋味，吃飯成了他的一大嗜好，他最愛的一道菜是家鄉普法爾茨風味的豬胃。

柯爾少年時代就加入了基督教民主聯盟，屬於這個保守政黨中的溫和派。一九六九年，三十九歲的柯爾接任萊茵蘭-普法爾茨州州長。他改變了萊普州農業占主導的經濟體制，將教會學校變為各教派混合的社區學校。萊普州選民對柯爾的改革高度認可。在一九七五年的州議會選舉中，基民盟獲得五十四%的選票。成功給他帶來自信。柯爾像昔日的選帝侯一樣，過著自在的生活。美因茨州政府的葡萄酒窖漸漸引起首都波昂記者的興趣。這也是萊普州之外的德國人關注柯爾的開始。一九七三年柯爾當選基民盟主席，距離他的總理夢又近了一步。

不過，這個口才不佳、缺乏經濟知識、沒有領袖風采，又沒怎麼和外國打過交道的地方政治家真能擔任整個聯邦德國的總理嗎？柯爾一輩子擺脫不掉的是普法爾茨地區的口音。這對政治家來說是硬傷。特別是昔日普魯士地盤的新教北德人對這個南部天主教的政治家怎麼也看不上眼，知識階層更是無法克服對柯爾的陌生感。柯爾在名牌大學的博士頭銜似乎也洗刷不掉他身上的土氣。至少外交經驗是可以積累的。於是柯爾訪問華盛頓、北京，對中國情有獨鍾。

一九七六年，柯爾第一次嘗試問鼎總理寶座。對手偏偏是口才絕佳、神采飛揚、全球公認的經濟專家施密特。施密特也毫不客氣地揭柯爾的短，稱他是「美因茨地方政府主席」。但很快他便發現這位看似平庸的對手是一位職業政治全能選手。選舉結果，基民盟和基社盟組成的聯盟黨獲得四十八・五%的選票，成為第一大議會黨團。不過，社民黨和自民黨的聯盟保持議會多數，得以繼續執政。一九八〇年的大選結果，施密特再度連任。

不過社民黨和自民黨的「婚姻」已讓雙方感到厭倦，破裂只是時間問題。柯爾將聯盟黨從右向中間拉，使自民黨投懷入抱的願望越來越強烈。再加上柯爾與自民黨主席根舍（Hans-Dietrich Genscher）的私交不錯。兩人定期私下會談，等待推翻施密特的最佳時刻。一九八二年秋天，根舍與柯爾認為將施密特拉下馬的時機成熟。根舍率領四名自民黨籍部長辭職，等於向社民黨正式提出「離婚」。一九八二年十月一日議會對施密特進行不信任表決，自民黨和聯盟黨議員以兩百五十六票選舉柯爾為總理。一個赫爾穆特走了，另一個赫爾穆特來了。[142] 我上面說過，施密特屬於左翼社民黨中偏右的，而柯爾是右翼聯盟黨中較為溫和的。因此，柯爾的政治理念與施密特沒有質的差別。有人甚至說柯爾領導下的聯盟黨是有史以來最好的社民黨。

德法關係史剛剛翻過了施密特和德斯坦兩國「蜜月期」的一頁，很快又迎來了柯爾和密特朗的「情投意合期」。開始時，密特朗擔心柯爾缺乏施密特的才幹和歐洲情懷，柯爾第一次見密特朗就傾訴衷腸，給他講自己的家史——舅舅死於一戰，哥哥死於二戰，因此他堅決反對戰爭，堅決與法國友好。他說：「我是最後一個親歐洲的德國總理。」這話有些武斷，他怎麼知道繼任是什麼樣呢？也許他的意思是：戰爭結束時，他還是個孩子，那麼下一任總理可能就根本不知道戰爭為何物了。沒有戰爭的經歷，可能就不理解歐洲的重要性。從這個意義上說，柯爾的話沒有錯。總之，儘管德、法兩國領導人從政治觀點到個性愛好都迥然不同，但他們彼此馬上產生了好感，並在接下來的十二年裡改變了歐洲的面貌。

內政上，柯爾在二十世紀八〇年代乏善可陳。黨內競爭對手一個接一個，偏左的媒體習慣性地對他冷嘲熱諷。很少有人懷疑一九九〇年柯爾將敗在能言善辯的社民黨總理候選人拉方丹（Oskar Lafontaine）[143]手下。偏偏在這時，一九八九年十一月九日柏林牆的倒塌使德國統一的千載良機從天而降。不過，儘管德國名義上已恢復主權國家的地位，但在兩德統一問題上卻做不得主。在四個對德國命運有發言權的國家當中（美、英、法、蘇），有三個多少有點反對德國統一。其中態度最堅決的是英國首相柴契爾夫人（Margaret Thatcher）。她有一句名言：

「我那麼喜愛德國，以至於我樂見有兩個德國存在。」密特朗的角色不太明朗。表面上他沒有公開反對德國統一，但私下卻沒少和戈巴契夫及柴契爾夫人溝通。密特朗在二十世紀八〇年代初就預見到了德國統一的可能。當這種可能真的出現時，他不能剝奪德國人的自決權，卻一度希望戈巴契夫和柴契爾夫人能夠阻止這一進程。戈巴契夫是最有理由反對的，因為東德被西德合併，意味著蘇聯將失去自己勢力範圍內的一個關鍵國家。不過當時蘇聯經濟狀況極為糟糕，柯爾拿天文數字的金錢做誘餌，終於使戈巴契夫抵擋不住。那美國態度如何呢？

儘管柯爾當政期間經常被國內知識階層和左翼媒體瞧不起，但在國際舞臺上，他卻很有人緣。他也許沒有前任施密特的智慧和才學，但他也沒有施密特的架子和清高，努力理解對方，而且注重談話氣氛的融洽。據他的手下說，如果他與外國客人有輕鬆會談的機會，那事先他甚至關心對方喝什麼牌子的葡萄酒，好像這比談話內容更重要。柯爾與時任美國總統的老布希（George H. W. Bush）就一見如故。對柯爾的信任使這位白宮主人很快在德國統一問題上表現出積極態度。儘管美國是唯一痛快贊成統一的國家，但它卻是分量最重的國家。可以說，老布希的支持為德國統一奠定了基礎。在這一背景下，戈巴契夫選擇了實惠。聰明的密特朗明知攔不住德國人，於是決定積極參與這一進程，並對其施加影響。結果，密特朗達到了藉德國統一加速實現歐洲貨幣聯盟的目的。一九九〇年九月，四個戰勝國與兩個德國的代表簽署了所謂「二加四協議」，承認統一後的德國是完全的主權國家。一九九〇年十月三日，東德正式併入西德。

柯爾統一德國的功績使他特別受到東德人民的擁戴。在幾乎同時舉行的全德議會選舉中，當然沒有拉方丹的戲唱了。開始第三屆總理任期之後，柯爾很快發現自己向東德人民的承諾太滿了。他曾保證東德各地將一片繁榮興旺，並拍胸脯說所有東德人民都會過上更好的日子。事實上，德國東部的經濟轉型和東西馬克的兌換率使東德企業紛紛倒閉。東部的高失業率帶來年輕人口的流失，使部分地區荒涼一片，哪有繁榮的影子？西德人也對柯爾一肚子不滿。在選戰時他曾誇下海口，德國統一的費用可以控制，西德人不必擔心政府將提高稅收。結果大選結束不久，柯爾就知道不提高稅收就對付不了重建東德的開銷。不過這不是欺騙選民嗎？這時候，海灣戰爭幫了柯爾政府的忙。一九九一年七月，柯爾以戰爭開支為主要理由徵收占所得稅七・五%的團結稅，復蘇東德經濟只是附帶提了一下。以一個新的名目徵稅總是不受歡迎的舉措，況且數目不小，因此柯爾說該稅只收一年。結果，團結稅交到今天。

對柯爾的批評從四面八方鋪天蓋地而來。其前任施密特也不閒著，專門寫了一本書清算柯爾在統一過程中犯的錯誤，說他擔任總理的十年裡國債翻了一倍，一九九二年達到一萬八千億馬克。但所有的批評似乎撼動不了柯爾的地位。在歐洲，他也成為當仁不讓的第一把手。一九九四年柯爾再一次贏得選舉，似乎一定要刷新艾德諾擔任總理十四年的紀錄。那一次組閣後，他一手培養的東德「小姑娘」[144]——梅克爾（Angela Merkel）脫穎而出，擔任環境部部長。不過當時誰也沒有想到這個其貌不揚的東德女性日後將成為「歐洲女王」。柯爾選中的接班人是一九九〇年遇刺後的輪椅政治家蕭伯樂。他和柯爾一樣是基民盟中的溫和派，也是堅定的歐洲主義者，區別只是蕭伯樂是新教徒，柯爾是天主教會成員。法學出身的蕭伯樂在德國統一期間擔任內政部部長，上面提到的「二加四協議」是他一手策劃的，可以說是德國統一的幕後英雄。他的奪標呼聲最高原在情理之中。

不過，在第四任期裡，柯爾仍然下不了退位的決心。是當政時間太長形成對權力的貪戀嗎？對柯爾比較有利的注解是他鐵了心要在自己任期內將歐元的事情搞定，因為他深知沒有他的權威和執著，歐洲貨幣聯盟的計畫很可能推遲，也許最後就不了了之。

不知道除此之外是否還有別的原因促使柯爾在一九九七年四月接受電視採訪時宣佈將於次年再度競爭總理職位。做出這一重大決定，他事先沒有和黨內任何人商量，也沒有告知夫人，使夫妻關係雪上加霜。很多人分析他一年半之後的敗選實際上始於那次採訪。在野黨馬上發出「柯爾必須下臺」的口號。一九九七年秋天，柯爾預感到大勢已去，與親信探討是否應當在此時急流勇退，有尊嚴地下臺。他的總理府部長提出兩個疑問：蕭伯樂的人選是否能在內閣順利通過？是否將為歐元「流產」感到惋惜？因為當時全德國的氣氛都是反對歐元的，他下臺將意味著歐洲統一貨幣很可能「胎死腹中」。結果，柯爾決定為歐洲統一大業犧牲自己的尊嚴。當一九九八年五月布魯塞爾峰會確定歐元的預產期後，柯爾認為自己為歐洲融合盡了最大的努力，平靜地迎接秋天大選的失敗。

回顧柯爾五十年的政治生涯，特別是他十六年的總理任期，他最大的功績自然是抓住天賜良機，實現了德國統一。主導他行動的是愛國思想和實用主義。他意識到統一的時機也許很短，機不可失，時不再來。當時社民黨部分人士和一些左派堅持按照基本法規定，必須在讓兩個德國的人民參與的前提下先修憲再統一，柯爾認為這樣會誤大事，於是採取最省時間的辦法——東德加入西德，這多少給人東德被吞併的感覺。不過，如果真較起真來，先花一兩年修憲，在這期間蘇聯解體了，估計統一的事就會因夜長夢多而凶多吉少了。

也是本著實用主義的原則，柯爾在二十世紀七〇年代便克服了意識形態的障礙，對中國表現出真誠的興趣。一九七四年他作為在野黨的領袖第二次前往中國，實地考察人民公社的運作方式，還訪問了人民解放軍某兵團。在與鄧小平會談之後，柯爾對德國記者大發感慨，認為中國領導層對東德的認識異常清晰，對中國間接支持德國統一表示感激。[145] 擔任總理之後，柯爾對中國的熱情不減，在中國受到西方孤立的時刻毅然出訪，是最先預見到中國崛起並最早為對華政策定位的西方國家領導人。

實現了德國統一後，柯爾專注於另一個畢生追求——歐洲融合。為了使該進程變得不可逆轉，他和密特朗聯手為貨幣聯盟奠基。也許他們對下一代政治家的歐洲情懷不那麼放心，因此下決心在自己任期內把這事搞定。因為貨幣不是可以隨便換來換去的。有了共同的貨幣，等於為他們的繼任選擇了一條不歸路。

犧牲馬克，統一德國

施密特和德斯坦當政的德法關係黃金期隨著一九八一年德斯坦落選而結束。施密特對德斯坦的留戀和對密特朗經濟政策的不滿，使他在與愛麗舍宮新主人共事的一年裡僅保持了面子上過得去的工作關係，歐洲融合進程也便沒有新的進展。一九八二年十月柯爾當選的時候，他對法國政治精英來說是一張白紙。密特朗甚至擔心柯爾冷淡西歐盟友，投奔蘇聯。不過兩人的第一次會面便使法國總統的所有顧慮煙消雲散，這一對從外形、氣質到政治理念都極不般配的人馬上彼此產生了好感。而他們的信任關係正是建立於一九八三年兩國關係的低谷期。

我上面提到密特朗一上臺就著手實現其浪漫社會主義的理想。他的福利國家嘗試加劇了法國的經濟危機，拉大了與德國之間的距離，特別是對德國的貿易逆差越來越成為巴黎政府的心腹之患。在法國看來，縮小這一逆差的鑰匙掌握在德國手裡，並要求聯邦銀行降低主導利率，同時讓馬克升值，遭到德國央行拒絕。到一九八三年年初，法郎再度吃緊，巴黎決策層內就是否像二十世紀七〇年代脫離匯率走廊一樣退出貨幣體系發生爭議。主張退出的一派希望由此讓法郎大幅貶值，提振出口，同時向德國表示抗議；主張「堅守陣地」的一派認為只有留在體系內，才可能對德國施加影響，這一派的代表是時任經濟和財政部部長的雅克・德洛爾。密特朗最終被德洛爾說服，於是才有了一九八三年三月十八日布魯塞爾的精彩一幕。

德洛爾是社會黨政治家，在一九八一年擔任財長之前做了兩年的歐洲議會議員，成為地地道道的歐洲主義者。德洛爾同時是個典型的法國人，喜好誇張，製造戲劇性效果。他打定主意在一九八三年三月那個週末的布魯塞爾歐共體財長會議上好好嚇唬嚇唬德國人。正當財長們魚貫步入大樓的時候，德洛爾走到記者面前，對著攝像機鏡頭開始「大罵」德國。他說德國目中無人，不肯在貨幣政策上讓出半步，並威脅說，如果德國頑固不化，法國將退出貨幣體系。事後德洛爾承認，適當的挑釁是完全必要的。

換句話說，巴黎政府那個時候已經打消了退出體系的念頭，德洛爾的威脅實際是訛詐。不過，他這一招立竿見影，實誠的德國人信以為真，馬上商量妥協方案。柯爾多多少少逼迫財長施托爾滕貝格（Gerhard Stoltenberg）採取行動。三天後，德國決定讓馬克升值五・五％，伴隨法郎二・五％的貶值。這樣，法郎沒有單方面貶，馬克也沒有單方面升，而且馬克升值的幅度大於法郎貶值的幅度，使法國保住了臉面。那幾個充滿戲劇性的日日夜夜既使德洛爾青史留名，也使柯爾在密特朗的眼裡成為一個值得信賴的夥伴。

這一次，法國在貨幣體系裡苦熬了三年。一九八六年春天，體系財長又經過了幾個討價還價的回合，決定讓法郎貶值三％，馬克則以同樣的幅度升值。一到這種法國面子上過不去的時候，巴黎便把一腔怒火對準聯邦銀行，認為都是德國央行不夠哥們，只知道死腦筋地抗通脹，不考慮其他國家的死活。

這時柯爾的一個建議給了法國報復聯邦銀行的好機會。柯爾向密特朗提議成立德法國防理事會，密切兩國的軍事合作。柯爾此舉目的當然是為了兩國友好，但也有讓核大國法國給自己安全感的意思。其實當時戈巴契夫已上臺，冷戰結束指日可待，不過要求柯爾在一九八七年就預見到這一點，可能有點苛求。巴黎政府抓住德國與自己友好的時機，建議同時成立一個經濟和財政理事會，這不明擺著想架空聯邦銀行嗎？行長珀爾公開表示反對。這使密特朗義憤填膺，並引出他一九八八年的那句名言：「德意志是一個喪失了部分主權、外交上低人一等的偉大的民族。德國以經濟強勢來平衡這一弱點。某種程度上，馬克是他們的核武器。」146

老謀深算的密特朗以及他的幕僚認為，到了在歐洲統一貨幣問題上向前邁一大步的時候了。而敦促德國在西歐融合的軌道上加快步伐也是預防德國向東偏移的最好辦法。柯爾在這個問題上的態度有些模棱兩可，既不願得罪法國，也不敢公然與聯邦銀行對抗。而且說實話，柯爾對經濟、財政與貨幣的問題本來就不太明白，也不想弄明白——他是幹大事的，不拘泥於細節。聯邦銀行對歐洲統一貨幣依然深惡痛絕，財長施托爾滕貝格與央行站在一邊，堅持政治聯盟在先，統一貨幣在後的順序。

柯爾內閣中，只有一位部長突然對貨幣聯盟表現出特殊的熱誠，他就是外交部部長根舍——那位一九八二年推翻總理施密特的自民黨主席。根舍一九八七年為統一貨幣振臂高呼的行為引起德國財長的強烈不滿。施托爾滕貝格認為根舍越權。但德國外長突然迸發的歐洲激情卻贏得跨國運作的德國私人銀行以及一些出口企業的掌聲，當然法國政界對根舍發動的統一貨幣攻勢更是歡欣鼓舞。

一九八八年五月，密特朗當選連任。要知道一國領導人只有在本國穩坐釣魚臺的前提下，才有「閒心」推進跨國界的宏偉事業。一九八八年春末夏初之時似乎正是將歐洲統一貨幣項目具體化的最佳時機：法國總統正處於權力巔峰；此前一年，德國聯盟黨和自民黨組成的黑黃聯盟也在議會選舉中拿到穩穩當當的多數。此外，密特朗和柯爾這兩位政治家彼此信任，而且都有在自己任期內把貨幣聯盟敲定的宏願（密特朗的決心更大一些）；兩國政治中的第二號人物——法國總理和德國外長都堅決支持頂頭上司的計畫；世界經濟和歐洲經濟處於一個相對平穩的階段。柯爾想借密特朗連任的東風，敦促法國同意歐洲資本市場自由化，從而搬去實現歐洲內部市場路途中一塊巨大的絆腳石。作為回報，德國支持法國有關在歐洲協調銀行儲蓄稅率的建議，以共同打擊偷稅漏稅行為。為表示誠意，德國政府決定徵收十%的資本收益稅。

當時德國正好是歐共體輪值主席國。一般來說，主席國在這半年之內召集兩次峰會。東道主在確定峰會主題上有較大自主性。柯爾於是決定將六月底的漢諾威峰會變成為貨幣聯盟奠基的峰會。會議的主題是組成專家委員會，確定實現統一貨幣的時間表。說起專家委員會，大家可能還記得二十世紀七〇年代初的那個維爾納委員會，由當時的盧森堡首相維爾納領導。結果雷聲大，雨點小，最後推出的維爾納計畫因為德、法意見不統一，很快就被遺忘了。這次的委員會由誰來領導呢？

峰會結束之際，密特朗揭開謎底：這個至關重要的委員會這一次不是由哪個袖珍國家的總理或財長來協調，而是由歐共體委員會主席德洛爾親自出馬。別看他一九八三年做戲逼迫德國讓馬克升值，但德國人並不怪罪他，反倒對他十分欣賞。因為在德國看來，時任財長的德洛爾是巴黎政府中唯一有勇氣和魄力理順法國財政的人選。法郎也確實在德洛爾的整頓之下過了兩年沒有蒙羞的日子。因此，柯爾後來推薦他擔任歐共體委員會主席是誠心誠意的。當密特朗提議由德洛爾領導籌備貨幣聯盟的專家小組時，柯爾同樣沒有任何怨言。

按理說，漢諾威峰會應當使法國和西德政府皆大歡喜，德洛爾可以放手大幹一場，貨幣聯盟也指日可待了。不過，似乎誰都對峰會的結果不滿意。首先是密特朗的顧問對兩國之間的交易感到後悔，認為德國在協調銀行儲蓄稅率方面的承諾是小意思，不足以換取法國在歐洲資本自由化這個大是大非問題上的讓步。聯邦銀行對德洛爾領導專家委員會極為不滿。柯爾為了安撫德國央行，決定讓十二個國家的央行行長都參加德洛爾的班子，共商統一貨幣大計，但珀爾毫不領情，甚至打算抵制德洛爾的委員會。後來在他最親密的盟友、荷蘭央行行長杜伊森貝格（Willem Duisenberg）[147]的極力勸說之下，珀爾才答應採取合作態度。杜伊森貝格的理由是：

不參與討論便意味著不可能對未來的貨幣聯盟施加任何影響。後來的發展證明，這位一頭銀髮的荷蘭人是多麼有遠見。

一九八九年四月，專家委員會將統一貨幣的藍圖呈現給各國政府，這便是有名的《德洛爾報告》。報告為歐洲經濟和貨幣聯盟制定了時間表。德洛爾的計畫分三階段：一九九〇年一月一日開始的第一階段裡，成員國之間的資本流通限制逐步取消；第二階段始於一九九四年的一月一日，成員國理順財政，調整預算，為引入一個穩定的統一貨幣奠定基礎；第三階段確定各國貨幣對未來統一貨幣的兌換率，之後實現貨幣聯盟的夢想。

與二十世紀七〇年代初的維爾納計畫相比，《德洛爾報告》不再是德國主張的完整再現，而是協調德、法立場之後的一個妥協方案。一方面，報告不再突出貨幣聯盟必須以政治聯盟為前提這個德國的傳統理念；另一方面，報告也毫不含糊地說明統一貨幣必須由一個獨立於各國政府的歐洲央行來維護，這對當時的法國政府來說仍然是一道難以下嚥的菜。

而這明顯是聯邦銀行的手筆。珀爾利用聯邦銀行在貨幣體系中的核心地位，將自己的立場悉數灌輸給了德洛爾，其中最重要的便是歐洲央行的獨立性。其實，依珀爾的意思，成立貨幣聯盟的條件還根本沒有成熟，已經存在的歐洲貨幣體系完全可以再維持一段；如果一定要創建貨幣聯盟的話，那麼不一定需要共同貨幣和共同央行，各國保留自己的貨幣、各國央行互相通氣足矣。他的這個立場很容易理解。想想看，馬克和聯邦銀行是德國人戰後的驕傲。在短短四十年的時間裡，馬克成了美元之後的世界第二大貨幣，聯邦銀行的重要性僅次於美聯儲。作為世界第二大央行的行長和馬克的最高管理人，他會情願協助德洛爾達到最終架空聯邦銀行和消滅馬克的目的嗎？

珀爾明知法國對獨立的歐洲央行持拒絕態度，卻堅決要求把這一條作為貨幣聯盟的核心內容寫進《德洛爾報告》。二〇〇七年，珀爾在接受英國記者大衛•馬什的採訪時說：「《德洛爾報告》包含一些與現實脫鉤的主意。在討論措辭的時候，我以為近期內實現以歐洲央行為基礎的貨幣聯盟是不可能的。我當時想，報告勾畫的藍圖可能會在今後一百年的某個時候兌現，因為我認為其他歐洲人不大可能接受聯邦銀行的模式。我的估計是，法國人最終將要求各國保留自己的貨幣，並通過央行大幅度干預來維護固定的匯率。」

一九八九年春天，在《德洛爾報告》最後的醞釀期裡，法國總統和財政部確實都不贊成央行獨立。密特朗擔心德國將通過歐洲央行直接對巴黎的經濟政策施加影響。密特朗和法國財政部高級官員對《德洛爾報告》的不滿也與他們當時對聯邦銀行的憤懣有關。他們害怕日後的歐洲央行變成一個誰也無法駕馭的怪物，那法國難受的日子就永無休止了。我們都知道，聯邦銀行從來就不是巴黎的朋友。但二十世紀八〇年代末法國政府和聯邦銀行的關係卻達到冰點。

這得從一九八七年格林斯潘（Alan Greenspan）接任美聯儲主席說起。他上臺後視美國的高通脹（接近七％）為主要敵人，於是開始提高利率，收緊銀根。結果是美元升值。聯邦銀行自然跟進，這特別使法國央行一次次措手不及。令法國怒不可遏的是：聯邦銀行不但不照顧其他國家，特別是法國的情緒，甚至在提息之前連招呼都不打一聲。而那時德、法政治精英正緊鑼密鼓地籌備貨幣聯盟，峰會不斷。有一次就在兩國領導人共商歐洲統一貨幣大計的時候，聯邦銀行默不作聲地提高主導利率。法蘭西銀行進退兩難：不跟著聯邦銀行走，又會產生升值與貶值的衝突；咬咬牙跟著提息，又將引起法國出口企業的呻吟，要知道一九八八年法國對德國的貿易逆差已經達到了破紀錄的五百億法郎，而且還呈上升趨勢。

綜上所述，德、法組建以德洛爾為首的專家小組，本想加速統一貨幣夢想的實現，把通往貨幣聯盟的列車由區域慢車換成高鐵。但是報告出籠之後，法國總統和財政部不感冒；聯邦銀行更是絆腳，想把慢車變成馬車。那麼德國政界的反應如何呢？

總理和外長歡欣鼓舞，因為報告既有了具體時間表，又基本體現了德國的理念。不過，德國財政部反應冷淡。我們上面提到的那位暢銷書作家提洛・薩拉岑當時正是財政部的官員，並直接參與了對《德洛爾報告》的表態。他說：「我們財政部的大多數人視所有關於歐洲貨幣聯盟的考慮為對德國財政穩定文化的威脅。」[148]

難道《德洛爾報告》也會像維爾納計畫一樣，剛剛問世就被鎖進抽屜嗎？報告發表一個月之後發生的一件事確實很容易讓人得出這樣的結論。我剛才提到德、法為加速實現貨幣聯盟各讓了一大步，法國同意資本自由化，德國徵收十%的資本收益稅，以消除法國有關資本自由化將為偷稅漏稅大開方便之門的擔憂。一九八八年六月漢諾威峰會之後，法國已經感到心理不平衡，認為自己在這場交易中吃虧了。一九八九年五月，德國總理柯爾收回成命，也就是說，連那個在法國人眼裡已經太小的讓步也告吹了。

原來，柯爾決定改組內閣，讓缺乏光彩的施托爾滕貝格接管國防部，把重要的財政部交給來自巴伐利亞州的特奧・魏格爾（Theo Waigel）。魏格爾的兩道濃眉像兩把梳子，使人一見難忘。他反應敏捷，據說是談判高手。魏格爾與巴伐利亞銀行界關係甚密。這些朋友早就抱怨柯爾的資本收益稅是多麼違背德國銀行的利益。魏格爾於是要求取消這個倒楣稅，否則他就留在巴伐利亞，財政部部長的職位另請高明。無奈之下，柯爾於一九八九年五月十日宣佈，從當年七月一日起不再徵收此稅。密特朗感到被騙了。一切為實現歐洲貨幣聯盟做出的努力似乎在一瞬間付諸東流。

就在統一貨幣還未誕生便面臨流產之時，柏林圍牆的倒塌以及德國統一的天賜良機使貨幣聯盟峰迴路轉。一九八九年十一月九日柏林圍牆被嚮往西德的東德人民推翻之後，法國以及德國的其他鄰國感到震驚。它們擔心德國放棄之前的歐洲路線，甚至憂慮統一後的德國會與蘇聯結盟。一夜之間，德國之外的歐共體國家發現了共同貨幣的價值——防止羽翼豐滿的德國再次對歐洲構成威脅。

「在一九八九年十一月十八日愛麗舍宮的歐共體非正式峰會上，柯爾感受到其他國家政府首腦對德國深深的不信任。法國政府發言人乾脆宣佈：德國問題不在議事日程之上。」[149]據時任德國外長的根舍回憶，當時柯爾漲紅了臉，淚水在眼眶裡打轉。他在歐洲處於前所未有的孤立境地。也許在那之後的幾天，柯爾第一次意識到他可能必須為祖國的統一而犧牲馬克。對他來說，兩德統一是項值得付出任何代價的事業。

於是，柯爾一邊力促統一進程，一邊試探著以德國統一和歐洲融合同步進行的策略贏得密特朗和其他歐洲同僚的信任。一九八九年十二月八日的斯特拉斯堡峰會上，在對德國不信任和不友好的氣氛中，柯爾與歐共體其他國家和政府首腦商定第二年夏天開始實施創立歐洲貨幣聯盟的具體步驟。一九九〇年一月初，柯爾前往法國西南部密特朗的私人莊園。「密特朗得到柯爾堅決推動歐洲融合進程的明確承諾，包括共同貨幣和央行。」[150]

密特朗和柴契爾夫人在各自的回憶錄中都聲稱，在柯爾承諾放棄馬克的前提下，他們才點頭同意兩德統一。美國國務卿貝克（James Baker）在斯特拉斯堡峰會三天之後說，德國走出這一步是出於政治上的考慮，因為德國需要朋友。[151]

我和不少德國經濟專家討論過這個問題：馬克是不是兩德統一的犧牲品。很多人給了我肯定的回答，也有人認為這是無稽之談。他們一般都會提到《德洛爾報告》和漢諾威峰會，並說那時候誰也沒有預見德國的統一。這確實不假。不過，在我看來，柯爾對統一貨幣的態度有點「葉公好龍」的味道：當它遙遙無期的時候，對它表示無限嚮往；一旦具體化，柯爾卻縮手縮腳，喪失了勇氣。換句話說，如果沒有德國統一這個突發事件，柯爾不一定會答應一路小跑地實現貨幣聯盟。

不過，在歐洲貨幣聯盟板上釘之前，另一個貨幣聯盟來不及精心策劃便呱呱落地了。還在德國統一的協議簽署前，柯爾便做出了一個十分孤獨的決定：迅速將馬克輸送到東德。德國貨幣聯盟於一九九〇年七月一日生效，東馬克兌換西馬克的比率是一比一。[152]

在經濟專家和貨幣專家眼裡，這樣的兌換率簡直是開玩笑。東德經濟已接近崩潰，西德則是世界最發達的工業國之一，企業具強勁競爭力。比較合理的兌換率應當是五比一。東德官方期待西方兄弟手下留情，也許給四比一的優惠價。但將東馬克與西馬克等值，是他們做夢都沒想到的。聯邦銀行曾強烈表示反對，因這將意味著貨幣發行量的激增，並由此帶來通貨膨脹。歐洲貨幣體系的國家對此舉將給馬克帶來的影響同樣憂心忡忡，畢竟馬克是該體系的核心貨幣。

柯爾對來自央行和其他國家的警告置若罔聞。他心裡只有一個念頭：讓東德人民留在東德，因為東德人早已明確表示：如果馬克不到我們這裡來，我們就到馬克那裡去。而用五比一的比率不會截斷大批東德人湧入西德的浪潮。在柯爾看來，只有一比一的匯率才能穩住一千六百萬東德人，使他們將全部熱情投入家鄉的建設，讓東部有朝一日與西德同樣繁榮。

並非所有的東德人都對這從天而降的禮物歡欣鼓舞。對東部的企業來說，這一匯率是災難性的。如果合理的比價在五比一上下，那麼一比一的匯率等於迫使東德企業在一夜之間為員工提薪五百%。由於生產效率沒有相應地火箭式上升，這些企業的競爭力在一夜之間跌入谷底。當然，統一之後東德經濟的困境不僅源於東西馬克之間的兌換率，企業原有的狀態及蘇聯迅速解體導致傳統市場崩潰也是東德工業一蹶不振的原因。

就在聯邦銀行敢怒不敢言、東德人民一家歡樂一家愁時，歐洲層面的貨幣聯盟越來越有眉目。聯邦銀行忙於應對德國貨幣聯盟帶來的後果，對歐洲貨幣聯盟失去本來就很有限的興趣。不僅是德國央行，易北河兩岸的大多數德國人也對一個陌生的、主權國家之上的貨幣持排斥態度。這不難理解。前面說過，馬克是德國戰後經濟奇蹟的象徵，是西德人的驕傲。東德人民剛剛拿到西馬克，正愛不釋手，聽到歐共體成員國的政治家又在策劃下一個貨幣改革，更是難以接受。因完成統一大業而獲得第三屆任期的總理柯爾隱約感到德國將從進一步融合的歐洲獲益，但他也深知放棄馬克在德國是多不得人心。這位天才戰略家變被動為主動，以德國人對歐洲統一貨幣的抵觸態度為由，在敲定貨幣聯盟最後細節的談判中幾乎貫徹德國的所有立場。換句話說，既然大家一定想要歐元，就必須把它設計得和馬克差不多，否則德國人就會造反。

為德國特製的定心丸：《馬斯垂克條約》

一九九一年十二月，歐共體成員國在荷蘭美麗的城市馬斯垂克開始關於貨幣聯盟最後階段的談判並草簽協議。在兩個月後的峰會上，十二個國家和政府首腦終於邁出一九五七年歐洲經濟共同體成立以來歐洲融合最大的一步，正式簽署《歐洲經濟與貨幣聯盟條約》和《政治聯盟條約》，合稱《歐洲聯盟條約》，也稱《馬斯垂克條約》，簡稱《馬約》。它是對一九五七年《羅馬條約》的修訂，確定了建立政治聯盟和貨幣聯盟的目標以及具體步驟。

隨著《馬約》於一九九三年十一月一日生效，歐共體正式更名為歐洲聯盟。其貨幣聯盟的內容主要是為德國解憂的。德國當時有這樣幾重擔憂：歐洲央行不像聯邦銀行那樣獨立；某些成員國花錢過於大手大腳；德國有朝一日不得不為這些國家埋單。首先來看《馬約》第一百二十七條對歐洲央行的規定：「歐洲中央銀行體系的首要目標是保持物價穩定。在不影響這一目標的前提下，它應支持聯盟的總體經濟政策。」這與聯邦銀行的目標完全吻合。在履行其任務和職責時，「無論是歐洲央行、成員國中央銀行，還是其他決策機構的任何成員，均不得尋求或聽從聯盟機構、團體、機關或辦事機構、成員國政府或其他任何機構的指示。聯盟機構、團體、機關或辦事機構，以及成員國政府應承諾遵守該原則，不在歐洲央行或成員國央行決策機構的成員執行任務時試圖對其施加影響」。這保證了歐洲央行的完全獨立，也與聯邦銀行的章程差不多。某種程度上，歐洲央行的獨立地位比聯邦銀行更有保障：因為德國議會理論上說隨時可以修改相關法律，改變德國央行的地位；但修改歐洲層面的法律可就沒那麼容易了。

再來看《馬約》如何防止貨幣聯盟成員國花錢無度。首先，加入聯盟的門檻不低。申請國家必須努力達標：預算赤字不得超過國內生產總值的三%，債務額度必須保持在GDP的六十%以下。此外，通脹率不得超過聯盟中物價最穩定的三個國家平均通脹率的一・五%。最後一個條件是本國貨幣必須在歐洲貨幣體系中保持兩年不貶值的記錄。此外，入盟後有義務繼續遵守財政紀律，違者受罰。三%和六十%的負債上限是《馬約》第一百二十六條的內容。

假如一國政府管不住自己，持續入不敷出，最後瀕臨破產，貨幣聯盟怎麼辦？其他國家是見死不救還是幫到底？這便是條約中最有名的「互不救助」（No-Bailout）條款——《馬約》第一百二十五條：「聯盟不為成員國中央政府、地區機構、地方機構或其他公共機構、公法團體或成員國公有企業的債務擔保或為其債務承擔責任。一個成員國不為另一個成員國中央政府、地區機構、地方機構或其他公共機構、公法團體或成員國公有企業的債務擔保。」

那歐洲央行在這種情況下可以救急嗎？就像美聯儲那樣通過大量購買國債來資助國家財政。我們來看《馬約》第一百二十三條：「禁止歐洲中央銀行或成員國中央銀行向聯盟機構、團體、機關或辦事機構、中央政府、地區機構、地方機構或其他公共機構、公法團體或者成員國公有企業提供透支業務或其他任何形式的信貸業務；同樣，禁止歐洲中央銀行或成員國中央銀行直接從上述機構或團體購買債券。」[153]

用我們普通人的話說就是：假如貨幣聯盟的一個成員國揭不開鍋了，只能自認倒楣，不要指望其他國家或歐洲央行拉你一把。不過，《馬約》第一百二十二條允許例外情況：「當一國因自然災害或其他意外事件而陷入困境時，聯盟可為其提供資金援助。」[154]

《馬約》內容在長期談判過程中早已不是秘密，一九九一年十二月敲定的最終文本的真正轟動之處在於為歐元確定了「預產期」：最早一九九七年一月一日，最遲一九九九年一月一日。這使統一貨幣變得不可逆轉。原來的文本規定，歐共體理事會在一九九六年年底審核歐元誕生的條件是否成熟：假如一半多成員做出積極表態，歐元專案就立即上馬；反之，一半多成員說條件尚不成熟，那麼兩年後再說。特別是法國和義大利對這樣模稜兩可的說法表示不滿。密特朗和義大利總理安德列奧蒂擔心德國在最後一刻變卦，於是下決心說服柯爾。[155]德國財政部和聯邦銀行都主張走著瞧，而且希望在小範圍內開始貨幣聯盟，這意味著義大利可能得不到首批歐元俱樂部的入場券。於是，安德列奧蒂（Giulio Andreotti）在一九九一年十二月峰會前向密特朗提出了上述「不可逆轉」的主意。密特朗拍案叫絕。密特朗說，貨幣聯盟的事不能無休無止地拖下去。確定一九九九年一月一日這個最後啟動日期的目的是斷了德國的退路。密特朗利用峰會當天早餐的機會徵得柯爾的同意。柯爾本來對貨幣聯盟的渴望就是真心誠意的，沒有走一步看一步的意思，因此並不認為在啟動日期問題上自作主張有什麼不可以。當時參與談判的財長魏格爾、國務秘書科勒和聯邦銀行行長提特邁爾（Hans Tietmeyer）在聽到歐元的「預產期」時都大吃一驚。提特邁爾事後回憶說，他當時感到難以置信，並很有遠見地認為：這樣一來，遵守時間表將比達標更重要。

歐洲貨幣戰場硝煙瀰漫

《馬約》簽署之後，成員國還必須一一通過。有的國家經議會同意即可，比如德國；有的則要全民公投，比如丹麥。丹麥人民於一九九二年六月對《馬約》說「不」。這使歐洲政治精英亂了陣腳。密特朗情急之下決定讓法國也對《馬約》全民公投。依照法國憲法，國民議會點頭通過就可以了。密特朗下此賭注的用意在於讓那些對統一貨幣持懷疑態度的人們看看，法國人民是堅決支持貨幣聯盟的。可事與願違，法國的懷疑派日漸壯大。

在此背景下，金融市場認為《馬約》確定的時間表難以兌現，於是開始對貨幣體系的薄弱環節發動攻勢，首當其衝的是里拉和英鎊。當時由於柯爾對東德人在貨幣政策上的慷慨大方使馬克發行量暴漲，通脹率隨之上升到近六％。聯邦銀行警鈴大作，於一九九〇年十一月，也就是英國成為貨幣體系成員國一個月之後，開始不斷提息。主導利率在一九九二年二月《馬約》簽署之後爬到八％的戰後最高點。這使歐洲夥伴怒不可遏。因為令英國和其他貨幣體系成員國煩惱的不是通脹，而是停滯不前的經濟。聯邦銀行一個勁地提息，其他國家不得不跟進，使國內經濟雪上加霜。

一九九二年七月，英國首相梅傑（John Major）致信德國總理柯爾，對歐洲利率的走向表示擔憂。柯爾不予理睬不說，聯邦銀行還用再次提息替柯爾作答。此時，聯邦銀行的主導利率上升到八・七五%，是六十多年來的新高。德國前總理施密特當時在《時代周報》上撰文，批評聯邦銀行對利率的偏執：「聯邦銀行試圖通過高利率來控制貨幣總量，卻沒有任何效果；相反，破紀錄的利率將大量資本吸引到德國，增加馬克數量，使馬克面臨升值壓力。」聯邦銀行還購買其他歐洲貨幣以緩解它們的貶值壓力，這又使馬克流量劇增。聯邦銀行無異於以己之矛攻己之盾。

施密特還以外交的口吻分析英國的困境：「英國以巨大的努力和犧牲贏得了對希特勒的戰爭。但從那以後，英國經濟實力在國際競爭中一步步落後……可惜梅傑和英國財政大臣不是魔術師，不可能在短期內改善英國經濟的基本條件，因此其維護英鎊匯率的努力註定要失敗。」

金融市場也正是看準了英國經濟弱點，認為英國政府必須讓英鎊貶值，甚至退出歐洲貨幣體系。在狙擊英鎊的投機者中，喬治・索羅斯（George Soros）下的賭注最大。他把家底都拿出來了，要麼一夜之間腰纏萬貫，要麼魚死網破。結局我們都知道，索羅斯在與英格蘭銀行的較量中大獲全勝，而無意中為他助了一臂之力的竟是時任聯邦銀行行長的施萊辛格（Helmut

Schlesinger）。

一九九二年九月中旬是二戰後歐洲貨幣戰場硝煙最濃的幾天。首先支撐不住的是里拉。偏偏在這個節骨眼上，德國央行行長施萊辛格於一九九二年九月十五日接受《商報》（Handelsblatt）採訪。他說：「不排除近日貨幣體系內還有其他貨幣陷入壓力的可能。」他這句話馬上使英鎊成為眾矢之的。九月十六日被稱為「黑色星期三」，英格蘭銀行、聯邦銀行和其他國家的央行聯合干預外匯市場，試圖挽救英鎊。英格蘭銀行宣佈將主導利率由十％提高到十二％。三個小時之後，英格蘭銀行又宣佈可能再度提息三％。但所有的努力都已無濟於事，索羅斯之流鐵了心要與英國戰鬥到底。晚上七點，英國財政大臣諾曼・拉蒙（Norman Lamont）終於掛起白旗，宣佈英國退出歐洲貨幣體系。

各國央行為力挺英鎊花費的三百億美元付諸東流。因此對施萊辛格的採訪無疑是有史以來代價最高的一次訪談。而索羅斯淨賺二十億美元。他心裡不知怎麼感激德國央行的行長呢。那之後的幾周，英鎊兌馬克匯率下跌了十五％。

義大利緊隨英國退出了貨幣體系，這使法國反對《馬約》的力量士氣大增。它們預言九月二十日的公投將成為《馬斯垂克條約》和歐洲統一貨幣的墳墓。公投結果要多懸有多懸，支持《馬約》的只占五十一・〇五％。對金融市場來說，這個結局很不明朗。為什麼這樣說呢？因為如果反對派獲勝，《馬約》就成廢紙一堆，這至少是一個明確的結果；假如支持《馬約》的力量明顯占上風，那麼投機者也就沒戲唱了。偏偏兩派勢均力敵，這就不禁讓很多投機分子想入非非了。他們開始對法郎展開轟炸。

關鍵時刻，聯邦銀行打算見死不救，用對付里拉的辦法打發法郎，要求德國政府解除其在外匯市場購進法郎的義務。九月二十二日，密特朗在會晤柯爾時說了一段發自肺腑的話：「我知道聯邦銀行是獨立的，但它想達到什麼目的？成為一片廢墟上的唯一一個倖存者嗎？因為廢墟是不可避免的。」[156]密特朗又以法國退出貨幣體系相威脅，要求聯邦銀行和法蘭西銀行共同發表聲明，不惜一切代價捍衛法郎兌換馬克的比率。柯爾再次以德法關係和歐洲融合的大局為重，迫使聯邦銀行第二天與法蘭西銀行發表共同捍衛法郎的聲明。不過在此之後的一年裡，德國央行仍依照一貫的思路，只注重德國的特殊國情——統一帶給德國的高增長和高通脹，一再提息，為經濟降溫，對抗通脹；它忘記了自己在歐洲貨幣體系中的核心地位，沒有考慮其他國家低增長和低通脹的狀況，實際強迫其他央行跟著提息，從而使歐洲在一九九三年陷入二戰後最嚴重的經濟衰退。

聯邦銀行後來在歐洲夥伴國壓力下採取的降息措施不過是半心半意和象徵性的，這迫使法蘭西銀行一再投鉅資干預外匯市場。一個加劇法國人心理失衡的因素是：巴黎外匯吃緊，不得不向聯邦銀行借貸。在法國人看來，他們借德國的錢來緩解因德國的自私造成的危機，為德國人埋單不說，還欠了德國一屁股債。

一九九三年七月德、法貨幣危機再度升級，比一九九二年九月那一場有過之而無不及。曾幾度以退出貨幣體系相威脅的法國這一次改變策略，轉而要求德國知趣，主動引退。據德國著名貨幣理論家諾伊曼（Manfred Neumann）[157]回憶說，一九九三年七月底，法國代表在歐洲貨幣體系央行委員會會議上提出這一建議時，全場肅靜，大家不知道如何反應。過了好一會，荷蘭代表說：「如果德國退出，那麼我們將跟隨德國。」比利時也隨聲附和。德國這才擺脫了尷尬。結果，法國和德國誰也沒有退出，也許在最後一刻大家都意識到，辛苦幾十年實現歐洲融合的初衷不正是實現德法和解嗎？這一對無論如何不能拆散。一九九三年八月二日，貨幣體系成員國決定將匯率浮動走廊由上下二·五％暫時擴大至上下十五％。如此大的浮動空間無異於宣佈貨幣體系的實際破產。

一九九二年到一九九三年的貨幣風暴也使很多德國企業遭殃，特別倒楣的是那些與義大利直接競爭國外市場的公司。原因是退出貨幣體系的里拉在短時間內貶值三十％。義大利和德國的經濟結構有可比性，比如汽車和機械製造業都是兩國的強項。在品質差不太多的情況下，義大利生產的機器突然便宜了三十％，那客戶買誰的產品還用說嗎？在貨幣體系中各國擁有自己的貨幣，隨時都有退路。因此，很多德國經濟學家對歐洲統一貨幣的態度就是從那會發生轉變的。在他們看來，統一貨幣將為德國企業省卻匯率浮動的煩惱，也截斷了歐洲夥伴國通過貶值提高本國產品競爭力的退路。於是，「不能讓一九九二年到一九九三年的貨幣戰爭重演」成了統一貨幣勢在必行的一個論據。

硝煙散盡之後，不僅是經濟學家，就連聯邦銀行的鷹派也逐漸放棄對統一貨幣的排斥態度。他們也認識到，馬克價值的一路攀升及歐洲大多數貨幣相對馬克的一再貶值越來越影響到德國企業的競爭力。因此，歐洲統一貨幣符合德國經濟界的利益。一些分析人士認為，這一層考慮也是促使聯邦銀行最終咬著牙力挺法郎的真正原因，因為法國是德國最重要的交易夥伴，一旦法郎脫離貨幣體系，動輒貶值的話，給德國出口企業造成的打擊將不堪設想。

聯邦銀行在那兩年裡只顧本國特殊國情、無視周邊國家利益的做法使它成為歐洲令人談虎色變的機構。而德國央行權勢最盛的時刻也是它衰落的起點。在其他國家的眼裡，聯邦銀行將自己的鋼鐵原則建築在夥伴國家的痛苦之上，因此只有完成統一貨幣大業，確立歐洲央行，才能一勞永逸地削弱聯邦銀行的地位。

可以說，一九九二年到一九九三年的貨幣動盪和德國央行以自我為中心的貨幣政策最終成為歐洲實現統一貨幣的動力。同時，那一場貨幣戰爭也將歐洲分裂為硬貨幣和軟貨幣兩個陣營。頭一個陣營以德國為核心，包括荷蘭、比利時、盧森堡和奧地利，這些國家始終跟隨聯邦銀行的步伐，是德國的鐵杆盟國；軟貨幣陣營指的是那些一有風吹草動便吃不住勁的國家，包括葡萄牙、義大利、希臘和西班牙。由於這些國家都瀕臨地中海，所以金融市場給了它們「地中海俱樂部」的外號。這個外號還算客氣的，還有人把四國打頭的字母連起來，變成Pigs——

「歐豬四國」。前些年歐元危機猖獗時流行著「歐豬五國」的說法——Piigs，多了個愛爾蘭。可見今日的危機國二十年前就處於飄搖不定的狀態，這應當不是巧合吧。那麼法國屬於哪個陣營呢？法國夾在硬貨幣和軟貨幣兩個陣營之間。這與今天歐元區的情形很像：情感上，法國傾向於危機國，它不願與德國同屬一個陣營，因為那樣一來，它將不得不聽從德國的指揮；但理性上，它知道德國的原則都在理，只有控制赤字，才能免受金融市場的衝擊。不過，今天的法國政府越來越失去了二十世紀九〇年代初的那份頑強，總體狀況越來越向南歐靠攏。

在局外人看來，歐共體國家剛剛在荷蘭小城馬斯垂克莊嚴宣佈歐洲貨幣聯盟將在二十一世紀到來之前誕生，便馬上打起了貨幣仗，這些歐洲人的精神不太正常吧。其實道理很簡單：這是德國和法國為代表的兩種理念的衝突，說穿了是把穩定物價放在一個什麼地位的問題。德國人經歷了二十世紀二十年代的超級通脹和二十世紀四〇年代的貨幣改革，在二十五年之內兩次傾家蕩產之後，對通貨膨脹深惡痛絕。於是德國人給了央行完全的獨立地位，讓它在必要時哪怕犧牲增長和就業也要將通脹率控制在目標值之內。在德國人看來，犧牲只是暫時的，而物價或者說幣值的穩定從長遠來說將有助於增長和就業。法國人對通脹沒有德國人那麼恐懼，反倒信不過央行，認為不能讓那些技術官僚成為民選政治家的實際主宰。

病態的早產兒：歐元

一九九三年的那一場經濟衰退使大多數國家遠遠超過《馬約》規定的總債務和赤字率的上限。這時候，有跡象表明一些國家開始為統計數字「美容」，也就是造假。越來越多的德國人擔心未來統一貨幣的成色將遠不如馬克。為安撫民心，德國財長魏格爾于一九九五年向歐洲夥伴推出一個《穩定公約》（Stability and Growth Pact）。據此，預算赤字占GDP比超過三%的國家將自動受罰，罰金為受罰國GDP的〇・二%到〇・五%。

魏格爾的設想首先激怒了法國。法國政府一九九五年的赤字率達到五%，按照德國的思路，法國將是首當其衝的被罰對象。當時，柯爾多年的搭檔密特朗剛剛卸任，新總統是戴高樂派的席哈克。在柯爾眼裡，席哈克的歐洲理念與民族主義混雜在一起，難以共商歐洲大計。德、法爭吵一年多之後，柯爾打算在一九九六年十二月的都柏林峰會上拍板定案。席哈克在峰會召開之前發表電視講話，稱《穩定公約》是幾個德國技術官僚臆想出來的。這可把柯爾的鼻子氣歪了。他在峰會上把席哈克拽到一邊，就差大打出手了。荷蘭首相科克（Wim Kok）為柯爾加油：「赫爾穆特，別讓步！」據說柯爾當時高喊：「要不是為了歐洲，我去年就不幹了。離了我，歐洲的事誰也辦不成。」一位在場的荷蘭人說，柯爾和席哈克接著像馬販子一樣討價還價，後來把公約改名為《穩定和增長公約》（Stability and Growth Pact）。加個「增長」，法國人心裡就舒坦多了。因為增長的含義是：在特殊情況下，為了「增長」的大目標，可以忍痛讓預算赤字超標。且貨幣聯盟的成員國將不會自動受罰，而是啟動一個漫長的懲罰程式：先是歐共體委員會向犯規的國家發出一封警告信，警告無效後由部長理事會提出懲罰的建議。那部長理事會由什麼人組成呢？貨幣聯盟成員國的財長。換句話說，今天來裁定犯規國家的財長明天就可能自己站到「被告席」上。他們能做到鐵面無私嗎？不能。這也是《穩定與增長公約》至今被破壞過約二百次，卻沒有一個國家受罰的原因。德國還在另一個問題上向法國妥協：建立一個與歐洲央行相對應的政治機構。法國從一開始就視獨立的歐洲央行為眼中釘，既然在這個問題上爭不過德國，於是要求新建一個政治機構與央行抗衡，這便是歐元集團。

一九九七年一月一日第一個啟動歐元的可能日期很快就被廢棄，因為沒有達標的成員國太多。那一九九九年呢？如果認真拿前面提到的幾個標準衡量歐盟成員國的話，百分之百達標的仍是少數。德國的赤字率在三%上下徘徊，較起真來也懸。怎麼辦？讓歐洲融合大業付諸東流嗎？那樣一來，歐洲不是臉面丟盡嗎？推遲總可以吧？達標無望的義大利提出這一建議。德國政治精英馬上表示反對。他們擔心熱熱鬧鬧準備了幾年，到最後一刻打退堂鼓，最倒楣的將是德國企業，因為馬克必定會大幅升值。德國堅持歐元時間表的另一個原因是柯爾。他在完成德國統一大業之後，認為有責任再為歐洲融合推波助瀾。他屬於那類對自己的繼任缺乏信心的政治家，能在自己任期內成就的偉業絕不留給後代，因為那可能意味著砸鍋。

有了德、法的鋼鐵意志做後盾，歐洲向貨幣聯盟全速前進。問題是首批俱樂部成員包括哪些國家？我前面說了，百分之百達標的不多。如果通融一些，基本達標就可以的話，歐共體成員國就基本都過線了。希臘是個例外。希臘政府自己也承認還不夠條件，願意先在週邊努力。英國和丹麥雖滿足加入歐元區的條件，但寧願暫時旁觀，並得到歐盟的許可。丹麥曾在一九九二年對統一貨幣說「不」，後來得到了特殊待遇的承諾，才使第二次公投取得積極的結果。瑞典因沒有參加歐洲貨幣體系，缺少一個加入歐元俱樂部的前提（必須是歐洲貨幣體系成員兩年）[158]，因而只能留在歐元區外面。二〇〇三年九月，瑞典就是否加入貨幣聯盟舉行全民公投，結果五十六%的公民反對。我前面說了，貨幣聯盟不是一個來去自由的組織，而是帶有強制性的。凡是達標的歐盟成員必須加入歐元區，只有英國和丹麥享受特殊待遇。瑞典政府在民眾對統一貨幣說「不」之後沒有像丹麥那樣也申請特殊化，而是想出了一個簡單的辦法：故意在匯率穩定這一項不達標。於是一個財政十分健康的國家像避瘟神一樣地躲著歐元。這也是歐洲貨幣聯盟的一個怪象。

說來說去，只有一個大國怎麼通融都不夠格，它就是義大利。該國的債務額度在過去幾十年裡沒有下過GDP的一百%，距離《穩定公約》的六十%上限太遙遠了，睜一隻眼閉一隻眼也不行。帶上義大利嗎？聯邦銀行態度明確——不帶。德國政府的態度就不那麼堅決了。義大利與法國、德國、荷蘭、比利時和盧森堡一起是開啟歐洲融合進程的國家，二十世紀五〇年代初的歐洲煤鋼共同體就有它的一份，歐共體誕生的條約還是在羅馬簽署的。一句話，義大利是歐盟創始國，怎能想像貨幣聯盟缺少義大利呢？於是閉兩隻眼也要把義大利拉進來。為了不讓歐洲夥伴太為難，義大利於一九九六年返回貨幣體系，這樣至少滿足入盟條件當中的一個。到此為止我們應當發現了一個規律：輕鬆達標，經濟又不那麼依賴德國的歐共體國家都對歐元持懷疑態度，甚至避之唯恐不及，像英國、丹麥和瑞典；而那些債務纏身，甚至總在破產邊緣溜達的國家卻拼了命也要入盟，像義大利、希臘，這也從一個側面反映了統一貨幣的設計缺陷。

歐元的到來已不可逆轉，長期持懷疑態度的金融市場也漸漸明白。這給那些傳統的軟貨幣國家帶來了意想不到的好處：長期國債的利率驟然下降。義大利、西班牙等南歐國家在二十世紀九〇年代之前經常要向投資者付兩位數的利息；而一九九五年之後，歐元的預產期越是臨近，其國家債券與德國聯邦債券之間的息差就越小。國債利息的驟降減少了國家開支，使入盟的第二個條件（赤字率不得超過GDP的三％）變得不那麼遙不可及。

儘管如此，一些國家降低赤字率的速度仍然令人咋舌，使人不禁產生疑問：這些數字是事實、是神話，還是介於兩者之間？前英國首相邱吉爾曾經說：「只有你自己偽造的數字才是可信的。」在二十世紀九〇年代為進入歐元俱樂部而達標的幾年裡，通過所謂「創造性會計」而使預算赤字率低於三％的又何止希臘。國家預算是國家的基本財政收支計畫。先根據預估的經濟增長率，計算可能稅收；再看計畫中的開支有多少。支出大於收入的部分便是赤字。我們來看看某些國家在計算赤字率的時候如何發揮聰明才智。經濟增長率是個變數，誰能說得准呢？不妨說得高一些，那預計的收入也隨之提高；支出正相反，寧少勿多。以希臘為例：該國政府習慣在軍事開支上做手腳。比如雅典國防部向德國訂購一批價值十億歐元的潛艇。如果確知明年秋天付款，那麼這十億歐元自然進入明年的財政預算。希臘官員卻善於自由發揮。他們對外界說：「我們把這筆帳記在提貨的那一年。」於是這十億歐元的開支就永不見天日了。日後別人問起，希臘人會說：「交貨時間是軍事秘密。」於是，稅收高估一點，開支隱瞞一兩筆，裡外裡預算赤字率就能少幾個百分點。對希臘這樣一個預算規模有限的國家來說，抹掉一筆開支的效應相對來說更大。

就這樣，希臘在二〇〇〇年將赤字率「調整」到了GDP的二%。歐盟委員會於是對雅典刮目相看，決定於二〇〇一年一月一日讓希臘成為歐元區第十二個成員國。二〇〇四年希臘偽造數字敗露後，雅典政府才不得不承認二〇〇〇年關鍵之年的赤字率實際為四・一%。

預算赤字這一項指標可以蒙混過關，那麼另一項呢？希臘二〇〇〇年的債務總額超過GDP的一百%，與《馬約》規定的六十%上限相比，怎麼通融也說不過去。不過，由於這項指標伸縮性不大，所以它從一開始就形同虛設。比利時和義大利的債務額度都在一百%以上，既然讓它們成為歐元區的首批成員，就不能以債務總額超標為由將其他國家拒之門外。於是歐盟官員說：「我們更注重赤字率，債務總額只要呈下降趨勢就行，表明這些國家在努力。」

說到修改數字，希臘人會說：「我們將數字時伸時縮，實屬小打小鬧，義大利才是數字美容的鼻祖。」一九九七年是決定義大利是否成為歐元俱樂部首批成員的關鍵一年。當時義大利總理普羅迪（Romano Prodi）[159]絞盡腦汁尋找生財之道。他將國家的黃金儲備「賣」給了央行，並對央行的「盈利」徵稅。他還發明了歐洲稅，使該國收入大為改觀，並將赤字率剛好降至三%。入盟之後，普羅迪將這筆「明搶」來的錢又部分還給了自己的臣民。

別說希臘和義大利，就是做事一板一眼的德國人也差一點丟了「貞操」。一九九七年，擔心預算赤字超標的總理柯爾和財長魏格爾想出改善財政狀況的絕招——讓聯邦銀行重新估算黃金儲備價值。言外之意，央行應上調該價值。清點一下家財本無可厚非，魏格爾建議的與眾不同之處卻在於：他要求央行把重新評估之後高於原來帳目的部分轉換成現金，匯到財政部的帳號。這無異于要求央行印鈔。這使一向矜持寡言的央行理事會成員義憤填膺。據說當時的聯邦銀行行長提特邁爾曾以辭職相威脅。在央行的激烈反對下，柯爾和魏格爾只好作罷。德國政府這一次耍小聰明未遂，但高估稅收、低估開支也是德國歷屆財長的「美德」，這也是為什麼追加預算如此頻繁的原因。

統一貨幣的誕生看來已成定局。德國國內的氣氛如何呢？一九九二年六月，為貨幣聯盟奠定法律基礎的《馬斯垂克條約》墨跡未乾，德國六十二位經濟學家便共同發表反對貨幣聯盟的宣言。他們寫道：「在使用統一貨幣的國家中，經濟較弱的夥伴將面臨更大的競爭壓力，較低的生產率和競爭力將使這些國家的失業率上升。這樣，以經濟補償為目的的轉移支付將變得十分必要。」不到二十年，學者的預言便百分之百地成為現實。

宣言的另一個核心資訊是：沒有共同經濟和財政政策的貨幣聯盟是行不通的。德國的政治家開始也這樣認為。一九九一年十一月，柯爾在聯邦議院發表講話說：「政治聯盟是經濟與貨幣聯盟不可或缺的補充。近代歷史、現代歷史告訴我們，認為沒有政治聯盟的貨幣聯盟可以長久存在的設想是完全錯誤的。」[160]柯爾在講這番話的時候，內心已經知道政治聯盟的不現實。他在德國統一之前便意識到法國絕不願將經濟和財政政策的主權上交歐洲一級的機構。不過，他不願因一個先後順序的（政治聯盟在先，還是貨幣聯盟在先）問題使兩德統一節外生枝，或是在統一進程中得罪法國。

一九九八年，歐元呼之欲出。一邊是政治家不惜一切代價為一九九九年「接生」歐元做準備，另一邊是德國主流學者奮起反抗。一九九八年一月，以圖賓根大學施達巴蒂（Joachim Starbatty）[161]教授為首的四位學者[162]起訴貨幣聯盟。在他們看來，統一的貨幣將在歐洲引發混亂、挑起爭端。起訴人之一的威廉・諾林（Wilhelm Nölling）[163]說「歐元根本不具備生存能力」，因為未來歐元區成員國是在「弄虛作假」的基礎上達到穩定標準的。[164]

一九九八年二月九日，另外四位學者[165]發表題為《歐元操之過急》的宣言。後來在宣言上簽名的多達一百五十五人——可以說當時德國經濟學家中的主流反對歐洲統一貨幣。學者首先表示歐洲融合是大勢所趨，貨幣聯盟是歐洲一體化的組成部分，但是當時歐元誕生的條件還不成熟。經濟學家提出三點論據：第一，各國的財政整頓開始過晚，而且三心二意，核心國家（德國、法國）也不例外；第二，由於赤字率和債務上限超標沒有自動懲罰機制，因此《穩定公約》形同虛設；第三，貨幣聯盟的成員國在喪失以匯率調整競爭力的可能性之後，只能依賴高度靈活的勞動市場，但各國體制改革都不夠深入。專家們警告說，如果生米煮成了熟飯，日後各國政府必定向獨立的歐洲央行施壓。

今天重讀這份宣言，學者的每一個警告都不幸成為現實。而當時，他們被部分政治家和媒體冠以仇視歐洲的帽子，被另一部分同行視為不合潮流的人。[166]

細心的讀者可能會問：你不是剛說了一九九二年到一九九三年的貨幣戰爭使德國經濟學界轉變了對統一貨幣的看法嗎？這話不錯。但學者一九九八年的抵制態度不是針對歐元本身，而是認為貨幣聯盟誕生的前提條件還不具備。

質疑歐洲統一貨幣的還有大西洋彼岸的學者。哈佛大學教授羅格夫（Kenneth Rogoff）[167]形容歐元是個「好大喜功」的項目。[168]其他美國學者也認為，沒有政治聯盟做後盾的貨幣聯盟一旦出現問題，將沒有一個中央政府能夠及時做出反應。另一位哈佛大學教授費爾德斯坦（Martin Feldstein）[169]早在一九九二年就打破了德國人對計畫中的歐洲央行的幻想。在他看來，歐洲央行不是聯邦銀行成功模式的翻版，它的創立實際是為了削弱聯邦銀行的地位。這位講話直來直去的經濟學家稱歐元是「餿主意」，將給歐洲帶來重負。

美國學者的批評和警告似乎更堅定了歐洲政治家打造歐元的決心。在他們看來，美國人一來擔心因統一貨幣而團結的歐洲成為不可小覷的競爭對手，二來害怕歐元直接威脅美元的世界主導貨幣的地位。

政治意志最終占了上風。一九九八年三月，歐盟委員會為十一個國家頒發加入貨幣聯盟的合格證書。一九九八年四月，德國聯邦議院和參議院為貨幣聯盟開綠燈。

如果說德法和解是歐洲融合的前提，德法合作是融合進程的推動力，那麼德法之間的衝突、較勁和磨合則是貫穿貨幣聯盟的一條紅線。在歐洲朝著統一貨幣終點站衝刺的時候，老大和老二又是不停地拌嘴，使旁觀者一再對它們是否真想到達終點產生疑問。

兩國剛剛結束了圍繞《穩定公約》展開的拉鋸戰，就為首屆歐洲央行行長的人選而爭吵。按照未來歐元俱樂部成員的約定，荷蘭央行行長杜伊森貝格應於一九九七年接管歐洲央行的前身——歐洲貨幣機構，一年後順理成章地成為歐洲央行行長。法國對杜伊森貝格極不感冒，因為他對貨幣政策的理念與德國一脈相承。就在一九九八年春天歐洲貨幣機構管理委員會一致推舉杜伊森貝格擔任歐洲央行行長之後，法國總統席哈克愣是裝傻，提出了自己的候選人——法國央行行長特里謝（Jean-Claude Trichet）[170]，引起眾怒。席哈克後來提出妥協方案：歐洲央行行長的八年任期由杜伊森貝格和特里謝平分秋色。柯爾一方面認為這是對歐洲央行獨立性的公開挑戰，另一方面又不願因為這個細節問題與法國鬧翻。最後是杜伊森貝格自己來為歐洲的老大和老二解圍——他說將在任期過半的時候主動辭職。

在行長人選的問題上達成妥協之後，央行於一九九八年六月順利起步。我們在前面已經提到，歐洲央行是按照聯邦銀行的模式建立的，首要目標是物價，也就是幣值的穩定，並享有比聯邦銀行更大的獨立性。一向主張央行應受控於政治的法國在此問題上完全接受了德國的設想。是法國政府終於認識到了獨立央行的好處，還是抱著先答應再走著瞧的心態？我們不得而知。英國首相梅傑認為是後者。他曾在一次關於《馬約》的議會辯論中說：「法國的談判者習慣先簽字，後討論。」[171]

巴黎一邊在貨幣聯盟的衝刺階段與德國比腕力，一邊繼續削弱著自己的實力。一九九七年上臺的總理若斯潘（Lionel Jospin）很快兌現了社會黨人的選舉諾言——實行一周三十五小時工作制。法國新政府一邊向選民「送禮」，一邊對歐洲夥伴宣佈將無法把赤字率控制在國內生產總值的三%以內。德國的財政狀況也讓人捏把汗。有關貨幣聯盟不得不推遲的謠言又起。於是就有了德國前聯邦銀行行長珀爾的那句名言：「貨幣聯盟的列車已經啟動，此時　車將有出軌的危險。」[172]

法國最後為了減少赤字而提稅。其他國家的數字，不管是赤裸裸還是化了妝，都令人刮目相看。一九九八年三月二十五日，歐盟委員會和歐洲貨幣機構發表各國經濟趨近報告。報告公佈了首批歐元國的名單。它們是：德國、法國、奧地利、荷蘭、比利時、盧森堡、義大利、西班牙、葡萄牙、愛爾蘭和芬蘭。英國、丹麥和瑞典獲得暫時不加入的權利。希臘條件明顯不夠，必須繼續努力。

開始對統一貨幣將信將疑，後來成為歐元之父的德國總理柯爾沒能在任上等到歐元的誕生。一九九八年秋天，他在聯邦議院的選舉中敗給了社民黨人施羅德（Gerhard Schröder）。這位對歐洲缺乏激情的政治家對歐元也沒有什麼好感，稱之為一個「病態的早產兒」。

注釋

100 Frank Sieren, Geldmacht China: Wie der Aufstieg des Yuan Euro und Dollar schwächt (München: Hanser, 2013)

101 盎司：重量和長度單位，一盎司相當於三十一克。

102 Otmar Emminger：從一九五七年聯邦銀行建立到一九六九年是該央行董事會成員，一九六九年到一九七七年擔任聯邦銀行副行長，一九七七年到一九七九年擔任聯邦銀行行長。

103 Otmar Emminger, D-Mark, Dollar, Währungskrisen (München: DVA, 1986)

104 Wilfried Loth, Robert Picht, De Gaulle, Deutschland und Europa (Leverkusen:Leske+Budrich, 1991)

105 Kurt Georg Kiesinger（1904—1988）：一九六六年至一九六九年擔任德國總理。

106、107 David Marsh, Der Euro: Die geheime Geschichte der neuen Weltwährung (Hamburg: Murmann, 2009)

108 如今，十八歲以上的德國中學生有權為自己開病假單。

109 Gregor Schöllgen, Willy Brandt (Berlin: Propyläen, 2001)

110 Hans-Joachim Noack, Willy Brandt: Ein Leben, ein Jahrhundert (Berlin: Rowohlt,2013)

111 Hans-Joachim Noack, Willy Brandt: Ein Leben, ein Jahrhundert (Berlin: Rowohlt,2013)

112 Gregor Schöllgen, Willy Brandt (Berlin:Propyläen, 2001)

113、114、115 Valéry Giscard d'Estaing, Macht und Leben: Erinnerungen (Berlin: Ullstein, 1988)

116 David Marsh, Der Euro: Die geheime Geschichte der neuen Weltwährung (Hamburg: Murmann, 2009).

117 Jonathan Carr, Helmut Schmidt (Berlin: ECON, 1993)

118 Jonathan Carr, Helmut Schmidt (Berlin: ECON, 1993)

119 Björn Engholm（1939—）：一九八八年至一九九三年任石荷州州長，一九九一年至一九九三年任社民黨主席。

120 Jonathan Carr, Helmut Schmidt (Berlin: ECON, 1993)

121 君特・紀堯姆是布蘭特私人政治助理，其東德間諜身份被曝光後，於一九七四年四月二十四日被捕。布蘭特承擔政治責任，宣佈辭職。當時一般認為他不必走出這一步，因為紀堯姆發回東德的並不是什麼特別機密文件。

122 Matthias Waechter, Helmut Schmidt und Valéry Giscard d'Estaing (Bremen: Edition Temmen, 2011)

123 Matthias Waechter, Helmut Schmidt und Valéry Giscard d'Estaing (Bremen: Edition Temmen, 2011)
124 Helmut Schmidt, Ein letzter Besuch: Begegnungen mit der Weltmacht China (München: Siedler, 2013)
125 Matthias Waechter, Helmut Schmidt und Valéry Giscard d'Estaing (Bremen: Edition Temmen, 2011)
126 德斯坦在亞琛的講話。
127 David Marsh, Der Euro: Die geheime Geschichte der neuen Weltwährung (Hamburg: Murmann, 2009)
128 幸好公佈這一講話記錄的時候，密特朗已經去世。
129 David Marsh, Der Euro: Die geheime Geschichte der neuen Weltwährung (Hamburg: Murmann, 2009)
130 David Marsh, Der Euro: Die geheime Geschichte der neuen Weltwährung (Hamburg: Murmann, 2009)
131 Thilo Sarrazin, Europa braucht den Euro nicht (München: DVA, 2012)
132 Thilo Sarrazin（1945—）：德國社民黨黨員，二〇〇二年至二〇〇九年任柏林市財政部部長，之後進入聯邦銀行董事會。他的暢銷書《德國自暴自棄》（Deutschland schafft sich ab）被指責具有種族主義傾向。在各方壓力之下，他於二〇一〇年九月辭職。
133 Thilo Sarrazin, Europa braucht den Euro nicht (München: DVA, 2012)
134 David Marsh, Der Euro : Die geheime Geschichte der neuen Weltwährung (Hamburg: Murmann, 2009)
135 施密特二〇〇七年接受大衛・馬什採訪時語。
136 珀爾二〇〇七年接受大衛・馬什採訪時語。
137 David Marsh, Der Euro: Die geheime Geschichte der neuen Weltwährung (Hamburg: Murmann, 2009)
138 Catherine Nay, Le Noir et Le Rouge: Biography of Francois Mitterand Mitterand (Paris: Librairie generale francaise, 1996)

139 當時法國總統的任期是七年。

140 Catherine Nay, Le Noir et Le Rouge: Biography of Francois Mitterand Mitterand (Paris: Librairie generale francaise, 1996)

141 Hans-Peter Schwarz, Helmut Kohl (München: DVA, 2012)

142 指聯邦德國前總理赫爾穆特・施密特和赫爾穆特・科爾，二人名中均帶有「赫爾穆特」。

143 Oskar Lafontaine（1943—）：一九八五年至一九九八年任薩爾州州長，一九九五年至一九九九年任社民黨主席，一九九八年在施羅德內閣中擔任財政部部長，一九九九年辭去所有政治職務，二〇〇五年加入左翼黨，二〇〇五年至二〇〇九年任左翼黨議會黨團主席。

144 柯爾對梅克爾的稱呼。

145 鄧小平曾說世界上只有一個德意志民族，建議德國在統一問題上從長計議。

146 David Marsh, Der Euro: Die geheime Geschichte der neuen Weltwährung (Hamburg: Murmann, 2009)

147 Wim Duisenberg（1935—2005）：一九八二年至一九九四年任荷蘭央行行長，一九九八年至二〇〇三年擔任首屆歐洲央行行長。

148 Thilo Sarrazin, Europa braucht den Euro nicht (München: DVA, 2012)

149 據《明鏡周刊》一九九八年第十期報導。

150 據《明鏡周刊》一九九八年第十期報導。

151 據德國《世界報》報導。

152 不是所有的東馬克都能以此優惠價兌換成西馬克：六十歲以上的東德公民可以利用這一匯率兌換六千東馬克，其他成年人四千馬克，十四歲以下的兩千馬克。在此數額之上的東馬克儲蓄以二比一的匯率兌換成西馬克。

153 《歐洲聯盟基礎條約》（程為東、李靖堃譯）北京：社會科學文獻出版社，二〇一〇年版。

154 後來歐元區救助希臘便是依據的這一條。不過，把債務危機視為自然災害或意外事件實在有些牽強。

155 Wilfried Loth, Europas Einigung: Eine unvollendete Geschichte (Frankfurt: Campus, 2014)

156 David Marsh, Der Euro: Die geheime Geschichte der neuen Weltwährung (Hamburg: Murmann, 2009)

157 Manfred Neumann（1940—）：德國最著名的經濟學家之一，現任聯邦銀行行長魏德曼的博士生導師。他的這番話是在曼海姆一次研討會上說的。

158 這個前提條件只適用於首批成員。隨著貨幣聯盟取代貨幣體系，後來申請入盟的國家當然不可能做貨幣體系成員，因此這一入盟前提自動取消。

159 Romano Prodi（1939—）：一九九六年至一九九八年以及二〇〇六年至二〇〇八年擔任義大利總理，一九九九年至二〇〇四年任歐盟委員會主席。

160 《法蘭克福彙報》二〇一一年一月六日的報導。

161 Joachim Starbatty（1940—）：圖賓根大學經濟學退休教授。曾加入選擇黨。該黨向右轉之後，他於二〇一五年退黨。

162 其他三位是經濟學教授Wilhelm Nölling和Wilhelm Hankel以及法學教授Karl Albrecht Schachtschneider。聯邦憲法法院後來駁回他們的起訴。

163 Wilhelm Nölling（1933—）：金融專家和社民黨政治家。

164 《明鏡周刊》一九九八年第三期報導。

165 他們分別是來自波鴻大學的Wim Kösters、波恩大學的Manfred Neumann、哥廷根大學的Renate Ohr和曼海姆大學的Roland Vaubel。
166 一九九七年八月，五十九名學者發表支持歐元的公開信。起頭人之一是目前德國經濟五賢人之一的維爾茨堡大學教授博芬格（Peter Bofinger）。
167 Kenneth Rogoff（1953—）：哈佛大學經濟學教授，二〇〇一年至二〇〇三年任國際貨幣基金首席經濟師。
168 據《明鏡周刊》二〇一一年第三十九期報導。
169 Martin Feldstein（1939—）：一九八二年至一九八四年是美國總統雷根最重要的經濟顧問。
170 Jean-Claude Trichet（1942—）：二〇〇三年至二〇一一年擔任歐洲央行行長。
171 Dominik Geppert, Ein Europa, das es nicht gibt (Z ri : Europa, 2013)
172 David Marsh, Der Euro: Die geheime Geschichte der neuen Weltwährung (Hamburg: Murmann, 2009)

CHAPTER 6

統一夢未圓已破

列寧（Vladimir Lenin）曾經說過：歷史有時候幾十年沒什麼動靜，有時候幾周就像幾十年。英國脫歐公投事件屬於後一種。它將是戰後歐洲歷史的一個轉捩點。迄今為止，幾十年融合進程只認準一個方向：攤子越鋪越大，成員越來越多，融合度越來越深。但英國的公投可能開啟一個反向發展，最終可能導致歐元區和歐盟的崩潰。怎麼可能會走到這一步呢？這首先與歐洲二〇〇八年以來的持續危機有關。

金融風暴，愛爾蘭率先趴下

聽說過龐氏騙局嗎？查爾斯・龐茲（Charles Ponzi）[173]是個義大利人，是人類歷史上最具傳奇色彩的騙子之一。他對勤勞致富的方式不屑一顧，從一九〇三年移民美國的第一天起就不知疲倦地琢磨著怎麼靠坑矇拐騙發家。他的騙局一再被揭穿，一次次身陷囹圄。不過，這位老兄可謂是堅韌不拔，終於在十七年後修成正果，在短短幾個月內成為百萬富翁。

他出售的東西很不起眼——國際回信郵票券（international reply coupon）。由於歐洲貨幣狂跌不止，在歐洲買的票券拿到美國去賣大有賺頭。不過靠自己那幾百美元成不了大氣候，於是他四處遊說，找人投資。嘗到了甜頭之後，他的欺騙慣性又來了。龐茲向投資者承諾讓其資本在九十天內翻一番。這太有吸引力，可又太讓人難以置信了。於是有人拿出小部分資金試一試。那些急功近利的人九十天以後連本帶利都想要。這沒問題，龐茲用新客戶的投資來支付。一傳十，十傳百，龐茲的客戶隊伍滾雪球一般壯大。最火的時候，他一天「收入」上百萬。他真拿這些錢去買回執了嗎？怎麼可能。以涮人為樂趣的龐茲早用這些攔都攔不住的錢去花天酒地了。在他看來，這也算是對在獄中耽誤的青春的某種補償吧。

龐氏騙局只是對龐茲來說是場遊戲，對受他矇騙的四萬投資者來說，這無異於一場噩夢。當騙局被戳穿的時候，他聚斂的一千五百萬美元已經揮霍殆盡。

不過，與龐茲最出色的學生麥道夫（Bernard Madoff）[174]相比，這一千五百萬美元簡直是小巫見大巫了。

與暴發戶龐茲不同的是，麥道夫放長線釣大魚，一步一個腳印地行騙。這使他成為億萬富翁的過程相對漫長，但隱藏的時間也更長，為害更大。一九六〇年，二十二歲的麥道夫成立了一家證券公司，替客戶做股市交易，並收取中間費。後來，他開設對沖基金，作為投資騙局的掛牌公司。他以龐茲為榜樣，用新客戶的資金來兌現對老客戶的回報承諾。不過，麥道夫做得比龐茲巧妙多了，他不是答應客戶在三個月或半年之內使其投資翻倍。有了龐茲的前車之鑒，這類許諾一看就使人生疑。麥道夫向投資者承諾的回報率是每年十％。經歷了一場世紀金融危機，我們知道這樣的承諾也不現實。但在二十世紀八、九〇年代，特別是進入二十一世紀之後，短期內致富的激動人心的故事太多了。在高爾夫球場上，你的球友一再吹噓把錢交給麥道夫是多麼英明的決定，你不動心也難。

麥道夫夫婦還有一個絕招，就是大搞慈善事業。你說慈善家能幹壞事嗎？於是這層面紗又給麥道夫引來不少客戶。出於志同道合，越來越多的慈善基金把其資產託付給麥道夫。

當金融危機爆發，一名重要客戶想撤回上億美元投資時，麥道夫的體系頃刻間土崩瓦解。二〇〇八年年底，他被逮捕，後來被判處一百五十年有期徒刑。這位超級騙子給全球三十多家銀行和基金造成至少六百五十億美元的損失，可以說是規模空前的全球性詐騙案。

當然，引發金融危機的不只是麥道夫這類騙子，更重要的是體制出了問題。這要從金融監管說起。銀行最重要的職責是保障經濟的運轉。它們接受私人存款，再把錢貸給企業和投資人。銀行對經濟的重要性就像血液對人體，銀行出了問題，總會波及實體經濟。因此，金融業一向是國家的重點「保護」或說「監管」對象。銀行掌控著經濟命脈，卻受那麼多限制，不能隨心所欲地大把撈錢，於是抱著水滴石穿的精神做政治決策人的思想工作。功夫不負有心人，二十世紀八〇年代，金融業的遊說人終於在美國和英國兩個資本主義大本營找到了知音。這兩個國家本來就是傳統的盟友，而美國總統雷根和英國首相柴契爾夫人又是特別情投意合的一對。他們聯手為金融業鬆綁，使它們得以用有限的自有資本做大生意，這便是資本槓桿化。槓桿化程度越高，銀行所冒的風險也就越大。漸漸地，金融市場的交易與實體經濟脫節。

二〇〇一年世界經濟受到兩次衝擊：一次是網際網路泡沫破裂，這是實實在在的打擊；之後是「九一一」事件，這特別給西方國家帶來心理上的挫折。為了防止全球經濟陷入衰退，世界主要央行大幅降息。其中尤以格林斯潘領導下的美聯儲最甚。

全球央行同時開動印鈔機，天文數字的金錢尋找生財之道。銀行大顯身手的時候到了。特別是美國銀行尤其有創新精神。新潮金融產品層出不窮。不過最具創意的還屬房貸衍生品。

當時布希政府鼓勵全民買房，推動經濟增長。房價只認準向上的方向，利息又低得不能再低，不貸款買房不是傻瓜嗎？經濟走熱之後，美聯儲開始提息。從二〇〇三年年中到二〇〇六年，美國央行將主導利率一步步提到五％以上。放貸的利息也水漲船高。這可坑苦了那些打腫臉充胖子的房主。他們首付極少甚至為零，是在低息誘惑和銀行慫恿之下過房主癮的。現在利息一漲，他們馬上就感到負擔難以承受。銀行眼看著要呆帳滿天飛，於是想出一個絕妙的主意：把優質和次級的房貸攪和到一起，換上精美的包裝，再請評級公司打上最高分，搖身變成一級金融衍生品，之後賣給其他銀行。這樣，它們不僅將風險轉移，還賺足了傭金。下一家銀行按照同樣的邏輯再將這些燙手的山芋賣給另一家銀行，直到第一批房主付不起利息，銀行或私人投資者躲避這些不透明的衍生品，一場怪異的金融遊戲才戛然而止。

不過，德國一些聯邦州銀行的職員反應比較遲鈍。在那一座金融大廈已開始搖搖欲墜的時刻，這些人仍然沉醉在即將發大財的夢想中。怪不得美國投資銀行稱他們為「愚蠢的德國人」。就在雷曼兄弟（Lehman Brothers）宣佈破產的二〇〇八年九月十五日清晨，德國國有的復興信貸銀行（KfW）向雷曼轉帳三億多歐元，被德國媒體譏諷為「全國最笨的銀行」。

金融危機並非始於雷曼破產。二〇〇七年，美國房地產泡沫破裂。很多在泡沫膨脹時期買房的美國人資不抵債，也就是說，欠銀行的債款高於房產的價值。他們只好將貸款和房產一併甩給銀行。次級房貸違約越頻繁，房價便跌得越狠，於是危機愈演愈烈，演變成一場國際金融危機。歐元區首當其衝的是愛爾蘭。

在此前十年中，愛爾蘭的房地產價格上漲了兩百七十％。建築業在GDP中所占比例不斷上升，二〇〇七年達到了二十五％，這裡集中了愛爾蘭十三％的就業人口。由於歐洲央行在二〇〇七年之前的兩年裡連續提息，房貸利息水漲船高，使愛爾蘭人民的買房熱情銳減。房價原地踏步幾個月之後，開始緩慢下滑。

房產市場降溫的同時，實體經濟也被潑了冷水。這個工業嚴重依賴出口的北歐小國擔心受到美、英經濟疲弱的牽連。幾年的高速增長使愛爾蘭人的工資漲幅遠遠高於歐元區平均水準，但這也使勞動成本上升，影響該國產品的競爭力。

在種種因素的交叉作用下，愛爾蘭的火爆氣氛逐漸消失，取而代之的是對未來的擔憂。都柏林股指在二〇〇七年一年下滑三十％以上，這是一九七四年石油危機以來跌幅最高的。不過央行不願散佈悲觀情緒，在二〇〇七年年底時否認該國經濟面臨崩潰，並聲稱房市的發展逐漸轉到了一條增長緩慢，但十分穩定的道路上。[175]

二〇〇八年，投資者信心繼續下降，房價繼續下跌，銀行貸款緊縮，經濟活動放緩，愛爾蘭在這個旋渦中掙扎了幾個月之後，終於堅持不住，成為歐盟第一個陷入經濟衰退的國家。

銀行漸漸吃緊，靠央行的緊急流動性援助[176]勉強度日。當銀行連申請緊急貸款的抵押也告罄時，國家出面救急。二〇〇八年九月十五日，雷曼兄弟投資銀行破產的當天，都柏林政府宣佈對所有銀行存款做出擔保。很多外國機構投資者好像中了樂透，因為他們怎麼也沒有想到能夠全部收回投資數額。對愛爾蘭人來說，那卻是一個災難性的決定。因為之後不久，該國政府便不得不將銀行一個個國有化。銀行的債務變成了國家的，也就是納稅人的債務。

債務危機，希臘首當其衝

歷史學家編寫教科書或者記者做回顧性報導都喜歡挑一個具體的日子，把這一天作為一個重大事件的正式開始。儘管金融危機二〇〇七年就已經如火如荼，但我們一般把二〇〇八年九月十五日作為正式爆發點，因為美國雷曼兄弟投資銀行在那一天宣佈破產，一位顯然是剛剛清理了辦公桌的失業員工抱著紙箱子走出雷曼大樓，一臉的失落和無奈。這個畫面傳遍全球，並可能永遠留在我們記憶裡。

同樣，我們做記者的也給主權債務危機確定了一個爆發點，儘管其醞釀、發作和加劇是一個漫長的過程。那個點是二〇〇九年十月十六日：希臘新當選政府的財長帕帕康斯坦丁努（Giorgos Papakonstantinou）宣佈前任政府公佈的預算赤字有假，真實的赤字率不是國內生產總值的六%，而是十%以上。幾天之後，他又兩次上調赤字率（十二・七%和十五%）。

這下可捅了馬蜂窩。人們馬上想起希臘當初就是靠造假帳才混進了歐元俱樂部，現在那位名字忒長，但是用中文說起來倒是琅琅上口的財長是打算痛改前非，從此對夥伴國坦誠相見，還是先讓大家有個心理準備，更糟糕的實情還在後面呢？這一拿不准，危機時代的人們就容易把事情往更壞處想，於是大家就猜測，希臘肯定是撐不住了才不得不將實情和盤托出。

一般人愛怎麼想就怎麼想，不干希臘什麼事；不過如果投資人也這麼想，希臘的處境就不妙了。那些買了希臘國債的都擔心手頭上的債券會在不久的將來變成一堆廢紙，於是忙不迭地拋售，這導致債券價格下跌，收益率上升。

標準普爾、惠譽、穆迪三家評級公司推波助瀾，爭先恐後地給希臘降級，且一般都是連降幾級，每次宣佈都引發投資人對希臘債券的新一輪拋售，收益率便繼續令人心驚肉跳地往上躥。金融市場開始下賭：希臘必破產，歐元必崩潰。那陣勢排山倒海，雅典十年期國債的收益率達到兩位數。希臘與大多數國家一樣，隔一陣子就有債券到期，借新債償舊債的老路被堵死了——因為兩位數的利息，財政健康的國家也受不了，更別提本來就已債務纏身的希臘了。

德國鑒於北威州的選舉，在是否拉希臘一把的問題上猶豫良久。不過因為形勢緊急，歐元區還是在五月九日選舉前兩天做出了決定。起初沒有什麼關於五月七日晚上到八日晨間峰會的報導，兩三天之後，歐元區的公民才知道他們的貨幣差一點就崩潰，所以他們的政治領袖剛剛決定花一千一百億歐元填補希臘的漏洞，又一咬牙用七千五百億歐元的天文數字來為統一貨幣築起一道防火牆。

是一個與歐元毫不相干的人在兩個半月後將峰會細節告訴了我們，他便是以觀察峰會為樂趣的英國歷史學家魯德羅（Peter Ludlow）[177]。他又是怎麼知道的呢？原來，各國國家和政府首腦習慣利用晚餐討論特別棘手的話題，因為這是一個沒有什麼外人在場的機會。但在五月七日晚上，每一位政要都有一位顧問陪同，有幾位顧問是他們所在國駐歐盟的大使。魯德羅與將近二十位當事人交談，從而對當晚的場景做了目擊者一般的描述。我依樣畫葫蘆地給您還原一下那個為歐元區今後幾年發展奠定了方向的峰會：

首先發言的是盧森堡首相、歐元集團主席榮克。他滿腹牢騷，抱怨最近的峰會總是晚點開始，因為在峰會之前總會有一些雙邊或是小範圍的會談。他不願再從媒體得知各國領導人有什麼樣的打算。榮克大發脾氣的原因是五月七日下午好幾位國家和政府首腦試圖通過雙邊會談尋找恢復市場對歐元國信心的途徑。特別活躍的是法國總統薩科奇（Nicolas Sarközy），他特意提前抵達布魯塞爾，分別與葡萄牙總理蘇格拉底（José Sócrates）、西班牙首相薩派特羅（José Luis Rodríguez Zapatero）、義大利總理貝盧斯科尼（Silvio Berlusconi）、歐洲央行行長特里謝（Jean-Claude Trichet）、歐盟委員會主席巴洛索（José Manuel Barroso）、歐盟理事會主席范龍佩（Herman Van Rompuy）和德國總理梅克爾個別談話。梅克爾、范龍佩和特里謝也安排了雙邊會晤。

范龍佩在五月六日晚上就起草了一份峰會的結束聲明，其中有一句話是：歐盟將「盡一切手段」維護歐元區的穩定。梅克爾的顧問認為這樣的措辭不妥。於是范龍佩給梅克爾打電話，結果德國總理對此表示贊同。

榮克對這一切「地下活動」毫不知情，因而表示憤怒。范龍佩於是在峰會上沉默寡言。其他與會者則發言踴躍。晚宴期間，在場的政要每人至少有一次表態。梅克爾、薩科奇和特里謝則多次舉手。

榮克洩憤之後，峰會正式開始。首先由希臘總理帕潘德里歐（George Papandreou）彙報。接著特里謝發表了會議期間最重要的講話。他借助幾個圖表講述了過去幾天裡金融市場的動盪。他說市場目前的恐慌與二〇〇八年九月雷曼兄弟銀行破產時的情況差不多，現在最重要的問題是在場各位如何採取應對措施。在歐洲央行行長看來，當務之急是整頓各國的財政。

特里謝說，比利時的例子說明整頓財政是完全可能的。此外，必須改革《穩定公約》。特里謝認為央行對目前的混亂不負責任。他說，儘管部分成員國在引入歐元之後將工資上漲了一百%甚至更多，儘管幾乎所有國家的開支都超出了限度，但央行仍將通脹率保持在二%左右。特里謝激動地說：「我們盡了我們的所能。失職的是你們這些成員國。」

沒有人對特里謝的表述提出質疑。賽普勒斯總統問在場者能否再多幾天考慮的時間。梅克爾打斷他說：「我們已經沒有幾天的時間。我們必須在週一開市之前採取對策。」

接下來的發言基本上分為兩組。一組是南歐受困國，魯德羅稱之為「橄欖帶」，薩科奇和巴洛索支持這一陣營；北歐陣營包括梅克爾、榮克、特里謝、荷蘭首相巴爾克嫩德（Jan Peter Balkenende）和芬蘭總理萬哈寧（Matti Vanhanen）。薩科奇成為「橄欖帶」的代言人。他措辭激烈，稱面前的週末是決定歐元命運的時刻。他提出的策略以歐盟委員會和歐洲央行為支柱，要求委員會建立不需成員國議會批准的基金。歐盟委員會在峰會之前提出根據《歐盟條約》第一百二十二條成立救助基金，金額可考慮在五百億歐元到七百億歐元之間。當巴洛索在會上提出將這一數額寫入峰會結束聲明時，梅克爾明確表示這一數額遠遠不足。她說，五百億歐元和七百億歐元沒有什麼區別，根本不值一提。

會議爭議的焦點是歐洲央行應當扮演的角色。薩科奇建議讓央行採取行動。他說，出了這個會場他絕不會如此表態，但關起門來他呼籲央行學習美聯儲和英格蘭銀行的榜樣，大規模購買國債。貝盧斯科尼、蘇格拉底和薩派特羅這些在市場重壓下喘息的國家代表馬上贊同薩科奇的提議，使這位法國總統不免得意揚揚。

貝盧斯科尼接著說：「委員會有的是錢。」歐洲央行至少可以在二級市場買進國債。薩派特羅做出加緊整頓財政努力的承諾，但又抱怨說，無論他如何努力，市場已不再信任他。薩派特羅最後說，我們不能告訴央行該做什麼，但「我們必須對它說出我們的期待」。薩科奇對此雙手贊成。

歐元區的頭號政治家梅克爾開始發言。她首先讚揚希臘的改革努力，但她得出的結論與薩科奇完全相反。她說，必須尊重歐洲央行的獨立性，這一點至關重要。各國領導人和央行行長應當相互信任。在梅克爾之後講話的巴爾克嫩德支持德國總理的立場。

會議期間，北歐陣營逐漸占了上風。梅克爾與坐在她旁邊的榮克一唱一和，好像是準備好了與橄欖帶國家論戰。薩科奇雖然多次發言，但得到的支持卻越來越微弱。特里謝滿腔怒火：「我們不需要你們的許可，也不會請求你們同意。如果你們試圖對央行施壓，央行理事會將做出消極的反應，而這對歐元區來說將是災難性的。」

不過，據魯德羅推測，梅克爾及其盟友極力避免給人一種政治精英向歐洲央行發號施令的印象。但在內心深處，即使是這一派維護央行獨立的政治家也期待著央行主動購買國債。後來特里謝也確實沒有辜負政治精英的期望。

在歐元救助基金的問題上，梅克爾也與薩科奇意見相左。她隻字不提委員會，而是主張由歐盟財長來決定設立相關的基金。德國總理擔心如果在拯救歐元的道路上繞開議會，會招惹聯邦憲法法院。她請在場各位體諒德國的這一特殊情況。

荷蘭一向是德國最鐵的哥們。在歐洲央行的問題上，巴爾克嫩德堅決站在梅克爾一邊。在梅克爾講了對救助基金的設想之後，又是那位荷蘭人第一個表態支持。最後，北歐陣營在這個問題上也貫徹了自己的主張。兩天之後，也就是五月九日到十日的夜間，歐盟二十七個國家的財長決定由歐盟委員會、國際貨幣基金和各成員國共同組建救助基金。

峰會結束時，與會者同意由范龍佩和巴洛索公佈會議結果。梅克爾在從媒體代表身邊走過的時候，只簡單說了幾句，基本沒有講峰會的細節。只有薩科奇忙不迭地走到攝像機前，好像掩飾不住自豪地說：「峰會決議的九十五％都符合法國的設想。」德國媒體還真信了，大報特報了幾天，好像梅克爾受了騙。

怪不得薩科奇讓人想起拿破崙（Napoleon Bonaparte）。兩人都時常失去正確估量自己的能力。而這正是梅克爾高人一籌的地方。不管是在大選中獲勝還是在歐盟峰會上實現了自己的設想，梅克爾從來不露聲色，更不會得意忘形。

德國在野黨批評政府因為北威州選舉而遲遲不做決斷，導致危機加劇。慕尼黑IFO經濟研究所前所長辛恩（Hans-Werner Sinn）教授則認為，救希臘的決定本身就是一個天大的錯誤，如果當時讓希臘重新使用德拉克馬（drachma），通過大幅貶值來促進出口，那麼今天希臘的處境就不會那麼悲慘了。

繼希臘之後淪陷的是愛爾蘭和葡萄牙。二〇一一年初夏，救助葡萄牙計畫確定，總額七百八十億歐元。投資者現在的疑問是：如果義大利和西班牙這兩個歐元區較大的經濟體也繳械投降，貨幣聯盟吃得消嗎？於是，二〇一一年夏天，義大利和西班牙的國債收益率飆升，美、英對沖基金開始下賭，認為歐元熬不過二〇一一年年底。主權債務危機演變成貨幣危機。

歐元告急，義大利積重難返

對歐元的第一個重大考驗是二〇一一年秋天。義大利政局不穩，救助希臘的一千一百億歐元明顯不足，實力最雄厚的德國似乎還沒下決心與歐元生死與共，歐元區的經濟、財政和貨幣政策的弱點又顯而易見。在這背景下，金融市場上針對歐洲共同貨幣的賭注如雨後春筍。

就在這時，高盛投資銀行的一份內部文件曝光。在檔案裡，高盛向其對沖基金的客戶建議押注歐元區銀行股票和歐元暴跌。這份長達五十四頁的報告描述了歐元區七十七家銀行的糟糕處境，原因是這些銀行手持大批受困國債券。報告作者估計，銀行需要一萬億美元的資金以擺脫與負債國之間的千絲萬縷的聯繫，並馬上指出：用新的債務無法根本解決債務問題。

高盛是歐洲眾多國家政府的顧問，在檔案曝光前不久剛剛與西班牙政治決策人會晤，並給馬德里政府出了不少如何克服債務危機的主意，主要是如何進一步勒緊褲帶，減少赤字。而在經濟衰退的時候進一步緊縮，結果會使衰退更為嚴重，GDP縮小，總債務即使原地不動，占GDP比也會上升，於是債務危機加劇。金融市場對歐元區的信心則隨債務問題的日益嚴重而降低，唱衰歐元的產品也就越暢銷。高盛的投資建議效果顯著，諮詢費、手續費汩汩而來。

高盛這是兩頭賺錢：一方面，從歐元區政府收取顧問費，並通過這一顧問角色掌握了大量不為外界所知的細節；另一方面，高盛將這些對歐元區不利的細節轉化為投資建議，鼓勵其客戶狙擊歐元區的銀行、企業和歐元本身，從客戶身上又賺一筆。

要說高盛擁有這個獨一無二的地位已經不是一天兩天了。想當初它向雅典政府收取上億美元的酬金說明希臘美化數字，把希臘變成歐元區的「特洛伊木馬」；現在它又心安理得地八面玲瓏，跟歐元區逗著玩。

當然蒼蠅不叮無縫的蛋，說到底不爭氣的還是歐元區自己。前面提到的頂不住金融市場壓力的希臘和葡萄牙都是貨幣聯盟的貧困戶，愛爾蘭脫貧也是最近幾年的事。義大利可就完全不同了，它是老牌工業國，是曾在相當長時間裡決定國際事務的七國集團的成員，國內生產總值在世界上排名第九。這樣一個底氣十足的國家怎麼也成了破產的候選人呢？

二〇一一年夏天，義大利總債務達一．九萬億歐元，相當於國內生產總值的一百二十％，債務額度在歐元區僅次於希臘。其實債臺高築對義大利來說是正常狀態。據歐洲統計局公佈的數字，一九九五年，義大利負債率就已超過一百二十%。從那以後這一比率從未降到一百%以下。為何一向高枕無憂的義大利突然間面臨滅頂之災呢？一個原因是貨幣。一九九九年之前，義大利的里拉（lira）雖然疲弱不堪，但該國政府可隨時通過貨幣貶值保持自己產品的競爭力，並以通貨膨脹來減輕債務負擔。自從有了歐元之後，義大利失去了貨幣貶值這一利器，同時沒有利用統一貨幣帶來的低息還債或是投資，而是消費揮霍，使債務像雪球越滾越大。

義大利成為眾矢之的的另一個原因是自歐債危機爆發以來，金融市場發現歐元區不是鐵板一塊，開始對不同信用級別的國家區別對待。這使德國的國債收益率越來越低，而南歐受困國及愛爾蘭則必須向市場繳納越來越高的風險費。如果不是歐洲央行購買危機國債券，義大利大概早已支撐不住。

與希臘不同的是，義大利擁有堅實的工業基礎。機械和汽車行業是該國經濟的中流砥柱。而這也正是德國的強項。二〇〇三年，施羅德政府對勞動市場和福利體系進行大刀闊斧的改革，工會在勞資談判中也表現得克己。這使德國勞動成本下降，競爭力大增。德國企業還及時發現了亞洲新興市場，降低了對歐洲本土的依賴性。不進則退，義大利經濟被德國遠遠甩在後面，增長率年年低於歐元區平均水準。

養老體系是義大利社會的一大腫瘤。每年國家總開支的近三十%用於支付退休金。這在全世界也是數一數二的。德意志銀行的一份調查報告顯示：工作四十年以上的義大利人，其退休金相當於最後一個月收入的近八十二%。只有希臘和西班牙對退休人員的待遇更為優惠，難怪這兩個國家同樣捉襟見肘。報告還說：義大利人平均享受的退休期為二十四年，與法國和盧森堡一樣名列前茅。這說明該國人均壽命長，但更重要的原因則是提前退休十分普遍。

義大利勞動市場僵化也是出了名的。直到二〇一四年，雇用十五人以上的公司老闆沒有根據經濟景氣和公司經營狀況解雇員工的自由。因此，十五人以下的小公司在義大利不計其數，一般是家庭企業，不向銀行貸款，也不向財政局繳稅。二〇一四年前總理倫齊（Matteo Renzi）的改革給企業帶來一些靈活性，但在此之前受雇於人的員工仍享受著鐵一般的保護。

阻礙投資的不光是勞動市場，還有官僚體制。因為你幹什麼都需要一家或幾家官僚機構的許可。在衙門之間疲於奔命不說，有的法規還自相矛盾。於是你等啊等，等了兩三年，投資的批准下來時，新產品已經過時，於是還不如根本就不動擴大投資的念頭。

義大利經濟的競爭力每況愈下。生產率下跌得厲害。義大利的公司對研發的投資微不足道。德國公司一般將營業額的五%到六%用於研發，義大利的這一比率在一%以下。德國外貿協會主席伯爾納（Anton Börner）說：「到國際市場上看一看，在迅猛發展的東亞，幾乎看不到義大利公司的身影。在北美或東歐，昔日義大利經濟的脊樑——機械製造完全被德國甩在了後面，它們不過是向德國出口一些部件。」

他說義大利最大的問題是自顧自，沒有國家的概念：「二〇〇八年金融風暴席捲德國的時候，我們齊心協力，工會、雇主都做出了犧牲，所以經濟很快復蘇。在義大利，每個階層都想自己的，誰也不願妥協，更不願為國家犧牲自己的利益。這是最致命的。歐元危機對它們來說根本不存在。在很多義大利人看來，如果說有危機，那麼這也是德國人造成的。德國人太自私，不肯出更多的錢。梅克爾的緊縮政策毫無意義，只不過要懲罰南歐國家。我們現在要做的是大筆花錢，刺激經濟，言外之意——負更多的債。」伯爾納不是信口開河。他自從娶了義大利嬌妻之後，每年三分之一的時間在義大利度過。

最後不能不提的是義大利的政治傳統。執政夥伴爭爭吵吵、離心離德是義大利的正常狀態。二十世紀七、八〇年代，一屆羅馬政府的壽命一般不超過幾個月。前總理貝盧斯科尼曾先後四次坐上總理寶座。在國難當頭的時候，身為總理的貝盧斯科尼對年輕女郎的熱情遠高於治理國政。出了義大利，貝盧斯科尼和他舉辦的縱欲舞會已成笑談。

二〇一一年十一月，在梅克爾、薩科奇和歐洲央行行長德拉吉（Mario Draghi）的共同壓力下，貝盧斯科尼終於宣佈將在不久後辭職。但這消息未能恢復金融市場對義大利的信心。貝盧斯科尼下臺，對希臘的私人債務減計都沒有緩解歐元危機，最後是歐洲央行赤膊上陣才暫時為統一貨幣解圍。

可能有人會說，金融危機、債務危機、經濟危機，被連環危機困擾的並不單單是歐元區。確實，歐元區的危機是國際金融和經濟危機的一部分，但是與世界其他地區相比，歐洲貨幣聯盟的危機更深重、更頑固、更持久。這不能不使我們得出結論：歐元區的危機與歐元密不可分。而歐元的軟肋又與政治精英的失職有著直接的關係。

統一貨幣不堪一擊

二十世紀八、九〇年代，德國總理柯爾認為政治聯盟應與貨幣聯盟同步，統一貨幣應是歐羅巴合眾國（United States of Europe）的皇冠。既然政治聯盟遙遙無期，柯爾也便沒有成為歐元之父的野心。但陰差陽錯，為了抓住德國統一的天賜良機，為了讓鄰國相信德國力促歐洲融合的誠意，柯爾放棄了政治聯盟先行的主張，很不情願地成為統一貨幣的奠基人。歷史將歐元接生婆的角色分配給了他的繼任施羅德。一九九九年歐元正式誕生的時候，施羅德曾毫無激情地說：「統一貨幣是個病態的早產兒。」

而歐元頭幾年的風平浪靜又使政治家飄飄然，誤以為過去的一切擔憂都是多餘的。德國《經理人》雜誌（Manager Magazin）副主編亨利克・慕勒（Henrik Müller）說：「歐元是個被政治家長期忽視的貨幣。」[178]言外之意，貨幣聯盟各國政府在歐元「早產」之後沒有給它滋補營養，強身健體，而是各打各的算盤，將歐羅巴合眾國的夢想和遠景拋到九霄雲外。概括起來，歐元區政治決策人犯了下面這幾個錯誤：

政治掛帥

既然沒有政治聯盟，不能協調各國的財政政策，那就立下明確的規矩：每年預算的赤字率不得超過國內生產總值的三％，總債務額必須控制在GDP的六十％以下。

這是一九九二年通過的《馬斯垂克條約》的核心內容，並於一九九七年融入歐盟《穩定和增長公約》。按照德國的設想，這兩項指標既是加入貨幣聯盟的前提條件，也是入盟之後雷打不動的規則，只有這樣才能防止出現一國負債無度，他國承擔後果的局面。

如果嚴格依照《馬約》標準，一九九九年貨幣聯盟啟動時恐怕只有五個國家過關：德國、法國、奧地利、荷蘭和盧森堡。義大利是歐洲融合進程的先驅之一，不帶義大利怎麼也說不過去。比利時凡事與盧森堡在一起，將這對「孿生兄弟」分開也不夠意思。再說政治家做事怎麼能讓經濟指標束縛手腳？因此從一開始《馬約》標準便基本是形同虛設。要加入歐元俱樂部，只要得到歐盟部長理事會多數同意即可。於是，首批成員國中也包括了義大利、西班牙、葡萄牙和愛爾蘭。而作為歐洲民主的發源地，希臘同樣有資格成為歐元俱樂部的成員。結果，希臘成了最大的攪局者。

接納希臘

二〇〇一年一月一日，希臘成為歐洲貨幣聯盟第十二個成員國時，明知這是個錯誤的大有人在。區別只在於：有人認為這是個可以忽略不計的錯誤，因為希臘的國民經濟總量只占歐元區的二%；另外一部分人則認為，一粒老鼠屎能壞一鍋粥，歐元區這一「失足」將後患無窮。

希臘入盟時是個正在從農業國向工業國轉型的國家。從經濟結構到國家管理，這個南歐國家都處於發展中國家的水準。世界銀行比較在各國投資的官僚費用，公佈的營商便利指數（Ease of Doing Business Index）表明，二〇一一年，希臘在一百八十三個國家中名列第一百位。德國基爾世界經濟研究所前副所長朗哈默（Rolf Langhammer）在接受我採訪的時候說：「對於一個歐元區國家來說，這樣的排名是不可想像的。」

這樣一個遠遠落後於歐元俱樂部其他成員的國家當初能夠蒙混過關，可歸結為幾個原因：第一，希臘財政部官員在高盛專家幫助下，對統計數字進行了「梳理」，至少使預算赤字率單項達標；第二，一九九八年德國紅綠政府[179]上臺，壯大了歐洲左翼政黨的聲勢，大家自然願意助希臘的左翼政府一臂之力；第三，歐元雖然「早產」，但「降生」之後沒有併發症，一天天茁壯成長，使政治決策人以為，多一個經濟無足輕重的希臘又算得了什麼。

不知哪一位經濟學家曾說：「在一個貨幣聯盟中，最弱的成員國決定了共同貨幣的底氣有多足。」危機爆發以來，歐元區幾次差點因希臘崩潰，正印證了這一論斷的正確性。希臘在某種程度上成了歐元區的「特洛伊木馬」。

無視規則

上面已經提到，歐盟部長理事會在決定要誰不要誰的時候，往往將政治考慮放在首位，對《馬約》和《穩定公約》的債務標準則睜一隻眼閉一隻眼。因此貨幣聯盟誕生之後，赤字率和債務率上限屢屢被突破就不足為奇了。而情節最為嚴重的是二〇〇三年和二〇〇四年兩個最大歐元國——德國和法國連續違規。兩國政府還串聯遊說其他國家不啟動懲罰機制。德國著名經濟學家、曾任歐洲央行首席經濟師的奧特馬・易欣（Otmar Issing）甚至將德、法帶頭犯規視為導致歐元區眼下尷尬處境的原因之一。

在一次有關歐債危機的研討會上，易欣說，他當時很為自己的國家汗顏。在歐洲層面的會議上，總有來自努力爭取入盟國家的代表將他拽到一邊說：「你們德國怎麼了？我在國內要求大家遵守財政紀律。對他們說，如果我們不達標，苛刻的德國人不會讓我們加入貨幣聯盟。可現在你們自己犯規！」在易欣看來，德、法當時的表現持久損害了歐元的威信。

俗話說「上樑不正下樑歪」。德、法開戒之後，貨幣聯盟內部類似的犯規案例目前已接近兩百個，無一受罰。

壘築債台

對慕尼黑IFO經濟研究所前所長辛恩來說，歐元的歷史應當從一九九五年算起。因為在那一年，歐元誕生終成定局，各國開始為達標而努力。金融市場對可能成為首批歐元俱樂部成員的國家逐漸開始一視同仁。[180]對一向深受高利率之苦的西班牙、葡萄牙、義大利等南歐國家來說，歐元的即將到來好像是上天的一份厚禮，支付同樣金額的利息可以得到兩三倍於從前的貸款。希臘緊隨其後，其國債的收益率一度與德國不相上下。

義大利和希臘傳統上是債臺高築的國家。兩國沒有利用低息的厚禮，降低總債務額，而是把低息當成繼續堆積債務的理由。從一九九九年到二〇〇九年危機爆發，義大利的債務總額逐年穩步上升，二〇〇九年達到一・七六萬億歐元，占GDP比約一百二十%，是《穩定公約》設定負債額度上限的兩倍。希臘國家的債務增長速度更快，從二〇〇一年入盟時的一千四百億歐元上漲到二〇〇九年的三千億歐元，翻了一倍還多。同期內，債務額度由大約一百%上升到將近一百四十%，創了歐元區的紀錄。

忽視成員國間競爭力剪刀差的危險

加入歐元俱樂部之後，南歐國家不是利用低息這份厚禮理順財務，勤儉持家，而是終日狂歡，一醉方休。希臘人的工資像脫韁野馬。德國著名經濟學家斯達巴蒂（Joachim Starbatty）接受我的採訪時說：「一九九五年到危機爆發，希臘的單位勞動成本提高了七十五%，德國幾乎是原地踏步。」其他南歐國家沒有希臘那麼「肆無忌憚」，但是工資漲幅遠遠高於德國。這使這些國家的單位勞動成本隨之提高。

德國在貨幣聯盟成立的頭幾年曾是歐元區的「病夫」。單位勞動成本高，勞動市場僵化。二〇〇三年，施羅德總理開始實行痛楚的改革。工會在勞資談判中採取克制態度。結果，德國雇員的實際工資原地踏步好幾年。這給德國產品帶來價格優勢。幾年之後，德國經濟由歐洲尾燈變成了火車頭。若在過去，馬克的價值會像芝麻開花。可是歐元區還有一批受苦受難的弟兄，它們使歐元不可能如馬克一般堅挺。這雙重的價格優勢使德國的出口如虎添翼，其增長的速度遠遠超出GDP的漲幅。近年來德國經常帳盈餘占國內生產總值的六%，是世界上最高的。而與德國存在逆差的主要是南部歐元國家。儘管希臘人的收入已大幅降低，但要達到德國的競爭力，該國仍需大幅貶值；葡萄牙、西班牙和法國的境況也好不到哪去。由於這些國家沒有自己的貨幣可以外部貶值，只能通過降低工資來進行內部貶值。不平衡問題的爆炸性可想而知。

歐元將加劇貨幣聯盟內部的不平衡，不少德國經濟學家在歐元誕生之前就發出了警告。但當時的柯爾政府把這些警告當成耳邊風。南歐的逆差國更以為和德國使用同一個貨幣，就等於拿到了經濟繁榮的保票，與北歐之間的差距將自動消失，沒有利用統一貨幣的紅利改革經濟體制，提高競爭力。不過要求只考慮如何贏得下屆選舉的政治家居安思危，制定不那麼受大眾歡迎的政策也許不太現實。

慕尼黑IFO經濟研究所新上任的主席弗斯特（Clemens Fuest）教授曾經對我說：「價格和競爭力的差距是歐元區最大的禍根。」這是從歐元區的成員組成來說。我認為歐元的最大軟肋是設計問題。

歐元的道德風險

我給大家講個故事：「從前有個國王。他的小王國裡漫山遍野是葡萄，他的臣僕以釀造葡萄酒為生。王國裡的一萬五千個家庭把葡萄酒出口到遙遠的國度，把收入的一部分繳稅，餘下的錢夠他們過著雖不富足，但也殷實的生活。有一天國王檢查國家的財政。他是位賢明、公正的君主，不願意侵吞百姓的收入。他絞盡腦汁尋思著如何減輕臣民的稅務負擔。一天他終於想出了一個好主意——廢除稅收。為維持國家的開支，他只要求臣民做一件事：每年葡萄酒釀制完畢、開始裝瓶的時候，每個家庭為國王灌滿一瓶上好的葡萄酒，並將其注入國王為此特製的大酒缸。王室用出售這一萬五千升葡萄酒的收入支付日常費用，並推行醫療和教育事業。這個好消息很快傳遍全國，大家的喜悅難以言表。酒館裡，人們為慷慨愛民的國王舉杯，祝他萬壽無疆。向國王貢酒的那一天臨近了。大家奔相走告，互相提醒，不要忘記履行自己的義務，不要辜負國王的善意。臣民盡義務的那一天終於來了。天剛濛濛亮，人們便扶老攜幼地下山了。一家之主緊攥著盛滿美酒的瓶子，生怕灑出一滴。儀式開始了：臣民一個接一個地爬到梯子的頂端，將酒注入大酒缸，再順著另一個梯子下來，並從財政大臣手中接過一張證書。下午，最後一位農民將自製的葡萄酒倒入了國王的酒缸。這時候，大家歡呼起來——因為沒有一戶人家逃避義務，容量一萬五千升的酒缸已經裝不下一滴酒。國王別提多自豪了。當太陽落山的時候，人們都聚集到了宮殿前面的廣場上。國王在大家雷鳴般的掌聲中走到陽臺上，手握著祖傳的水晶杯，準備品嘗。他首先發表了簡短的講話：『我欣喜地看到，你們對我的忠誠和我對你們的忠誠同樣深厚。我以品嘗佳釀作為對大家的酬謝，這是世界上最善良的人民用他們最靈巧的雙手對世界上甜美的葡萄進行加工之後釀成的。』大家揩去感動的淚水，對國王高呼萬歲。一位侍從在人們的歡呼聲中斟上酒。國王舉起酒杯的手在空中停住了：杯中的液體是無色和透明的。國王將酒杯送到鼻尖：酒沒有任何味道。他品了一小口——杯中的液體既沒有葡萄酒的味道，也沒有任何其他飲料的味道。他一連喝了四杯，結果是一樣的——葡萄酒既沒有顏色，也沒有味道。國王叫來了煉金術士，請他們檢測液體的成分。他們的結論十分清楚：酒缸裡是水——百分之百的清水。國王又請來了智者和魔術師，讓他們分析是什麼秘方將葡萄酒變成了水。這時候，年紀最長的大臣走過來。他高聲對國王說：『奇蹟？煉金術？什麼都不是。我的君王，這裡的奧秘很簡單：您的子民都是人。』『我不懂。』國王說。大臣耐心解釋：『以胡安為例——他的葡萄地從山頂一直延續到山腳。他的葡萄是王國裡最好的品種，他的葡萄酒總是第一個賣光，而且價錢很不錯。今天早上，當胡安要上路的時候，突然有了一個主意：如果他把水灌進酒瓶呢？一萬五千瓶酒中，只有一瓶是水，誰會嚐出什麼區別呢？果真如此的話，確實沒有人會發現有什麼區別。問題只是：所有的人都和胡安想到一塊兒去了。』」[181]

歐元區裡的情況差不多。歐元剛流行那幾年，金融市場認為歐元是社會主義大鍋飯，天塌下來有德國撐著，因此對南歐歐元國債券索求的利息和德國的聯邦債券差不多。而這些傳統的軟貨幣國家沒有把因此節省下來的開支用來還債，而是過起今朝有酒今朝醉的日子——大漲工資和養老金。這使酒醒的滋味格外難受，因為失去了對貨幣的支配權，不能通過貶值來減壓，只能實行所謂的內部貶值——降低工資和養老金。老百姓能不造反嗎？所以希臘工會動輒呼籲總罷工。民選政府怕丟選票，改革的道路有時候難於上青天，法國就是最好的例子。

軟美元為什麼強於硬歐元？

都說歐元區不是一個理想的貨幣區，因為各國經濟水準參差不齊，貧富不均。如此說來，美國也夠不上理想經濟區的標準，因為各聯邦州的經濟狀況迥異：有的蓬勃向上，有的持續衰退；有的財大氣粗，有的捉襟見肘。美國債務總額高於國內生產總值，財政赤字在奧巴馬當政期間一度接近GDP的十％。債務額度已達GDP的一〇八％。這與《馬斯垂克條約》對債務的規定相差太遠了。換句話說，美國遠遠不夠加入歐元區的資格。美國連年進口大於出口，雙赤字（預算赤字和經常帳赤字）的局面成為世界第一大經濟體的軟肋。而歐元區作為一個整體，大體做到了收支平衡（儘管歐元區內部的落差不小）。在一個世界主要經濟區競相比爛的時代，歐元區相比之下還不算太爛，這也是歐元匯率相對穩定的原因。即使在二〇一二年夏天國際投資者集體唱衰歐元的時候，歐元也沒有暴跌。只是最近兩年美國經濟回升，歐元兌換美元匯率才略微低落。總體來說，歐洲統一貨幣算得上堅挺的貨幣，歐元區年均通脹率不到二％，甚至低於馬克時期的平均水準。歐元的相對穩定要歸功於德國的強勢和歐洲央行視死如歸的決心。不過即使如此，我們還是不斷聽到歐元還能撐幾年的疑問；而不管美國經濟恢復與否，不管華盛頓多麼債臺高築，沒有人對美元的存在提出質疑，誰也不擔心美元區將會解體。

為什麼對國際投資者來說，即使美元再度疲軟，它也比歐元更值得信賴？與美元相比，歐元缺少什麼呢？設在曼海姆的歐洲經濟研究中心（ZEW）主席萬巴赫（Achim Wambach）教授在接受我的採訪時說：「歐元首先缺乏一個強大的中央政府。在美國，財政預算的一大部分由華盛頓控制，而非各聯邦州。」相比之下，歐洲貨幣聯盟不是一個政治聯盟。整個歐盟的預算不過占成員國經濟總量的一％。而歐元區根本沒有自己的預算。

在勞動市場的靈活性方面，歐元區也比不上美國。歐元區的勞動力雖然名義上可以自由流通，但由於學歷和職業證書並非在各國都得到承認，加上語言障礙，使得一國人才無用武之地，而另一個國家又苦於技術人員的匱乏。以德國為例：為了工作而遷居到另一個聯邦州的占勞動人口的九％，但只有〇・四％的德國人前往其他歐元區國家。在美國，十二％的人口去其他聯邦州謀求職業出路。

銀行與國家之間的高度依賴是歐元區的另一個致命弱點。愛爾蘭和西班牙的例子活生生展示了銀行和國家如何互相拉下水。這是歐元的一大先天不足。慕尼黑IFO經濟研究所所長弗斯特教授說：「當初引入歐元之前，沒有使歐元區金融體系適應貨幣聯盟的構架。」[182]既然籌建貨幣聯盟，就必須做好個別國家可能失去支付能力從而需要債務重組的準備。銀行必須具備承受這一局面的能力。這意味著，銀行應當擁有更多的自主金。

美國的銀行則不依賴於自己所在的聯邦州。如果加利福尼亞破產，加州居民不用擔心他們的存款會受到影響，因為他們的帳戶設在美國銀行，而非加利福尼亞的銀行。這也是美國各聯邦州之間不存在一損俱損風險的原因。假如明尼蘇達州瀕臨崩潰，密西根不會受到傳染。歐元區就不一樣了：這裡每個危機的星火都具備引發燎原之災的潛力。假如希臘被迫退出歐元區，大家馬上會問：下一個輪到誰？

歐洲貨幣聯盟成員國之間這種唇齒相依的關係使得金融市場從一開始就沒有把「互不救

助」條款當回事。從這個意義上說，歐元區國家對本國財政政策負責的程度有限。因為緊急情況下，一國能夠期待其他國家紓困。

而在美國，每個聯邦州債務自負。如果某個州陷入財政困境，一系列緊縮措施就將立即自動生效。萬巴赫教授以加利福尼亞為例：「二〇〇九年危機的高峰年，我們的美國同事被迫休長假，並接受校方減薪的決定。」[183]由於大學不得招聘新的員工，那一年很多美國學者來歐洲求職，令德國大學的校長們欣喜若狂。

另一項迫使美國各聯邦州謹守財政紀律的措施是每年一次的「春季結帳」。十二個美聯儲分行盡可能使其支付體系的帳目趨近於零，誰也不賒誰的帳。這就避免了花錢大手大腳的聯邦州借用勤儉持家的鄰居的印鈔機。

歐元的設計者當初沒有建立這樣一個清算機制。這在危機爆發後導致歐元跨境支付體系出現巨大不平衡。德國央行——聯邦銀行對其他受困國家央行擁有的債權以每月三百多億歐元的速度增長。在慕尼黑IFO經濟研究所前所長辛恩教授看來，跨境支付體系的貸款實際上是向債務國實施的無上限的救助計畫。[184]如果債權國要求受困國結帳，無異存心讓貨幣聯盟瓦解。

您也許會問：不是還有那個強大的歐洲央行做後盾嗎？該行行長——那位總是帶著蒙娜麗莎微笑的德拉吉不是在二〇一二年夏天發誓將不惜一切代價捍衛歐元嗎？事實上，德拉吉感情用事的承諾不能在一瞬間將歐洲央行變成美聯儲或英格蘭銀行。這兩家央行既有捍衛美元和英鎊的決心，又擁有相應的工具。而這是歐元小弟與美元大哥的最後一個，也是最重要的區別：在歐元的生死關頭，歐洲央行將心有餘而力不足。儘管在危機步步演進的幾年裡，央行的許可權也一步步擴大，但用英國金融專家大衛・馬什的話說：「歐洲央行仍是一個由十九家央行支撐的聯邦制機構。它不是一家有單獨決斷能力的央行。因此，歐元仍然是弱不禁風的。」[185]

將歐元和美元對比之後，我進一步談談美國對歐元的態度。

美國希望歐元夭折嗎？

二十世紀是美國的世紀。主宰了世界幾百年的歐洲人在一九一四年糊裡糊塗、夢遊似的步入一場自掘墳墓的戰爭。只有大西洋彼岸的美國十分清醒。用中國國防大學教授、空軍少將喬良的話說：「美國是當時真正理解了資本主義的逐利方式與天性，完全將自己的國家體制與其融為一體的國家，這使美國得以用純粹資本的方式去理解這場戰爭，將之視作一次超大規模的商業活動：生產、運輸、貿易、債務、貸款、融資。除了在戰爭背景下進行，一切都與和平時期沒有兩樣。」[186]因此，美國成為戰爭最大贏家就沒有什麼好奇怪的了。德、法兩敗俱傷，英國也由債權國變成了債務國。不過，大英帝國像死而不僵的百足之蟲，認為世界第一把交椅仍然是非己莫屬，英鎊作為世界主導貨幣的地位也苟延殘喘了好一陣。但二戰結束之際，倫敦徹底地力不從心了。布雷頓森林體系確立了以美元為主導的金融體系。

可以說，美元和美國的霸主地位是建立在歐洲廢墟之上的。美國兩次參戰並非為了救歐洲人民於水火，而是為了在各方互相消耗之後，下山摘取勝利果實。美國在兩次戰爭中都是等候最佳時機，以最小的投入獲取最大利益。二戰後美國推出「馬歇爾計畫」（Marshall Plan），幫助西歐重建，同樣不是出於人道主義的動機，而是為了用西歐制衡蘇聯。所以說德國二十世紀五〇年代的經濟奇蹟在某種程度上是托了美、蘇冷戰的福。美國扶植西歐也是出於對歐洲市場的需求。而德國羽翼漸豐之後，用自己的辛勤勞動出口全球，換來的不過是一些綠紙[187]，為美國的雙赤字買單。

歐洲為了在美、蘇兩個超級大國之間求生存，一邊走政治融合的道路，一邊試圖用統一貨幣來逃避美元的剝削。結果呢？戰後歐洲政治家當中，最不肯對美國俯首貼耳的當屬戴高樂。他夢想與德國結盟，共同引領歐洲走上獨立於美國的道路。只可惜德國沒有這個膽量，畢竟自己國土上還有人家的駐軍。因此，戴高樂和艾德諾精心策劃的《德法合作條約》經甘迺迪的干預，在德國議會通過之時就成了一紙空文。英、法、德這三個西歐主要國家各打各的算盤。英國經過二戰的磨難，不得不將自己的帝國地位和英鎊的主導地位拱手讓給美國，但又不願與德、法為伍（這兩個國家在英國眼裡一個是戰敗國，另一個是半戰敗國），更願意保持與美國的特殊關係；法國一蹶不振，又放不下破落貴族的架子，借德國的實力當了一段歐盟的老大，又不願真正放棄主權，接受德國的實際領導；德國不放過任何一個向美國表忠心的機會，但還是得不到大哥的信任，總理的手機都被人家竊聽[188]，卻敢怒而不敢言，甚至怒都不敢怒。

對德國放心不下的不只是美國。二戰結束之時，英、法就曾為德國何去何從而憂心忡忡。德國傳統上與俄羅斯交好，在站隊問題上並不是痛痛快快地選擇了西方陣營。蘇聯在自己的佔領區成立民主德國，造成德國分裂之後，本來就信不過美國的聯邦德國左翼社民黨曾經主張走美、蘇之間的第三條道路，為日後的統一開個後門。是總理艾德諾堅決選擇了西方陣營，認為只有美國和北約（NATO）才是聯邦德國和平發展的保障。

自從普魯士崛起之後，歐洲大陸就被德意志問題困擾。兩次世界大戰都沒有把德國打垮，每次的東山再起都不過是時間問題。二戰後西歐過了幾十年消停日子，但柏林圍牆的倒塌使德意志問題再一次被提上歐洲的議事日程。密特朗和柴契爾夫人心急如焚，擔心統一的德國再一次起獨霸歐洲的邪念。在密特朗看來，德國央行已經開始奴役歐洲，把馬克當核武器使。因此，這位老謀深算的法國政治家要求柯爾放棄馬克，讓統一貨幣把德國和歐洲的命運綁在一起。密特朗威脅柯爾說，如果德國不把貨幣聯盟的事抓緊辦了，法、英、蘇將像在一戰前夕一樣對統一後的德國形成包圍圈。

美國成全了德國統一，但前提當然是德國的絕對忠誠。冷戰時美國支持，甚至鼓勵西歐在自己設定的範圍內獨立自強，這樣不用擔心蘇聯對它們各個擊破。因此美國曾在二十世紀五〇年代初的時候催促法國拿出歐洲融合的方案，贊成西德加入北約，並重建自己的軍隊。冷戰結束後，美國為擴大自己的勢力範圍，恨不得馬上讓原《華沙條約》（Warsaw Pact）成員國加入歐盟。二〇〇四年的東擴與二十世紀八〇年代初的南擴一樣有些操之過急。據說來自美國的壓力也是原因之一。西方老大哥擔心拖的時間長了會夜長夢多，因為當時贏得自由選舉的大多是親俄的前共產黨。小布希（George W. Bush）甚至曾經信口答應讓烏克蘭加入北約，遭到德國的堅決反對。假如布希得逞，沒準兒第三次世界大戰已經打響。

換句話說，美國名義上支持歐盟，實際上沒少幫倒忙。統一貨幣也是如此。歐元危機爆發以來，歐巴馬（Barack Obama）一再表態希望維護歐元區的完整。但他真是為歐洲好嗎？歐元降生之後的幾年一度被金融市場看好，在短時間內成為世界第二大儲蓄貨幣，成了投資者的新寵。美元獨霸的局面受到挑戰。美國心裡一定不是滋味。因此，歐元弱點暴露之後，美國多少有些幸災樂禍。但是它又不願歐元解體造成歐洲大亂，怕俄羅斯趁火打劫。因此我們可以說，美國既不希望歐元徹底失敗，又不樂見歐元強勢。就像現在這樣病病歪歪最合美國的心意。歐巴馬對希臘的特別關懷則不是涉及歐元區的完整，而是因為希臘的特殊戰略位置。他擔心一旦希臘被逼出局，有可能一氣之下向俄羅斯投懷送抱。儘管歐巴馬曾不屑一顧地稱俄羅斯為區域大國，但在他的權衡考慮中，俄羅斯仍然佔據著極為重要的地位。

至於新當選的美國總統川普（Donald Trump）對歐元的態度，我們還將拭目以待。總體來說，他希望歐洲自己管好自己，不要再依賴美國。也許下一次歐元區再討論是否將希臘請出的時候，不會再有來自美國的警告。

Muddling Through

如果說迄今美國最樂見的是一個病懨懨，但沒有生命危險的歐元，那麼近幾年以德國為首的危機處理就正合美國的心意。其模式可以用一個英文詞概括：Muddling Through，中文的翻譯是「得過且過、苟且行事、蒙混過關」，可是每個詞都沒有完全表達出Muddling Through的含義。我再多解釋幾句。它是「果斷、果敢」的反義詞：從危機爆發到現在，歐洲政治精英從沒有當機立斷做出扭轉乾坤的決定。這與目前歐洲缺乏真正的領袖人物有關，沒有像戴高樂、密特朗、施密特或柯爾那樣重量級的人物。試想假如施密特仍然是總理，他會做出什麼反應呢？也許他會在危機加劇時做出讓德國人一時難以接受的決定，向受困國慷慨解囊，並提出一些附加條件，比如歐洲融合必須向前邁進一大步。也許在這種情況下，受困國會更願意接受德國的意見，不致出現歐洲目前的分裂。如此危機處理的好處是：你知道歐洲政治精英的努力方向，債權國和債務國都知道危機之後等待它們的前景是什麼。老百姓或者支持政府的路線，或者等待時機把它選下臺。

在Muddling Through的指導方針下，你堅決避免做出方向性的決定，因為你害怕假如大方向錯了，再糾正或者為時已晚，或要付出巨大的代價。於是你不首先考慮如何解決危機，而將精力放在管理危機或者說控制危機上。你摸著石頭過河，在黑暗中深一腳淺一腳，發現行不通馬上改變方向。這樣雖然缺乏方向感，但不至於出大差錯，不會翻船或撞車。一句話：你的所作所為目的是避免更大的災難發生。梅克爾是這一方針的最佳代表。用她自己的話說就是：「盯準前方，緩慢行駛。」一可以說過去幾年裡歐洲政治精英像是一支疲於奔命的消防隊，哪兒的火大往哪兒衝。沒有完成滅火的任務，但暫時控制了火勢。具體來說有下面幾種方式：

高築防火牆

我前面講到二〇一〇年五月七日到九日那個決定歐元區命運的週末。當時歐盟和國際貨幣基金（IMF）剛剛為希臘制訂了救助計畫，但這一舉措已不足以安撫金融市場。投資者認為希臘只是貨幣聯盟危機的開端，歐元已不值得信賴。於是歐盟和國際貨幣基金在緊急救助希臘之後，再撐起盡可能大的歐元救助傘，以在必要時為其他國家解圍。這個救助傘就是EFSF（European Financial Stability Facility，歐洲金融穩定基金）。它於二〇一〇年八月正式成立。可動用資金為四千四百億歐元。其運作方式不是歐元國湊足這筆鉅資之後貸給融資有困難的國家，而是以EFSF的名義向金融市場借貸，大家一起來擔保。由於有德國這樣財大氣粗的國家作保，EFSF的借貸信譽很高，利息極低。後來愛爾蘭和葡萄牙向EFSF叩門，實際上等於由穩定基金替它們借貸。

如果說EFSF是因擔心希臘火勢殃及其他國家而匆忙建立的，那ESM（European Stability Mechanism，歐洲穩定機制）則是經過了仔細籌畫的。它於二〇一一年三月的歐盟峰會決定成立，歐元國專門為此簽署了《國際協定》。ESM於二〇一二年八月啟動，總金額七千億歐元，其中八百億歐元現款；其餘六千兩百億歐元則是擔保。德國直接出資兩百二十億歐元，再擔保一千六百八十億歐元，總額一千九百億歐元。由於有現金墊底，ESM擁有更好的信用。與臨時性救助基金EFSF不同的是，ESM是永久性的，實際上可視為與國際貨幣基金相當的歐洲貨幣基金。二〇一三年年中，ESM完全取代了EFSF，它是持久加固歐洲貨幣聯盟整體策略的一個重要組成部分。

如果說ESM是歐元永久的防火牆，那麼ELA（Emergency Liquidity Assistance，緊急流動性資助）則是「緊急滅火器」。我用希臘的例子說明：二〇一二年八月初，希臘已經實際破產，現金告罄，公務員的工資也成問題。希臘政府只能發行短期債券，充當買主的只有希臘本國銀行。而這些銀行自己也揭不開鍋，必須向希臘央行借貸。央行的緊急貸款額度又已封頂。希臘政府走投無路之時，歐洲央行挺身而出：它批准了希臘央行提高緊急流動性資助金額的申請。二〇一五年夏天，歐洲央行又高抬貴手，最緊急的日子裡幾乎每天開會提高對希臘的ELA金額，一度超過了九百億歐元。按理說歐洲央行是歐元區各國商業銀行的唯一貨幣源。但ELA貸款實際上給了各國央行自己印鈔的權力。而且各國央行沒有公佈貸款總額和利息的義務，這使ELA很不透明。而一旦一國破產，這些緊急貸款就位倒了，其他歐元國就得承受損失。

歐洲央行在緩衝歐元危機中扮演的角色由此可見一斑。我們甚至可以說，是德拉吉的一句話救了歐元一命。

央行兜底

二〇一二年六月底的峰會決定成立銀行聯盟，以使歐元區銀行與國家相互拉下水的悲劇不再重演。不過遠水解不了近渴，單是宣佈成立這麼一個聯盟並沒有給歐元區的受困國帶來減壓效果，義大利和西班牙的十年期國債收益率仍然保持在危險的高度。金融市場的下一個懷疑物件是西班牙。一般認為，馬德里早晚會支撐不住，下一個失去支付能力的是斯洛維尼亞。很快，歐元區內伸手要錢的越來越多，出錢的越來越少。歐元救助傘下終將人滿為患，而傘外面的沒有能力再把傘加大，於是大家同歸於盡。因此，二〇一二年六月底的峰會之前歐元區已是四面楚歌。美國投資者索羅斯在六月初就大放厥詞，說如果德國不同意發行歐元區債券，歐元將在三個月之內解體。

為刺激歐元區的經濟，歐洲央行在七月初將主導利率降到〇・七五%。投資者對此只是報以疲倦的微笑。他們下決心和歐元區過不去了，政治和央行採取什麼措施似乎都已無濟於事。七月中旬，從債務危機的源頭希臘又傳來壞消息：據「三駕馬車」[189]專家的鑑定，先後兩次接受巨額救助金和一次債務重組的希臘遲遲不交「作業」：在向出資人承諾的三百項節約目標中有兩百一十項沒有實現。歐元區裡，債權國和債務國互相推卸責任，歐元似乎大勢已去。

就在這時，我回北京休假。臨行前我和經濟部的一位同事開玩笑說：「不知道我回來的時候還有沒有歐元。」他回答：「別忘了給我們帶些人民幣回來。」七月二十六日，我們在麗江老城流連忘返，晚上又給小女兒過生日，回到酒店時已經快半夜了。先生比我這個做記者的更有新聞癖，進房間第一件事便是打開電視看新聞。剛調出一個英文台，這位一向喜怒不形於色的德國人突然驚呼：「快來看，革命了！」我嚇了一跳，以為梅克爾辭職了。電視裡是德拉吉的鏡頭。他在倫敦一個國際投資者會議上很平靜地說出了那句震驚全世界的話：「Within our mandate, the ECB is ready to do whatever it takes to preserve the Euro.」歐洲央行行長說：「在我們的許可權之內，我們將不惜任何代價維護歐元。」這話日後必將成為歷史上被引用最多的句子之一。不過在引用時，大家一般省略了「在我們的許可權之內」這層限制。德拉吉似乎看出了在場人士臉上難以置信的表情，於是又找補了一句：「And believe me, it will be enough.」（「請相信我，這將足夠。」）

德拉吉的這句話是說給金融市場聽的。話外音是：如果你們對哪個歐元國放高利貸，我們央行就買它的國債，不讓你們的投機得逞。其實央行買國債並不稀奇，當一國財政吃緊時，央行怎麼會見死不救？但歐元區是由十幾個主權國家組成的。歐洲央行的章程裡明確規定：央行不得資助單個的國家。歐洲央行在危機爆發之後買進了兩千一百億歐元的危機國債券，目的是減輕這些國家在金融市場面臨的壓力，為政治精英尋找解決危機方案買下寶貴的時間。但即使這筆數目與美聯儲的救市計畫相比，不過是小巫見大巫，仍然在德國引發了激烈的爭議。

要理解德國的立場，我們需要做一個假設：央行手裡的國債有希臘、愛爾蘭、葡萄牙、西班牙和義大利的，假如它們當中的一個失去了支付能力，那麼央行手裡的債券就成了廢紙一堆。損失由誰來承擔呢？其他的歐元國，或者說是其他歐元國的納稅人。按照比例來算，德國承擔的部分有三分之一。這不但是央行資助國家的最終證明，而且更觸犯了歐洲貨幣聯盟最大的忌諱：為他國的債務埋單（《馬約》的最核心原則：互不救助原則）。

您可能會說：這個原則不是早就被拋棄了嗎？EFSF、ESM這些基金和機制難道不都是對互不救助原則的踐踏嗎？這話也不假。但這些機制的資金都是有上限的，每次擴大規模都要經過各國議會的批准，與央行徹底張開錢袋還是有質的區別。而德拉吉的誓言卻正是開了一張空頭支票。同年九月初，他把這張空頭支票具體化：必要時將無上限、無時限地買進危機國國債（即OMT[190]計畫）。換句話說，必要時，有錢的得用身家性命來保護那些捉襟見肘的。

德拉吉一言九鼎，使那些針對歐元的賭注戛然而止。因為投機者的錢再多也不如印鈔的多，誰敢和央行打賭呢？

那之後，歐洲央行使盡渾身解數提振歐元區經濟，比如將主導利率降到了〇%，比如每月花幾百億歐元購買國債，不過不是上面提到的那個OMT計畫，而是按照比例哪國國債都買，德國的債券買得最多，這樣好堵住聯邦銀行行長魏德曼（Jens Weidmann）的嘴。二〇一六年春天又開始購買歐元區企業的債券。這些措施多少起了一些作用，可是效果有限。因為央行提供再優惠的條件，也不能逼著企業借貸，不能強迫銀行貸款。企業貸款投資是因為對未來有信心，而銀行借貸是出於對企業的信心，這兩個前提是建立在良好的經濟環境之上的，不是央行一聲令下就能出現。二十世紀七〇年代德國經濟部部長席勒曾有一句名言：「你可以把馬牽到馬槽，但飲水還得靠它自己。」

銀行聯盟還缺一條腿

歐元危機爆發的一個原因是金融市場沒有為貨幣聯盟做好準備。十幾個國家擁有了共同的貨幣，銀行之間自然也是千絲萬縷的聯繫，你中有我，我中有你。但是這也意味著，一旦一家銀行出了問題，受牽連的可能是一大片。如此的格局按理說需要歐洲層面的銀行監管，發現問題也由歐洲層面來解決。一句話，銀行聯盟至少應當與貨幣聯盟同時誕生。但是我在前面已經說了，歐元是個你好我好大家都好的貨幣，誰想到富裕的歐元俱樂部會出現銀行吃緊的局面。

於是在歐元降生之前，誰也沒有去費心思想危機時刻的金融市場會是什麼樣，是否應當採取什麼預防措施。

危機爆發之後，由於銀行監管是由各國央行負責的，成員國央行拼命遮著、蓋著，不讓問題暴露，西班牙就是最典型的例子。但結果是問題越捂越大，到最後怎麼也遮不住的時候，往往造成的危害更大，西班牙也是最慘痛的教訓。

因此，歐洲層面的監管是必不可少的。歐元國在這一點上少有地意見一致。依德國的主意，有共同的監管就足夠了，發現問題由所在國負責解決。南歐國家不幹了，既然讓上一級來監管，某種程度上交出了一定主權，那麼怎麼也得享受一點大鍋飯，比如讓ESM直接為處於困境中的銀行融資。於是就出現了二〇一二年六月底西班牙、義大利和法國對德國形成的包圍圈，迫使梅克爾答應了必要時允許ESM為受困銀行解圍。

這個讓步非同小可。為什麼？迄今歐元區救助機制的運作方式是：一個國家或是由於拯救銀行或是出於其他原因無法償還債務之後，向歐洲穩定機制（ESM）提出救助申請。該國在得到ESM提供的緊急貸款的同時必須接受一些苛刻條件，包括做出體制改革的承諾，實際相當於部分喪失主權。換句話說，申請貸款的是主權國家，款額算入國家債務。而一旦銀行直接接受ESM融資，那麼銀行所在的國家就輕鬆了。它既不必擔心自己的經濟、社會政策橫遭干涉，而且一旦銀行償還不起債務，國家也不用害怕被銀行拉下債務泥潭，兜底的是歐元區所有國家的納稅人。

明白了這個讓步可能帶來的後果，我們就可以理解為什麼峰會之後一百多名德國經濟學家發表公開信表示抗議。不過，梅克爾也沒有讓西班牙完全得逞，而是提出了ESM解救銀行的前提條件：歐洲層面的監管啟動在先，擴大ESM使用範圍在後。

那次峰會可以說是第一次將建立銀行聯盟提上了歐元區的議事日程。從那以後，歐元區的南、北兩個陣營便展開執著的較量：南歐國家關心的是如何儘快得到盡可能多的支援；北歐國家則考慮如何以盡可能低的費用教育南部國家勤儉持家。直到二〇一三年年底，歐元國才在銀行聯盟的問題上基本達成一致。我在這裡說一說南、北兩個陣營的主要爭議是什麼，雙方各在哪些問題上占了上風。

一般認為，銀行聯盟由三個支柱組成：統一的監管、銀行解散機制和共同的存款擔保基金。第一個支柱相對來說比較簡單，因為它只是監管，不涉及錢。不過由誰來監管？南歐國家和法國建議歐洲央行來做總監，該機構有威信、有能力，兌現起來速度比較快。

德國對此持懷疑態度，大部分經濟學家和聯邦銀行堅決反對。在他們看來，歐洲央行有利益衝突。幾年來央行為歐元區銀行注資，並不斷降低借貸抵押條件，養活著一批「僵屍銀行」。現在能指望這樣的機構下狠心讓部分銀行破產嗎？央行本應負責貨幣政策，經濟蓬勃發展時央行一般會加息，防止經濟過熱。但同時肩負銀行監管任務的央行一旦發現銀行處於困境，怎麼忍心通過加息讓銀行的日子更難過？於是便產生了利益衝突。結果可能是兩個任務都完成不好，同時使央行威信掃地。

德國政府其實也存在這樣的顧慮，不過如果堅持另建一個機構，就有故意拖延監管啟動之嫌，於是德國財長朔依布勒（Wolfgang Schäuble）表示同意由歐洲央行來監管，但前提是在歐洲央行內部構建一座「中國長城」，使負責銀行監管和負責貨幣政策的兩個部門各自獨立，互不干涉。但財長們最終達成的妥協使「中國長城」變成了日本的「影壁」。

接下來的爭議是啟動監管的時間。南歐國家當然巴不得馬上開始，這樣它們就可以儘快甩掉「僵屍銀行」的包袱。德國則本著欲速則不達的原則，堅持先設「診所」，再開始「就醫」。監管的範圍南、北歐元國也存在分歧。南歐和法國當然希望監管歐元區的全部六千家銀行，這樣國家徹底放鬆。德國為首的北部歐元國則堅持先從一百三十家大銀行入手。結果，歐洲央行從二〇一四年十一月開始出任歐元區大銀行的總監。籌備時間比德國原來預想的還要長。央行為此雇用了大約一千名新的工作人員。

歐洲央行現在開始「行醫就診」。遇到小病症，它可以為病人開處方。某銀行一旦無藥可救，就立即被送交「解散機制」。該機制負責處理銀行的後事。由誰來決定是否關閉某家銀行呢？歐盟委員會馬上毛遂自薦，並得到法國和南歐國家支持，因為隨著歐盟成員國數量的上升，德國在委員會中的影響越來越小。這也是德國堅決不同意委員會掌握銀行生殺大權的原因。朔依布勒甚至威脅將訴諸歐洲法院。結果，德國在這個問題上也占上風：歐元國決定為此專門設立一個機構，歐盟委員會和歐元國財長理事會擁有否決權。該機構於二〇一四年十二月啟動，負責人是德國原金融監管機構主席、令銀行聞風喪膽的鐵娘子科尼希（Elke König）。

長遠來說，歐元國希望由銀行自己解決問題。為此這些國家的銀行將在一段較長時間裡籌集資金。按歐元集團的目標，到二〇二四年，銀行將建立總額五百五十億歐元的自救基金。不過，想想這一次危機已經耗費了納稅人一萬六千億歐元，這五百五十億歐元不過是杯水車薪。

按照歐元國財長的設想，在動用基金之前，先由銀行股東、債權人和大儲戶（儲蓄超過十萬歐元）承擔損失。這條責任鏈與之前的思路不同。之前因為擔心連鎖反應，都是國家（也就是納稅人）馬上衝鋒陷陣。[191]南歐國家希望繼續如此，因為那樣投資者可以高枕無憂，不存在一有危機便資金外流的危險；但德國堅決要求確定這個承擔責任的先後順序，否則無法向自己的選民交代。歐盟最後在此問題上的決定基本反映了德國的立場。不過，這部書讀到此，您已經知道了貨幣聯盟規則的遭遇。先是長時間談判扯皮，之後信誓旦旦地簽約，一遇到危機，什麼條約、協定就一文不值了。

銀行聯盟的第三個支柱是共同的存款擔保基金，目的是避免出現一家銀行吃緊、其餘銀行發生擠兌的現象。德國對此堅決反對。經濟學家奧特（Max Otte）在接受我採訪的時候說：「那意味著德國納稅人第三次打開錢袋。」為什麼這樣說呢？作為德國銀行的客戶，納稅人已為德國的存款擔保基金出了力。而且地方政府對儲蓄銀行有擔保義務。一旦需要兌現此擔保，納稅人要再次吐血。如果再成立歐元區的擔保基金，德國納稅人便果真要第三次掏腰包了。由於德國的抵抗，目前存款擔保基金仍然懸而未決。

財政協定是紙老虎

在歐洲近幾年打造的滅火工具中，我最不理解的就是財政協定。因為該協定的內容在二十世紀九〇年代制定的歐盟條約裡都有，有點新瓶裝舊酒的嫌疑。

最初提出這一建議的是德國和法國。那還是梅科奇（Merkozy）[192]攜手合作的黃金時代，時間是二〇一〇年年底，也就是希臘和愛爾蘭應聲倒地之後。德國的初衷是強化財政紀律，要求所有歐盟成員國都按照德國的模式將債務剎車機制寫入憲法，每年結構性預算赤字不得超過國內生產總值的〇・五％；一旦超標，罰款程式將自動啟動。這兩點可以說是新意，比《馬約》和之後的《穩定與增長公約》都更嚴格。只是經過幾個月的談判，最後通過的文本已變成失去利齒的老虎，德國的核心主張基本落空。

首先來看債務上限：結構性預算赤字是個很模糊的概念，因此原《穩定與增長公約》規定的三％的赤字率上限仍然有效，經濟不景氣的年份也不例外。超過這一上限，就將面臨相當於國內生產總值〇・一％的懲罰。

梅克爾原來要求簽約國將債務剎車機制寫入憲法，以保證長久約束力。畢竟在民主體制下，下屆政府推翻本屆政府的決定，不僅易如反掌，而且司空見慣。而修憲的門檻要高得多，政府不敢輕舉妄動。正是出於這個原因，迄今歐洲自設枷鎖的國家只有德國和瑞士（非歐盟國家）。率先對梅克爾說「不」的是已被債務洪水淹沒過一回的愛爾蘭。理由是事關憲法，需要全民公投。這不僅將拖延協定生效的日期，而且公投結果未蔔，鬧不好會讓全盤計畫擱淺。鐵娘子無言以對，只得求其次。協定的最後文本是：「債務剎車機制應以法律形式確定，最好納入本國憲法。」

如果哪個國家拒不自設債務剎車機制的話，歐盟委員會將有權狀告歐洲法院——這也是德國最終不得不忍痛放棄的核心要求之一。反對者冠冕堂皇的理由是：協定不是適用於全歐盟的條約（因為英國反對），只是國與國之間的契約，因此歐盟委員會不是「對口單位」。這個理由可能成立。不過據瞭解談判內情的人士透露，真正與德國唱反調的竟然是法國。薩科奇無論如何不願授予歐盟委員會如此特權。

根據財政協定的最後文本：狀告歐洲法院的只能是一個或幾個國家。這實際等於宣佈相關條款無效。試想：德國會起訴法國嗎？

在法國和義大利齊心協力下，協定的其他細節也明顯「摻水」。比如簽約國一旦偏離財政紀律正軌，將得到更長「改錯」時間；罰款程式繁複，也變相為違規者贏得時間；允許違約的所謂「特殊情況」也比最初版本寬泛。這是政治家們為日後可能的違反紀律行為所做的鋪墊。

你們看，縮了水的財政協定不是新瓶裝舊酒是什麼？債務剎車、三％的預算赤字和六十％的債務總額上限，都是《馬斯垂克條約》已經包含的內容。唯一比《馬約》嚴格的條款是：一旦赤字超標，罰款程式將自行啟動，只有在歐盟三分之二的財長反對的情況下才能阻止；而《馬約》正好相反，只有三分之二的財長同意才能對犯規者施罰。這也是該條款從未付諸使用的原因，儘管守紀律的最後只剩下兩個國家。潛在的違規者怎麼忍心將現行犯繩之以法呢？

就是這個紙老虎差點造成歐洲的大分裂。原因是英國前首相卡麥隆在二〇一一年十二月九日的峰會上要價太高了。梅克爾本來打算將財政協定變成全歐盟的行動，最終修改《歐盟條約》。卡麥隆對協定的內容本沒有什麼異議，但他對歐盟插手成員國事務的做法感到原則上的不滿，後來想以自己的贊成票換取英國金融中心的特殊地位。他提出的條件是：英國的地位不能有任何變化，當歐盟採取進一步向金融業徵稅的措施時，英國擁有否決權。這明明是訛詐。一向遷就英國的德國也忍無可忍：你沒有誠意就不帶你玩，大不了將協定的規格降一級，不是《歐盟條約》，而是國與國之間的協定。卡麥隆本來以為歐元區以外的十個歐盟國家都會支援他的造反行為，沒想到峰會上追隨他的只有匈牙利。捷克和瑞典政府首腦表示回國徵求本國議會的意見。而那次峰會正是英倫三島與歐洲大陸離心離德的開端。

用如此高的代價換來了一個紙老虎，而且《馬約》在二十年的時間裡形同虛設，財政協定怎麼就會立竿見影呢？依照以往的經驗，這類條約都是為好年景設定的。一旦陷入困境，政治家往往最先拋棄的就是原則。

再說，強摘的瓜不甜。德國之外的歐盟二十四個國家並非自覺自願地為自己套上緊身衣。它們當中的大多數是在金融市場的壓力和鐵娘子的威嚴之下，不得已而為之。梅克爾越念緊箍咒，越將激發那些持不同財政理念同僚的反抗意識。他們不會放過任何一個違約的機會。

也就是說，德國強加給歐洲夥伴一個缺乏新意的條約，談判過程中大面積得罪歐洲機構和國家，而最終實施的希望虛無縹緲。正如盧森堡財長所說，梅克爾的財政協定「是對時間和精力的無謂的消耗」。問題是：德國總理腦子進水了嗎？

一種能夠自圓其說的猜測是：鐵娘子板起面孔向歐洲推銷德式財政紀律，其實是做給她的國人看的。她可以說，怎麼樣，我盡了最大努力讓大家向我們看齊。這是安撫國人說。還有一個聲東擊西說。慕尼黑IFO經濟研究所所長弗斯特教授說，據他的估計，財政協定是德國人消耗峰會時間的一招：當大家為財政協定爭得面紅耳赤的時候，誰也顧不上提歐元區發行共同債券的事了，因為這是德國絕對免談的一個話題。

希臘：歐元區的土撥鼠

氣象播報員菲爾除了每天預報天氣，每年二月二日還要去一個邊境小鎮報導土撥鼠日慶典。這一年他報導完畢之後趕上一場暴風雪，被困在小鎮上。第二天菲爾醒來時，時間停留在前一天的土撥鼠日，昨日的一切重新上演。他無論如何努力，都逃避不了宿命。這是好萊塢一九九三年拍攝的經典作品《今天暫時停止》（Groundhog Day）的劇情。希臘正像是歐元區的土撥鼠，每隔一段時間便考驗一下債權國的耐心。

這並沒什麼好奇怪的。過去一百多年，希臘有一半時間處於破產狀態，是一個典型的失敗國家（failed state）。就在我準備為本書收尾的時候，偶然在《時代周報》上讀到一篇很有意思的文章。作者曾經在該報做了十二年的旅遊和經濟記者。文章的內容其實是回憶一篇作者在一九八六年四月發表的專題報導。報導題目是《丹麥乳酪》，描述希臘加入歐盟給該國農業帶來的影響，素材是作者一九八三年為寫畢業論文去希臘調查的經歷。作為一名二十七歲的實習生，自己的文章被《時代周報》這樣有影響的報紙以整版篇幅刊登，作者別提多自豪了。

一九八三年的雅典農業部，這位德國大學生發現沒幾間辦公室有人。他當時的臨時辦公室本是一位希臘公務員的，但他基本不來上班，因他的主要職業是計程車司機。隔壁辦公室的兩位公務員也難得來打卡——他們一人開速食店，另一人開餐廳。時不時來農業部打個照面已經不錯了，上千個公務員根本不來上班，工資卻照領不誤。他們的這些職位都是兩個大黨的選舉禮物，誰當選就給自己的選民很實惠的好處。難怪希臘國家的開支占國民收入的一半以上。

當時這位寫畢業論文的德國大學生一下明白了：如果沒有歐盟的資助，希臘馬上就會破產。他當時對歐盟的「橄欖樹規定」也很感興趣。據此規定，希臘的橄欖樹得到歐盟補貼，補貼數額由橄欖樹的數量來決定。他發現，儘管橄欖樹的生長速度很慢，但在希臘入盟兩年之後，該國橄欖樹的數量竟然翻了一番。希臘在短短的時間裡從農業出口國變成了進口國，從丹麥進口乳酪，從德國進口豬肉和牛奶。因為這些產品在丹麥和德國的成本遠低於希臘。

雅典認為加入歐盟就有了一切，加入歐元區就更是成為富人俱樂部的一員，更要漲工資，提高全體人民的生活水準。但希臘是否也要為此付出什麼呢？比如建立稅收或其他的國家管理機制？希臘人沒想到這一層，幫助希臘入盟的其他歐洲人也沒有想那麼多。

一九八六年那一篇出自一名實習生之手的文章實際上揭示了整個希臘悲劇的原因，但沒有引起任何反響，當時的歐洲精英在共同體南擴之後正琢磨著籌建貨幣聯盟呢。直到希臘危機再度加劇的二〇一五年，德國《商報》編輯部不知怎麼翻出了這篇文章，全文刊登不說，還冠以《我們應當向一名實習生補課》的標題。這給他帶來一個更大的榮譽——前總理施密特請他去辦公室聊天。老總理誇獎了作者一九八六年這篇具有遠見卓識的文章，還透露自己曾反對接納希臘為歐共體成員。但他在歐洲的搭檔、法國總統德斯坦認為必須將民主搖籃的希臘拉進歐洲大家庭。施密特當然不願意駁老朋友的面子。老總理對作者語重心長地說：「事後看來，這是個大錯誤。」

直到今天，希臘與歐盟的關係沒有發生任何變化：沒有歐盟的錢，希臘就會破產；希臘認為自己是民主的發源地，對人類做出了巨大的貢獻，得到歐洲其他國家的救濟是理所應當的。

二〇一五年年初，齊普拉斯（Alexis Tsipras）上臺，公開與歐盟叫板，想借新債，不還舊債，還就此舉行公投。這就像我借了鄰居的錢，之後在家裡舉行民主表決。表決結果是我們全家不同意還錢。於是我將這一結果告訴鄰居，同時問他能不能再借一筆，因為我們家又揭不開鍋了。由於齊普拉斯的玩法太新奇，希臘作為頭號話題的時間長達半年之久。二〇一五年七月的峰會上，連歐洲情結最強烈的德國政治家——財長朔依布勒都公開要求開除希臘，可見他的神經已被齊普拉斯摧殘到什麼程度。結果，希臘政府發現訛詐無效，離開歐元區又等於離開搖錢樹，最後只好接受屈辱條件。德國在法國的壓力下，同意把希臘留下，但必須讓雅典接受「喪權辱國」的條件。德國政府為此受到國際輿論的批評。有人分析梅克爾隨後故意將難民引來歐洲，並扮演聖母角色，就是為了改善德國形象的，是借難民公關。

不管這種說法是否站得住腳，反正對希臘來說，難民危機的最直接效果就是媒體驟然之間對債務危機失去了興趣。再提希臘的時候，只是難民登陸的那幾個島嶼。

兩名敘利亞難民和一位聖母：改變歐洲命運的時刻

俗話說「屋漏偏逢連夜雨」，就在歐洲被連環危機折騰得氣喘吁吁，又被希臘新政府耍了半年，剛剛勉強維持了貨幣聯盟的完整時，一場二戰以來空前的難民浪潮鋪天蓋地而來。要說敘利亞的戰火已經燃燒了五年，成千上萬人投奔歐洲也不是一兩天了。只是其規模還沒有排山倒海，歐洲媒體又只盯著希臘，所以難民問題還沒有進入大多數歐洲國家公眾的視線。

在二〇一五年夏天之前，柏林和不處於歐盟邊緣的歐洲國家政府一樣，堅持執行所謂《都柏林協定》（Dublin Regulation）。據此，難民必須在第一個抵達的歐盟國家申請庇護。因這一協定而遭殃的國家主要是希臘和義大利。因為有幾個難民是有合法證件乘飛機來的？大多數嘗試陸路或海路。如果他們在到達歐盟邊界國家之後，成功潛逃到第三國，那麼該國就可以把他們原路送回到希臘或義大利。希臘自己已經破產，哪顧得上難民。歐洲人權法院於二〇一一年做出判決，不允許歐盟其他國家將難民遣返希臘。二〇一五年上半年希臘與歐盟關係緊張的時候，希臘更不情願為歐盟看守大門，對北上難民睜一隻眼閉一隻眼，否則就不可能出現八月中旬十幾萬難民在匈牙利登記的「盛況」。

八月十九日，德國政府將對二〇一五年抵達德國難民數量的預期上調至八十萬人，相當於二〇一四年的四倍。

八月二十五日，德國移民和難民署發推特：「沒有登記的敘利亞難民也可在德國申請庇護。」內政部同時取消對敘利亞難民庇護申請的逐一審核，而決定集體批准敘利亞人的庇護申請。此前，在匈牙利登記的難民為十五萬人。從現在開始，難民不願再在匈牙利登記，而是有了一個共同的目標——德國。難民署和德國政府完全低估了一個推特能起到的作用。

之後幾天，人權組織積極分子在土耳其、黎巴嫩難民營中散發傳單，說德國對難民敞開了懷抱。不僅是敘利亞人，伊拉克人也奔相走告，說德國將接收所有的人。蛇頭將偷渡地中海的價錢翻倍。

八月三十一日，德國總理梅克爾在夏季記者會上講出了那一句名言：「我們能搞定。」在表現如此自信的同時，德國政府沒有採取任何安置大批難民的措施，也沒有在邊境增加警力。結果，九月初那個週末進入德國的難民都沒有登記。

九月二日，葬身地中海的敘利亞三歲男孩艾蘭・庫迪（Alan Kurdi）的屍體被沖上土耳其海岸沙灘。此前奧地利四號高速路附近發現一輛貨車，裡面是七十一具窒息而死的難民的屍體。

九月三日，匈牙利總理奧爾班（Orbán Viktor）稱難民問題是德國的，而不是歐洲的。連日來，布達佩斯火車站人山人海的畫面充斥德國的電視。

歷史將證明，二〇一五年九月四日發生的一系列事件改變了德國和歐洲。因此，值得我們

九月四日

早上，一位原政府成員與記者共進早餐，說德國將在這個週末面臨前所未有的挑戰。也許他是唯一有如此預感的閣員，因為其他重要人物至少是沒有把這個週五當回事。總理的日程表和平素差不多，參觀學校和公司，在埃森為黨友助選，在科隆出席北威州基民盟成立七十周年的紀念活動；總理府部長阿爾特邁爾（Peter Altmaier）參加在法國召開的一個企業家會議；總理發言人賽博特（Steffen Seibert）早早回家過週末；內政部部長德梅齊埃（Thomas de Maizière）高燒在家休息。

早上七點三十分，布達佩斯東火車站

二十五歲的敘利亞人穆哈馬德・查塔雷（Mohammad Zatareih）一大早就醒了。近日來匈牙利當局不再放難民西行，供給也越來越差。萬一出不了匈牙利怎麼辦？去找剛剛結識的阿赫默德（Achmed）想想辦法。他在敘利亞的職業是老師，能言善道。

早上八點三十分，柏林總理府

梅克爾與助手開會，沒有什麼異常，總理日程照舊。

早上十點三十分，布達佩斯東火車站

穆哈馬德找到了阿赫默德。阿赫默德建議採取行動，步行去奧地利和德國。他說如果能召集一千個難民同行，就沒人能攔住他們。

早上十一點三十分，柏林，聯邦記者會

德國政府沒有估計到八月二十五日難民署推特的發酵作用。否則為什麼一方面衙門宣佈不登記的難民也將被德國承認，另一方面總理發言人賽博特仍要求匈牙利按照歐洲協定履行其法律和人道義務。

中午十二點三十分，布達佩斯

一支兩千人的難民大軍在穆哈馬德和阿赫默德帶領下出發。一名陪伴難民的匈牙利人建議他們向高速公路的方向行進，因為那樣會引起媒體的關注。

下午一點，盧森堡

歐盟外長會議開始。議事日程上沒有難民危機。

下午三點四十五分，匈牙利M1高速公路

難民大軍抵達高速公路，沿途居民給難民送來麵包和水果。突然，上百名匈牙利員警堵住難民去路。兩位首領向同伴示意，不能停下來，不能前功盡棄。難民沖向員警，員警退讓。難民隊伍直奔維也納的方向。

下午五點十五分，德國埃森城堡廣場

梅克爾發表事先準備好的選戰講話。幾位難民舉著「感謝德國」的牌子，有人打出「歡迎難民」的橫幅，有人高喊「梅克爾下臺」。

傍晚六點三十分，科隆植物園

梅克爾步入科隆植物園大禮堂，與北威州基民盟黨魁握手、合影，參加北威州基民盟成立七十周年的慶典。此前在從埃森到科隆的直升機上，梅克爾第一次看到難民向維也納行進的照片。

她在科隆講話中對匈牙利發出強烈抨擊：「二十多年前為我們打開了邊界的人現在狠心對待逃

難的人們，這很令人費解。」

晚上七點三十分，維也納總理府

匈牙利駐奧地利大使致函奧地利外交部，說有近一千名非法抵達匈牙利的難民正在前往奧地利的路上，問匈牙利應當作何反應。總理菲曼（Werner Faymann）及其顧問認為匈牙利總理奧爾班用這種方式徵求奧地利的意見，是應當堵住難民去路還是對他們放行。菲曼及其顧問一致認為，只有用暴力才能阻止難民隊伍，但暴力是無論如何要避免的。菲曼給梅克爾打電話。此時梅克爾還在科隆植物園大禮堂發表講話。

晚上八點，布達佩斯議會大樓

匈牙利政府危機指揮部召開會議，確定局勢失控，難民不再聽從匈牙利當局的指令，而是自己決定何去何從。國際媒體傳播不利於匈牙利形象的畫面。

晚上八點十五分，布達佩斯市中心

奧爾班在前往城東南體育場的路上，馬上將要舉行匈牙利和羅馬尼亞之間的足球比賽。

晚上八點十五分，科隆

梅克爾在前往科隆機場的路上與奧地利總理通話。菲曼描述了過去幾個小時裡發生的事情，梅克爾馬上意識到，奧地利和德國不能關閉邊界，因為那樣一來將製造一場人道災難。但梅克爾也深知不能讓所有人來德國。她說要和自己人商量，請菲曼與奧爾班聯繫。梅克爾馬上開始給政府要員打電話。

晚上八點四十分，布達佩斯體育場

比賽馬上就要開始，奧爾班做出了決定。整個歐洲將感受到這一決定的影響。

晚上八點四十分，柏林匈牙利駐德國大使館

大使接到來自布達佩斯的指令，立即將奧爾班的決定通知德國政府。決定稱，匈牙利無法保障難民登記工作，因此將派出大約一百輛大巴把難民送至奧匈邊境。

晚上九點，匈牙利M1高速公路

難民已經步行三十二公里，婦女、兒童筋疲力盡，情緒低落。紅十字會和志願者提供幫助。

晚上九點十五分，布達佩斯議會大樓

總理府部長在危機會議結束後對媒體宣佈，將在夜間派大巴前往東火車站和M1高速公路，把難民送至奧匈邊界。屆時將由奧地利方面決定是否允許難民入境。奧爾班幾次撥打菲曼電話，菲曼都沒有接。他向奧爾班轉達可於週六早上九點通話。但匈牙利不想等待。奧爾班把難民問題像接力棒一樣交給了奧地利和德國，交給了梅克爾。

晚上九點剛過，德國下薩克森州哥斯拉市

德國副總理兼經濟部部長加布里爾（Sigmar Gabriel）家。手機響，是總理打來的。梅克爾問加布里爾是否同意德國接納滯留在布達佩斯的七千名到八千名難民。總理說已經與外長施泰因邁爾（Frank-Walter Steinmeier）詳細交談，外長沒意見。總理與副總理通話時間大約五分鐘，梅克爾與加布里爾講話的口氣更像是通告，不是商量。加布里爾說同意，前提是這是一次性的行動。梅克爾說她也是這樣想的。掛了電話，加布里爾馬上撥通外長施泰因邁爾的號碼。外長說梅克爾通知了他，但不記得與總理詳談過。

晚上十點，柏林

梅克爾與菲曼通話。梅克爾希望有一夜的考慮時間，第二天做決定。菲曼說難民三四個小時之內就會抵達奧匈邊界，他頂不住了，懇求梅克爾在今夜決斷。梅克爾沒有其他的選擇。她深知，只能用水炮和棍棒才能擋住難民，但是德國人承受不了這樣的畫面。至於是否可能有恐怖分子混跡於難民當中，兩位總理想都沒有想。

晚上十點十五分，盧森堡

難民危機也成為歐盟外長會議的核心議題。德、奧、匈三國外長顧不上吃甜點，到隔壁房間商議如何發表共同聲明。

晚上十點之後，柏林

只有這一細節無法復原，事後總理府說給基社盟主席和巴伐利亞州州長澤霍費爾（Horst Seehofer）打電話，他沒有接。澤霍費爾事後說如果真想找他總會有辦法。不管真實情況如何，結果是：數千難民進入巴伐利亞，而梅克爾事先沒有和巴伐利亞州州長通個氣。

晚上十一點之後，維也納

菲曼電話告知奧爾班，允許難民進入奧地利。

九月五日

半夜十二點十七分，維也納

奧地利通訊社APA報導：「奧地利和德國允許從匈牙利來的難民入境。這是總理菲曼週五晚間與匈牙利總理奧爾班通話之後宣佈的。」梅克爾和菲曼要求匈牙利儘快恢復難民登記和供給。

半夜十二點三十分，布達佩斯附近的M1號高速公路

穆哈馬德和阿赫默德的隊伍在高速公路附近支起帳篷休息。當四輛大巴開過來的時候，難民們跳了起來。據說大巴將把他們帶到奧地利邊境。很多人將信將疑，害怕是陷阱。穆哈馬德和阿赫默德意見不一。穆哈馬德建議讓一輛大巴先行，看是不是真的，阿赫默德主張不上車，以免上當。最後穆哈馬德占了上風。

半夜十二點三十九分，布達佩斯東火車站

一輛輛大巴士駛入車站前的廣場，難民發出歡呼。有多少難民上路不得而知，沒有統計，沒有名單。

凌晨一點，維也納、奧地利聯邦鐵路總部

鐵路公司董事長克恩（Christian Kern）與德鐵負責人格魯伯（Rüdiger Grube）通話，協調如何運載抵達奧地利的難民，決定將部分難民由薩爾斯堡運至慕尼黑。克恩怎麼也不會想到，難民危機將在幾個月之後把他推上奧地利總理的寶座。

凌晨兩點五十六分，M1高速公路

作為先遣的大巴抵達奧地利邊界，巴士上的難民打電話給等候在高速公路上的同伴，大家激動得熱淚盈眶。

凌晨四點左右，維也納

菲曼再次與梅克爾通話。抵達奧地利的難民比預計的要多，菲曼擔心梅克爾變卦，關閉邊界。梅克爾保證不食言。菲曼想與奧爾班通話，奧爾班關機。

凌晨五點，奧匈邊界

很多年輕男性難民表現粗野。為防止他們打架，奧地利員警對全部難民放行。很多難民根本不知道還有奧地利這麼個國家，高呼：「德國！」

早上七點，慕尼黑

社民黨籍市長萊特（Dieter Reiter）沒有得到柏林正式通知，只是聽傳言說將有大批難民抵達，但不知到底有多少。

早上八點，巴伐利亞因戈爾施塔特附近

巴伐利亞州州長、基社盟主席澤霍費爾撥通梅克爾的電話，說他剛剛看到昨晚總理曾經給他打過電話。梅克爾向他解釋為什麼與奧地利總理共同決定接收難民。澤霍費爾說：「安格拉，這個決定很成問題。它會帶來無法收拾的後果。」總理事後說，姊妹黨主席的態度讓她感到很不爽。這之後，她不再與澤霍費爾討論，而只是將自己的決定通知他。基民盟、基社盟這一對從聯邦德國建國以來便共組議會黨團的姊妹党從此產生了不可彌合的裂縫。

早上八點，盧森堡

外長施泰因邁爾與外交部的顧問開始電話會議，討論昨夜總理的決定。他的助手們憂心忡忡，因為他們瞭解德國駐中東和中亞國家使館的內部報告，深知梅克爾的決定意味著什麼：更多的人們將打點行裝，直奔德國。

早上九點，法國埃維昂

梅克爾的心腹、總理府部長阿爾特邁爾與十六個聯邦州的代表召開電話會議，要求他們為安置難民群策群力。一個人問，估計會來多少難民？誰也不知道。昨晚梅克爾說過大約有七千人。有人問，如果來一萬五千人怎麼辦？天曉得，誰也沒有經歷過這樣的事情。

早上十點，巴黎愛麗舍宮

歐蘭德（François Hollande）的歐洲顧問接到梅克爾歐洲顧問的電話，後者講述了昨天夜間發生的事情，問法國能否接收從匈牙利過來的一千名難民。

早上十點三十分，慕尼黑德鐵辦公樓

奧地利和德國之間運送難民的專列已經人滿為患，需要更多的列車和更多的乘務員，另外急需食品。從早晨開始，德鐵員工把庫存的食品全搬了出來。

早上十一點二十一分，維也納

奧地利通訊社APA援引一位奧地利自由黨議員的話：「目前在我們的國家有數千名來歷不明、逃難原因不詳的人。伊斯蘭國家一再威脅將讓自己的戰士混跡難民隊伍潛入歐洲。」

中午十二點三十分，巴黎愛麗舍宮

歐蘭德像每個週六一樣與自己最重要的顧問共進午餐。歐洲顧問轉達了德國總理的願望，歐蘭德毫不猶豫地說，必須尋求歐洲層面的解決方案。由於歐蘭德深知歐洲層面不可能找到解決方案，因此他的表態不過是對德國總理的象徵性支持。而這是梅克爾在這個週六得到的唯一支援。她全天都在打電話，不是總理就是首相，得到的全是拒絕。

下午一點，慕尼黑火車站

來自匈牙利的第一批四百名難民抵達慕尼黑火車站。月臺外面聚集了看熱鬧的德國人。零星的掌聲越來越熱烈。有人唱起了德國國歌。難民先是有些困惑，接著微笑、招手，德國人的掌聲和歡呼聲越來越高漲。

下午兩點三十分，埃維昂—日內瓦的公路

梅克爾的大管家阿爾特邁爾在回柏林的路上與總理通話。兩人一致認為應當在電視中表個態。梅克爾自己不想露面，這樣容易讓德國人感到事態嚴重。內政部部長仍然生病，那就由阿爾特邁爾出面。兩人商量措辭，用「例外」來描述總理的決定。從此，聯邦政府的新聞稿、梅克爾發言人賽博特以及阿爾特邁爾的講話中一再出現「例外」這個字眼。總理府後來承認，選擇這個詞是因為它聽起來比較模棱兩可，「例外」可以有時出現，不像「一次性」那樣絕對，但又給人一次性的錯覺。從法律層面看，這說法也站得住腳。比如：來德國的難民需要登記，這是規則；從匈牙利來的難民沒有登記，這是例外。但假如規則完全失效，例外又是什麼呢？

傍晚六點，柏林

梅克爾與奧爾班通話，兩人證實昨夜的行動將是一個例外。

傍晚六點，慕尼黑

澤霍費爾主持基社盟主席團的電話會議。唯一的議題：總理的決定。基社盟的態度十分鮮明：該決定是錯誤的。好幾位與會者都預言這一決定將會產生「漩渦效應」。

九月六日

早上七點，慕尼黑青年局

市政府召開危機會議。昨天總共有六千七百八十名難民抵達慕尼克火車站。有人帶傷。所有人都將接受體檢。不過有人已經失蹤。登記基本上不可能。今天來多少沒有人知道。聯邦員警沒有可靠的數字，柏林不給任何資訊。市政府一位高級官員問：「柏林還存在嗎？」

下午兩點，上巴伐利亞

澤霍費爾在紀念前巴伐利亞州州長、基社盟主席施特勞斯一百周年冥誕的活動上發表講話，稱梅克爾的決定是「一個完全錯誤的信號」：「我們二十八個歐盟國家不可能接納天底下的所有難民。沒有一個社會承受得了。」

下午五點三十分，柏林總理府大廳

總理府部長阿爾特邁爾接受電視臺採訪。記者：「今後還會有例外嗎？」阿爾特邁爾：「做這樣的猜測沒有什麼意義。」總理府的一位工作人員後來坦承，「例外」這個字眼也有自我安慰的意思。

晚上七點，柏林總理府第九層（梅克爾的辦公室在第八層）

執政聯盟最重要的政治家就難民危機開會。聯邦出多少錢？如何安置難民？九月二十四日將召開聯邦和各州峰會。澤霍費爾發言：「我和總理梅克爾一致認為，匈牙利的決定是錯誤的，下不為例。」阿爾特邁爾說：「這是例外。不過必須為『例外』做出更為具體的定義。」在場的沒有一個人預感到從現在起每天將有六千名到八千名難民抵達德國。梅克爾仍然把希望寄託在歐盟層面的合作，因此會議沒有討論邊界檢查的問題。

晚上七點三十分，維也納

匈牙利總理奧爾班接受奧地利電視臺採訪。他說，奧地利和德國必須關閉邊界，必須明確說明將不再接收難民，否則將有幾百萬人來到歐洲。

晚上十點，慕尼黑青年局

市政府危機指揮部，周日近一萬一千名難民到達慕尼黑火車站，整個週末乘火車來德國的難民達一萬七千五百人，其中包括率領難民徒步行軍的穆哈馬德。他在慕尼黑待到九月底，之後被安置到德國東部茨維考的難民營。

九月六日晚上，奧地利內政部宣佈，總共一萬五千人在這個週末從匈牙利進入奧地利，其中的大部分前往德國，只有九十人在奧地利申請庇護。

從那以後，每天都有幾千名難民抵達慕尼黑。九月的第二個週末共有兩萬名難民到達慕尼克火車站。聯邦員警已準備就緒。但他們沒有得到命令。梅克爾反對關閉邊界，只不過開始了邊境檢查。接下來的幾周，每天入境德國的難民上萬，基本上沒有檢查，沒有登記。直到十二月，德國才漸漸恢復對邊界的控制。

九月十五日，奧爾班宣佈關閉匈牙利南部邊界。

十一月初，瑞典恢復邊檢。
二〇一六年一月底，奧地利決定對難民人數設上限。
二〇一六年五月九日，奧地利總理菲曼辭職。

在還原歷史和分析梅克爾的動機之間，我選擇了前者，因為我覺得讀完「大事記」，很多分析和猜測就變得多餘。比如有人說她是由於美國的壓力，還有人認為她的決定是一名基督徒（兼牧師女兒）在關鍵時刻的靈魂深處一閃念。現在我們知道她那個將給德國和歐洲帶來深遠影響的決定是在一個非常狹窄的時間視窗裡做出的，具體來說是在九月四日晚上八點到十一點之間。這個歷史事件的主角除了梅克爾，還有兩名敘利亞難民和匈牙利總理奧爾班。假如那兩個敘利亞小夥子沒有想到鋌而走險，組織難民行軍，那麼就沒有奧爾班和梅克爾後來的決定。但是在當時的局勢下，即使沒有九月四日的穆哈馬德，也會有九月五日的王二麻子。有了難民的「揭竿而起」，奧爾班的決定便在意料之中。為什麼他不能派員警攔截難民隊伍呢？因為那樣一來將難免出現暴力場面，匈牙利將被國際媒體釘上恥辱柱，而且把難民留在匈牙利在他看來等於是為自己的國家留下後患。現在難民自己拔腿走了，他落得個成人之美的名聲，何樂而不為呢？更何況德國已經宣佈沒有登記的難民也照收不誤，這在奧爾班看來是向難民發出了書面邀請，因此他不僅滿足難民的心願，還成全德國的慈悲心懷，自己又得了清靜，這簡直是三全其美。

那麼梅克爾在那三個小時裡經歷了什麼樣的思想鬥爭呢？我們從「大事記」可以看出，她基本沒有什麼思想鬥爭，她很快就得出結論：一方面，邊界守不住，因為要抵擋難民，就必須動武，德國人受不了在自己家門口對手無寸鐵的婦女、兒童施暴的畫面；另一方面，她嚴重低估了「開閘放水」可能造成的「瀑布效應」，在與副總理加布里爾通話時，梅克爾只估計大概有七千人到八千人入境。

這是我對德國政府的批評點，說好聽點是天真，說難聽點是不專業。上面提到八月二十五日難民署發的推特，德國等於自己廢除了《都柏林協定》，之後又要求匈牙利遵守歐盟協議，這不是自相矛盾嗎？

而在二〇一五年夏天之前，德國在難民問題上又表現出十足的自私和短視。為什麼這樣說？因為《都柏林協定》本身就是德國這些地理位置占優的歐盟國家極力主張制定的。我前面提到，德國處於歐洲心臟地位，被歐盟國家包圍，按照《都柏林協定》，難民必須在第一個抵達的歐盟國家登記並申請庇護，那麼這意味著德國根本就不會有難民，除非難民從天而降。雖然德國也一再接納了所謂配額難民，但主要負擔是由希臘和義大利承受的。導致二〇一五年上半年歐洲難民激增的原因除了敘利亞戰火連綿之外，還由於聯合國難民署在援助資金緊缺的背景下將黎巴嫩、約旦和土耳其的難民口糧減半。食不果腹的痛苦把原來在敘利亞周邊國家躲避戰亂、打算戰爭一過就回家的難民們也逼上了通往歐洲的道路。這可以說是整個西方富裕國家的失職。從地理位置上說，美國或日本有「資本」自私，德國和歐洲沒有這樣的資本，因為最終將為自己一時的自私行為埋單，而且費用將遠遠高出給聯合國難民署的「補貼」。

換句話說，德國政府在二〇一五年九月表現出的人道和慷慨實際上是為自己此前的自私和短視付出代價。接收難民這個決定本身並沒有錯，哪個德國或西歐政治家處在梅克爾的位置上大概都會這麼做，但德國總理在那之後的一系列舉動和言論就不夠專業了。比如一個星期後對難民營的訪問。她當時接受了好幾個年輕男性難民的自拍邀請。梅克爾溫和而慈善的微笑傳遍世界，她因此得到了「難民總理」的稱號。要知道梅克爾一向以喜怒不形於色著稱，在難民營中露出那麼燦爛的笑臉德國人很少看到，希臘人就更難以企及了。不管她這樣的表現是否恰當，但可以肯定的是，總理又一次低估了這一系列照片向阿拉伯世界受苦受難人民發出的信號：來吧，德國歡迎你。在記者會上，梅克爾一次次強調，德國的庇護法沒有上限，敘利亞人基本可以百分之百地留在德國。面對黨內的批評聲音，梅克爾幾乎是賭氣地說：「如果我們現在要為在別人危難時表現友好而道歉，那麼這就不是我的國家了。」這使她和兩個月前的一次表現判若兩人。那是二〇一五年七月梅克爾在一次公民對話中與一位原巴勒斯坦少女的偶遇。

梅克爾與那個十來歲女生的對話長達十分鐘。女孩子可見是有備而來。她四年前從黎巴嫩難民營逃到德國，目前生活在羅斯托克。她用流利的德語向梅克爾描述了她對有朝一日遭遣返的擔憂。她說，她的德國同學一邊享受生活，一邊憧憬未來，但是她不能享受生活，因為她不知道未來會是什麼樣。梅克爾一次次向她解釋德國的難民政策，說黎巴嫩難民營還有成千上萬個像她這樣的孩子，但是德國不能讓所有人都留下來。總理答應敦促有關部門加快審理速度，讓女孩子不至於再等上幾年。可是言外之意，加速審理也可能意味著她會更快地被迫離開德國。就在梅克爾已開始談起其他話題的時候，女孩子在大庭廣眾之下哭起來。這使梅克爾亂了陣腳，她走到女孩兒面前，撫摩著她的肩頭。顯然，這位久經危機考驗的總理被深深觸動了，沒有腳本、沒有顧問會預見到這種局面的出現，她有些語無倫次。

有人認為，梅克爾自己沒有孩子，因此一時不知道該如何應對這樣的場面，如何既人性化，又不做出無法兌現的承諾。梅克爾與巴勒斯坦女孩的對話在德國媒體引起了強烈反彈。很多評論員批評總理的表現過於理性，缺乏同情心。後來梅克爾和阿爾特邁爾在為自己的難民政策辯護時一再提及當時媒體的批評。看來她十分在意媒體的報導。也許她在九月四日做出決定的那三個小時裡想到了那一次電視直播的公民對話？她對一個難民小姑娘理性解釋德國的政策都被媒體炮轟，那麼她一旦下令關閉邊界、讓荷槍實彈的員警面對手無寸鐵的婦女、兒童，那她這總理還當得下去嗎？

今後歷史學家評價梅克爾功過的時候，這些細節也許已經被人遺忘，但是有一個失誤是無論如何不能不提的，那就是這位元女強人錯誤估計了歐洲夥伴的態度。她以為自己先斬後奏，之後和大家商量一下，歐盟定會拿出整體解決方案。其實她這樣的樂觀毫無道理，因為難民問題已經持續了一段時間，此前沒有任何歐洲夥伴協調步驟、說明難民、打擊非法移民的跡象，而梅克爾這個孤獨的決定使德國陷入前所未有的孤立境地。

孤獨的德國

歐盟從來就不是團結的大家庭，成員國經常為各自的利益吵得面紅耳赤。德、法意見相左是家常便飯，東歐、南歐、西歐、北歐在很多問題上各自為陣，互相扯皮。不過，在大是大非的問題上，在歐盟融合的大方向上，大家又能在最後一刻達成妥協，擰成一股繩。迄今較大的裂痕有兩個：第一個是伊拉克戰爭爆發時，在美國挑唆下，東歐、西歐的立場不可調和，而當時東擴的一步還沒有正式邁出；第二個深深的裂痕出現於歐元危機期間，歐元區內部的債務國和債權國之間似乎勢不兩立。但這場危機不涉及整個歐盟，而且歐元區畢竟在二〇一五年七月的最後一刻沒有將希臘開除出局，保持了歐元區的完整。有歐洲央行做貼身醫生，歐元一時半會不會病危。但是這一場並非突如其來的難民浪潮卻使歐盟陷入了前所未有的危機，與其說歐盟分裂，不如說德國成了孤家寡人。

東歐反對梅克爾最堅決，匈牙利是第一個用鐵絲網保護邊界的國家。波蘭、捷克、斯洛伐克已經和匈牙利一起組成抵制德國難民政策的統一陣線。它們說，製造難民的不是它們，邀請難民來歐洲的也不是它們。而且它們不像德國那樣財大氣粗，沒有容納難民的實力。加上這些國家缺乏多元文化的經驗，特別對穆斯林表現出高於西歐人的恐懼。斯洛伐克曾表示只接收難民中的基督徒。這些國家的強硬態度在某種程度上也是給來自東部的難民看的，畢竟烏克蘭也岌岌可危，隨時有爆發難民浪潮的可能。

法國和英國也明確表示不同意梅克爾的配額方案。法國本來已經被本國的穆斯林問題搞得焦頭爛額，不敢再引火焚身。同時法國的極右勢力已經強大，如果繼續接收難民，無異於為勒龐（Marine Le Pen）[194]拉選票。假如她在二〇一七年當選法國總統，那歐盟、歐元就都可能告吹，這也是德國絕不想看到的，因此德國對法國的不配合表示理解，媒體也不批評法國不夠哥們的做法。在某種程度上，德國缺乏殖民地的歷史，也因此缺乏與穆斯林打交道的負面經驗，也因此比較無畏。英國可以說在整個難民危機中表現得最精明。英國政府只接收在黎巴嫩和約旦的敘利亞難民，因為只有他們是英國人眼中真正的難民。不過主張退歐的政治家成功打出難民牌，使民意在二〇一五年秋天發生逆轉。可以說，假如沒有難民危機，英國的公投不致出現這樣的結果。

南歐國家希臘和義大利是歐盟中最直接受到難民浪潮衝擊的國家。我前面說這場浪潮來得並不突然，因為敘利亞戰爭已經打了好幾年，背井離鄉的敘利亞人已經有幾百萬。戰爭持續時間越長，他們返鄉的希望越小，來歐洲碰碰運氣的可能也就越大。希臘和義大利早就感到力不從心，向歐盟求援。不過當時的德國以《都柏林協議》做擋箭牌。正是當初德國的自私使希臘問心無愧地給大批沒有登記的難民放行。另一方面，希臘和義大利都屬於歐元國中的困難戶（儘管兩國的程度不同），哪裡有財力安置難民？其實，與難民來源地距離最近的既非希臘，也非義大利，而是西班牙。儘管西班牙和摩洛哥只有一步之遙，但二〇一五年抵達西班牙的難民數量微不足道。為什麼？因為馬德里和摩洛哥政府簽了協議，後者必須收回所有從那裡出發的難民。在西班牙強硬政策的震懾下，誰還願意付錢給蛇頭，結果只坐上橡皮艇來一趟往返呢？西班牙的堅決態度也使得西線葬身地中海的難民人數最少（二〇一五年為一〇六人），在東線（希臘線）死亡的難民八〇五人，中線（義大利線）則奪去了兩千八百九十二人的生命。哪種做法更人道不言自明。既然馬德里盡一切努力拒絕接納難民，那麼它也不會接受德國的配額方案。

北歐呢？瑞典、芬蘭、丹麥不是一向以人道著稱嗎？這話不假。不過按照人口比例，瑞典二〇一五年接納的難民數量已經多於德國，居歐盟之首，現在可以說筋疲力盡了。丹麥的中右翼少數政府因為需要民粹的人民黨的支持，針對難民制定了一系列令人瞠目結舌的措施。該國移民部部長毫不諱言地說，就是要讓難民在丹麥怎麼都不舒服。

最讓德國痛心疾首的是奧地利的「背叛」。二〇一五年，奧地利曾是德國在難民問題上最堅定的盟友。但二〇一六年新年伊始，社民黨籍總理菲曼在保守的執政夥伴的壓力下為二〇一六年全年奧地利將接納難民的總數設了上限。二月又對此做了補充：每天只接受八十份避難申請。這一措施也可翻譯為：維也納說什麼也不跟著柏林幹了。不過即使做出了如此讓步，菲曼也沒能保住總理的寶座。

算下來，支持梅克爾路線的只剩下荷、比、盧這三位歐盟元老了。這三國裡，盧森堡是袖珍國，愛莫能助；荷蘭的極右政黨已經在民調中領先，這意味著政府在難民問題上不可能有太大作為，否則將把更多選民向右推；比利時近些年政局動盪，一不小心又成了伊斯蘭國家在歐洲的大本營，因此也是自顧不暇，在難民問題上做不了梅克爾的幫手，只是迄今沒有像奧地利一樣公開反對她的路線而已。歐盟歷史上，德國從沒有像現在這樣孤獨。

其實，梅克爾在科隆跨年夜大規模性侵事件發生後已經在默默地轉向，因為她意識到難民危機已威脅到自己的權力地位，因此把明顯減少難民數量定為最高目標。最簡單的辦法當然是閉關，但二〇一五年九月她把話說得太滿了，現在如果一百八十度大轉彎馬上會有人要求她下臺。於是她想出了三條路並行的方案：改善難民來源國的境況；保護歐盟外部邊界；歐盟成員國分攤難民。這樣，她表面上仍然維持著自己的難民大救星形象，而歐盟夥伴替德國分憂之後，來德國的難民數量會大幅減少。這是梅克爾的如意算盤。

我們來分析一下三個途徑的可行性。第一，歐盟出錢、出力改善難民來源國狀況，當然是最理想的方案，自己國家實現了和平與繁榮，何苦背井離鄉呢？不過，實現這一條需要幾年，甚至幾十年，有的國家根本就沒救。因此這一條不靠譜。再說結束敘利亞戰爭需要美、俄達成一致，歐盟根本插不上話。第二，保護歐盟外部邊界，實際指望的是土耳其。歐盟給土耳其錢，讓它為滯留在本國的兩百萬名敘利亞難民提供工作位置，為難民兒童建學校，讓他們不再動偷渡地中海的念頭。同時讓土耳其看住地中海岸，不給蛇頭可乘之機。假如土耳其配合，這是減少難民數量的捷徑。但這也給了埃爾多安（Recep Tayyip Erdo an）訛詐歐盟的無限空間。第三，作為回報，每年從土耳其接納一定數量的難民，之後在歐盟內部公平分配。這一條的實現目前看起來比登天還難。

也就是說，目前梅克爾把寶押在土耳其身上。在某種程度上，梅克爾的總理位置能否繼續做下去，全看埃爾多安是否配合了。這會給他多大的滿足感啊！十年前當埃爾多安帶領土耳其大刀闊斧地改革、一心想加入歐盟的時候，正是剛剛擔任德國總理的梅克爾沒有認清土耳其的重要性，斷然打消了土耳其入盟的念頭。而現在，這位歐洲女王隔三岔五地來拜見，有德國記者說，梅克爾見埃爾多安的頻繁程度超過了見德國的同僚，埃爾多安能不美滋滋的嗎？難民現在成了埃爾多安手中最大的籌碼，他不僅可以向歐盟要錢，還提出了一系列其他要求，比如給土耳其人免簽待遇。

英國公投脫歐暴露歐盟的弱點

我在本書中多次提到二戰後的歐洲融合是個精英項目。二十世紀五〇年代力促歐洲融合的第一批政治家比較德高望重，他們辦事，老百姓放心；融合有群眾基礎，因為人們對戰爭記憶猶新，儘管對戰爭中的敵人還心存芥蒂，但對歐洲不能再開戰存在共識；在歐洲層面具體操作的從一開始就是一些技術官僚，他們不認為應當向歐洲民眾闡釋自己的計畫；西歐老百姓過著較為艱苦的日子，顧不上關注那些技術官僚在歐洲層面搗鼓什麼。所以才會有莫內的那句名言：「我們在歐洲融合的道路上邁進一步，之後遇到巨大的問題，困境又逼著我們繼續融合。」到後來，精英們習慣了背著老百姓作業，因為普羅大眾既沒有遠見，又缺乏覺悟。現任歐盟委員會主席榮克一九九九年接受《明鏡周刊》採訪時異常坦白地說：「我們做出一項決定，之後靜觀一陣。如果沒有人抗議，因為誰也沒明白我們的決定意味著什麼，那麼我們就再向前走一步，直到沒有退路。」

榮克的這句話是歐洲融合方式的最好寫照。這一套今天行不通了。沒有民主基礎的融合方式已經走進死胡同，過去二十年裡幾次不利於歐洲的公投結果都是證明。當然英國的公投結果與以往有所不同，因為過去丹麥、法國或荷蘭的公投結果都是反對歐洲融合進程中的某一個步驟，而英國這一次是全盤否定，不是拌嘴，是要「離婚」。

歐洲國家人民對歐盟普遍沒有好感的另一個原因是過去幾十年裡布魯塞爾逐漸發展成一個官僚的龐然大物。上萬名公務員的薪酬可觀，再加上各種補貼，成為各國公務員嚮往的地方。而在歐盟機構得到一官半職的當然全力維護這台機器，力圖擴大自己的許可權，接管成員國越來越多的領域，對歐盟人民生活的「關照」越來越具體。這一方面可以顯示自己存在的必要；另一方面也許是因為成員國不肯將核心領域的主權上交歐盟，讓布魯塞爾的官僚們只好把精力放在規定香蕉的彎曲度和淋浴噴頭的水壓這些細枝末節上。

換句話說，歐盟該管的不管，不該管的瞎管。什麼領域該管？比如外交。歐盟雖然有了外交部部長[195]，但是迄今很少在外交政策上用一個聲音說話，最典型的例子是出兵利比亞。聯合國安理會上，英、法隨美國投了贊成票，德國棄權。沒有統一的意見，就容易被其他國家各個擊破。這一次難民危機暴露的歐盟另一個致命弱點是安全領域的各自為營。嫌疑恐怖分子的名字各國寫法都不一致，怎麼溝通有關他的資訊?現在火燒眉毛了，歐盟下決心統一對難民的待遇，以免他們「挑肥揀瘦」，自己挑選目的地。不過從下決心到具體實施恐怕還得幾年的時間，因為歐盟的大多數決定需要二十八個成員國一致通過。

我個人認為，歐洲融合過程中所犯的最大錯誤是縱向、橫向一起來，而且速度過快。當歐盟只是一個經濟共同體時，它給成員國普遍帶來了增長和繁榮。統一貨幣是歐盟縱向發展最大，也是最為冒險的一步。而歐元這個人類歷史上最大膽的貨幣嘗試剛剛啟動，歐盟就決定接收東歐十個國家入盟，橫向跨出了最大一步。

其實，東歐國家在二〇〇四年還遠沒有具備入盟的條件。由於東歐、西歐之間巨大的經濟落差，東歐人民在加入歐盟之後大舉西進。單單英國就吸引了上百萬名波蘭人。歐盟內部移民也成了英國脫歐派手中的一張王牌。德國的犯罪率也在歐盟東擴之後激增。

為什麼當初歐盟急急忙忙地拉東歐國家入夥呢？政治家好大喜功是一個原因，但更重要的原因是當時歐盟擔心如果不讓東歐人快點嘗到歐盟大鍋飯的甜頭，那麼他們很可能轉而投入俄羅斯的懷抱。當時在東歐國家執政的主要是改名換姓的昔日共產黨，對俄羅斯仍然抱有好感。所以說，儘管冷戰結束多年，但是冷戰思維仍然在延續。而且估計美國沒少給歐盟出主意，讓歐洲夥伴趁熱打鐵與俄羅斯爭奪勢力範圍。我認為歐盟當初應該與東歐國家協商一個入盟的三部曲，分階段不斷深入，過二十年再考慮東擴。而歐盟可利用這段時間先改革內部體制，提高效率。可是歐盟還沒真正改革，就又添了十口人，在很多問題上還堅持一致通過的原則，這使歐盟臃腫得走不動路。

對英國這樣一個居於一隅、與歐洲大陸由地理距離而產生心理隔閡的國家來說，眼睜睜看著歐元區幾度瀕臨解體，看著歐盟委員會完全照法國中央集權的思路走，看著心靈手巧的波蘭人如何佔據了自己的服務業，最後看著德國和其他一些西歐國家在難民浪潮面前因束手無策而出爾反爾，最終因為擔心湧入歐洲大陸的幾百萬難民中的一部分會利用歐盟人員流動自由前往英國，實現「後門移民」，所以在公投中多數贊成與歐盟「離婚」。

英國退歐現在就已經是一個劃時代的事件。從一九五一年煤鋼聯營至今，歐洲融合進程歷盡坎坷，最大的打擊是二十世紀五〇年代防衛共同體的失敗和二十一世紀初歐盟憲法的挫敗，但總體來說，融合程度日深，成員國越來越多。現在第一個成員國提出離異，這使歐盟措手不及。德國總理梅克爾和歐盟委員會主席榮克都說沒有B計畫。一般來說，政治家這樣表態是一種策略，實際上他們早就制定了對策，可是這一次歐盟及其頭號成員國德國真的沒有想到脫歐派最終會占上風。直到民調顯示兩個陣營旗鼓相當，歐盟精英都沒當回事，堅信實用主義的英國人會在最後一刻做出維持常態的選擇。可是對英國人來說，自己單幹、懷疑歐洲大陸是常態，英國人從來就沒有百分之百地認同歐盟。

這說明歐盟太自滿了，自滿到無視現實的地步。這可以從歐盟的章程看出來。公投結果剛一公佈，氣急敗壞的歐盟領導人就要求倫敦政府儘快按照《里斯本條約》（Treaty of Lisbon）第五十條提出退盟申請。《里斯本條約》是二〇〇九年生效的。這個歐盟基礎條約第一次為退出歐盟專立了一個條款。不過這仍然只是一種理論上的可能性，因為沒人相信真有哪個成員國會做出這種在歐盟精英看來近乎瘋狂的舉動。因此，這第五十條是擺樣子的，只不過有一個兩年的期限——從申請退盟之日起，歐盟將和相關國家就退出事宜展開為期兩年的討論。這兩年裡，有意退出的國家仍然是完全的成員國，兩年後關係徹底了斷。除此之外，這第五十條實際是個擺設，根本沒有規定「離婚」的具體程式，「離婚」後雙方是什麼關係。因此，有人形容歐盟和英國開始談判的那天起就等於進了一座目的地不詳的電梯。聽著有點令人憂心。

英國脫歐對中國利大於弊

受英國退歐影響最大的當然是歐盟和英國。英國占歐盟經濟總量的十七%，少了英國，歐盟經濟實力先降低了近五分之一；英國是聯合國安理會常任理事國，是擁有核武器的國家，因此英國退出將削弱歐盟的外交和軍事能力。英國就更別提了，離開歐盟，離開世界最大的內部市場，英國不過是一個中號的島國，儘管是一個有著輝煌歷史的中型國家。落單的英國馬上還會面臨蘇格蘭分離出來的危險，少了蘇格蘭，英國就更加形單影隻了。

這一切似乎都和中國不沾邊，畢竟中國距離歐洲那麼遙遠。不過正因為地理距離，中國和歐盟之間沒有領土爭端。對於中國崛起，歐盟沒有美國的心理失衡。這使中、歐之間除了意識形態的差異，不存在根本利益衝突，可以踏踏實實開展貿易。過去二十年裡中、歐貿易往來也確實突飛猛進，不過在中國對外貿易中所占比例仍然不高。比如中國對英國出口只占中國出口總額的二%。換句話說，即使英國經濟因為脫歐而下滑，對中國的影響也不大。不過，英國不僅僅是中國產品的市場；二十一世紀中國投身全球一體化大潮之後，英國是最受中國投資者青睞的歐盟國家。很多中國公司視英國為進入歐洲大陸的橋頭堡，把總部設在倫敦，利用內部市場便利，從歐洲大陸廣招人才。但是假如英國「硬脫歐」，不得不告別內部市場怎麼辦？歐洲大陸的人才是否還能輕易進入英國？這些目前是未知數。因此在英國和歐盟漫長的談判期內，本來有意於英國的中國投資者會採取觀望態度。而由於英鎊貶值，中國在英國的房市投資已經受到負面影響。

經濟正處於轉型時期的中國不希望國外出現不必要的動盪，使本來就不太有勁的世界經濟雪上加霜。因此，英國公投退歐在中國眼裡就是自尋煩惱，沒必要地添亂。最不濟的情況是其他歐盟國家效仿英國，也吵著要出去，歐盟解體，歐洲大亂，這也應當是中國政府最不樂意見到的結局。正因為中國和歐盟沒有利益衝突，因此中國希望歐盟平安，這樣歐元也可以繼續為中國提供一個美元之外的選擇。

此外，英國脫歐將使中國在歐盟失去一個中國利益的代言人。因為英國是歐盟內部自由貿易的最堅定捍衛者，一向反對設立針對中國的貿易壁壘，同時贊成承認中國的市場經濟地位。

既然英國脫歐對中國有如此多潛在不利，為什麼我還要說中國很可能是贏家呢？首先，我不認為英國和歐盟會展開一場互不相讓「離婚戰」。英國最希望留在內部市場，同時限制人員自由流動（主要是外來移民），這是英國一向奉行的「好處占盡，壞處盡可能推給別人」的原則，歐盟不會答應。不過歐盟也不會眼睜睜看著英國「硬脫」。在我看來，「硬脫」最大的受害者不是英國，而是德國。英國迄今是德國第三大出口市場[196]，「硬脫」後大幅貶值的英鎊不僅影響德國對英國出口，也將削弱德國企業在國際市場上與英國同類企業的競爭地位。無論是自由貿易、農業補貼還是反壟斷和數位化，英國一向都是德國最堅定的盟友，因此，英國離去之後德國會很寂寞。出於這些原因，最捨不得英國的也是德國。德國將盡一切努力不讓「離婚」談判太冷酷無情。由於德國目前是歐盟當仁不讓的老大，德國的談判路線也將占上風。

英國和歐盟分家將提高中國對雙方的重要性。英國是最講實用、最不教條的歐洲國家。它不顧美國反對，申請加入亞投行（AIIB），並帶動了德、法、意等一大批歐洲國家。這樣的事情德國人打死也不敢做。二〇一五年十月習近平主席訪問英國，當時的英國首相卡麥隆冒著媒體批評的風險，極盡討好客人之能事，將英國帶入與中國關係的「黃金時代」。儘管卡麥隆人走茶涼，但是繼任德蕾莎・梅伊（Theresa May）馬上抓住杭州二十國集團峰會的機會，再發「黃金時代」的誓言。英國將使出渾身解數，吸引中國投資者。一般來說，自己實力削弱的時候，會條件反射般地討好強勢的朋友，這也同樣適用於歐盟。

英國不能繼續在歐盟做中國利益的代言人了，不過已有國家自告奮勇來接英國的班，比如捷克和匈牙利。中國一向是「分而治之」戰略的高手，「十六加一」合作[197]已讓布魯塞爾急不得、惱不得。現在中國政府更可利用英國與歐盟談「離婚」的時機，擴大自己在中東歐的影響。

英鎊匯率下跌也許給中國投資者帶來千載難逢的機遇。此外，英國脫歐還給歐元帶來變數。兩個國際貨幣受挫，這勢必給人民幣的國際化推波助瀾。

水晶球裡的歐元

德國已故總理施密特有一句名言：「預測是一件很困難的事情，特別是事關未來的時候。」歐元區通過體制改革奮發圖強的可能性不大。債務國或缺乏改革的覺悟（希臘），或缺乏改革的力度（義大利、法國），共同的恐懼是怕失去選票。不過話說回來，改革也不那麼容易，各國國情不同，經營模式不同，有的還根本沒有找到經營模式。德國《明鏡》線上專欄作家明肖（Wolfgang Münchau）曾經寫道：「義大利迄今未能將本國南部和北部的經濟融合在一起，怎麼可能指望這麼大的經濟體與德國接軌呢？」這話說到了重點。各國之間的不平衡本來就難以扯平，綁到一個貨幣區裡難度就更大了。因此，歐元區把希望寄託在歐洲央行身上，指望它在危急時刻成為最後貸款人，解救貨幣聯盟。這實際上也是期待央行在必要的時候削弱歐元，提高競爭力，這是傳統軟貨幣、高通脹國家的招數。儘管目前高通脹還無影無蹤，但歐洲央行的種種舉措都在把歐元區朝這個方向引導，一旦經濟有些起色，通脹也將隨之而至。高通脹還有一個好處：債臺高築的歐元國可以不費吹灰之力地減少債務。

儘管歐元的設計和存在違背經濟規律，但政治精英維護統一貨幣的決心也不可小覷，畢竟它是戰後歐洲幾代人奮鬥的結果。歐元國政府將一邊盡可能悄無聲息地解決債務危機，一邊為歐元做長久打算。而解決債務危機時，政治決策人很可能將通貨膨脹、向富人徵稅和債務重組這三管齊下。適度的通貨膨脹動靜最小，是上策；當這一手段不足以解決問題時，歐元區或向危機國富人徵稅，或向所有公民征財產稅，反正羊毛出在羊身上，誰也跑不了；當政治精英認為金融市場對歐元具備足夠信心的時候，他們也許會考慮進行一次次小規模的債務重組。

歐元區的政治精英會繼續依Muddling Through的模式走，債權國和債務國都會選擇阻力最小的道路，雙方的衝突將伴隨歐元區相當長的時間。從中期來看，由於國家和私人都要節約，縮小債務規模，因此歐元區經濟增長的潛力有限，同時政治決策人將利用通脹擺脫債務，這使人想起二十世紀八〇年代的義大利。德國商業銀行（Commerzbank）首席經濟師克雷默爾（Jörg Krämer）認為歐元區的中期前景是一個義大利式的貨幣聯盟。也就是說，歐元將越來越疏遠馬克（原來柯爾答應德國人歐元將是歐洲層面的馬克），而越來越接近里拉。

儘管歐元成色越來越差，但是對東南歐和東歐國家來說仍然具有吸引力。因此假如貨幣聯盟添加新成員的話，它們只可能來自東邊，富裕的北部和西北部國家將更加對歐元避之唯恐不及。不僅如此，已經使用歐元的富裕國家在英國榜樣的帶動下退出歐元區的可能性會增加。您可能會說，英國並不是歐元國啊。這不錯，英國退出的是歐盟，不是歐元區。但是俗話說，榜樣的力量是無窮的。英國走出了第一步，如果「離婚」期間沒有大吵大鬧，最後英國的日子過得並不差，那麼對其他國家會起到帶動作用。像芬蘭和荷蘭這樣的國家，為歐元區裡的債務國埋單好幾年，而危機國並不見什麼起色。因此不排除北歐國家退出歐元，繼而出現南、北兩個歐元區的可能。北歐元區將包括荷蘭、芬蘭、奧地利、比利時、盧森堡、愛爾蘭、斯洛伐克、斯洛維尼亞、波羅的海沿岸三國（立陶宛、拉托維亞和愛沙尼亞）和德國；南歐元區的成員將是義大利、西班牙、葡萄牙、賽普勒斯、馬爾他、希臘和法國。二〇一六年九月，當歐元區財長在布拉迪斯拉瓦討論希臘改革進程是否符合債權國要求時，我們假想中的南歐元七國在雅典召開反緊縮政策峰會，似乎已為歐元區分裂拉開序幕。但考慮到貨幣聯盟的目的是把法、德兩個宿敵綁在一起，以維護歐洲大陸的和平，因此我很難想像法國和德國會分屬兩個不同的貨幣區。也正是出於這個原因，我一直認為歐元區分裂的可能性不大。但英國退歐使這個選項成真的可能性增加。當然，歐元區徹底瓦解的可能也依然存在，儘管十分有限。

我個人認為，在歐元解體、南北歐元和里拉歐元這三個選項當中，義大利式貨幣聯盟的可能性最大。前提是不出現什麼特別的意外事件。

歐盟前途未卜

二〇一六年看來是歐盟的背運年。英國公投脫歐的打擊還沒有消化，美國又發生政治地震。對歐洲主流媒體來說，川普是種族主義的自戀者，是調戲婦女的騙子，是偷稅漏稅的煽動家。我的德國同事和朋友提起川普就恨不得嘔吐。《明鏡周刊》二〇一六年十一月十四日期刊封面文章的標題是《（我們熟悉的）世界的終結》。此間媒體的基調是，與川普當選相比，英國脫歐簡直可以忽略不計了。生活就是這樣不公，你以為壞到不能再壞了，卻還有更壞的事情等著你。

我覺得大可不必那麼驚慌。川普當選對歐洲來說未必是壞事。我在前面說過，「二戰」後西歐認美國做了乾爹。美國推出「馬歇爾計畫」幫助西歐重建，政治上推動歐洲的一體化，軍事上把北約變成了西歐的保護傘。聯邦德國可以說是北約最大的受益者。因為蘇聯一旦對西歐下手，首當其衝的是德國。對德國和其他西歐國家來說，美國的軍事保護承諾讓自己既省錢又省心。當然，美國這樣做不是出於對歐洲乾兒子的關愛，而是為了使自己在與蘇聯的對抗中佔據優勢。因此總體來說，在冷戰時期，美國更需要北約和歐洲；而在冷戰結束之後，面對普丁（Vladimir Putin）領導下的咄咄逼人的俄羅斯，歐洲似乎比以往任何時候都更需要美國的保護，因此，這回是歐盟（特別是新加入歐盟的東歐國家）緊緊抱住美國的大腿不放。

就在這時候，川普當選總統。美國外交重心在歐巴馬任期內就已經轉向亞太地區，川普是否更將對歐洲撒手不管呢？有這樣的可能。而這也正是歐洲走向成熟和獨立的好機會，對德國來說尤其如此。過去幾十年裡，德國習慣了小媳婦的角色，每次在安理會表決的時候都要先看看美國的態度。[198] 當美國需要德國支票的時候，歷屆德國政府都沒有過絲毫的猶豫。最典型的例子是柯爾政府通過提高增值稅來資助第一次海灣戰爭。連總理手機被人竊聽，也只能牙掉了往肚子裡咽。況且梅克爾早已被歐巴馬的魅力攻勢降伏。現在來了個六親不認的主子，選戰中就一再聲明將不再讓之前搭便車的歐洲人佔便宜。雖然川普不會解散北約，但他將像黑社會的老大一樣收取保護費。這實際上是逼迫歐盟獨立自強，已經有人重新撿起建立歐洲軍隊的話題。而在這個時候英國退出未嘗不是好事。英國做了幾十年美國的臥底，對所有可能使歐盟對美國構成競爭的決議投了反對票。現在這個絆腳石自己挪開了，歐盟擺脫對美國依賴的概率上升。另外，美國過去幾十年裡不斷插手歐盟的事務，並非總是以歐洲的健全發展為目的。比如敦促歐盟接納保加利亞和羅馬尼亞，這明明是為了在經濟實力上削弱歐盟，同時對俄羅斯形成包圍之勢。美國還主張把土耳其拉入歐盟，幸好聯盟內的保守勢力「殊死抵抗」。從這個意義上說，假如川普對歐洲的熱情降低，倒有助於歐洲人學會自己掌握自己的命運。

川普遠遠不是歐盟面臨的唯一一個未知數，就在歐盟家門口還有另外一個不安定因素——烏克蘭。在烏克蘭問題上，歐盟的做法有誤。它應當從一開始就向烏克蘭說明，鑒於該國的地理位置，它應當成為俄羅斯和歐盟之間的緩衝地帶。這並不意味著歐盟對烏克蘭撒手不管。它可以與俄羅斯共同維護烏克蘭的穩定，並幫助那裡的經濟發展。但歐盟不改好大喜功的毛病，扶植烏克蘭親歐盟的勢力，並因此而惹惱俄羅斯。現在歐盟騎虎難下，既要譴責普丁佔領克里米亞半島的行為，又要依賴俄羅斯總統實現烏克蘭的和平。如果川普和普丁真互相欣賞，美、俄達成某種默契，那麼這將是中東的福音，也會使德國鬆口氣。二戰後美國最擔心的就是德國走第三條道路，甚至在美、蘇之間選擇蘇聯。華盛頓因此對二十世紀七〇年代勃蘭特的東方政策將信將疑；冷戰結束，柯爾和戈巴契夫的親密再度使美國皺眉頭；施羅德與普丁親如兄弟那一段是美國最不爽的。直到親美的梅克爾上臺，華盛頓才放心。不過，梅克爾在克里米亞事件後對俄羅斯的譴責和制裁似乎仍然沒有達標。現在，德國不用擔心來自美國的對俄羅斯過於溫情的指責，卻不能不考慮波蘭和波羅的海三國對普丁的恐懼。置身如此複雜的關係，也夠難為德國領導人的。

德國的難處還不止於此。如何勝任歐盟領袖的角色，同時又不引起鄰居對德國強勢的擔憂，這是德國政府面臨的巨大挑戰。二戰後歐洲融合的推動力主要來自法國和德國。有時候德國做軍師，法國帶頭（施密特和德斯坦）；有時候正好反過來（柯爾和密特朗）。現在德國成了當之無愧的老大；法蘭西這個曾經獨霸歐洲大陸的驕傲民族則顯得越來越力不從心。德、法平起平坐的局面一去不復返。此外，近幾年危機處理過程中歐洲理事會的地位上升，換句話說，成員國政府說了算。這與歐羅巴合眾國的理想背道而馳，同時使德國處在極為尷尬的境地。因為出於歷史的原因，德國不斷表現出歐洲至上的衝動，但在理事會會議（歐盟峰會）上，德國又是必須為本國利益斤斤計較的成員之一，而且由於自身的分量可以處處占上風，給其他國家的感覺是：歐洲逐漸變成了德國的歐洲。德國著名作家湯瑪斯・曼（Thomas Mann）在幾十年前就曾警告說：「德國應當是歐洲的德國，而不是把歐洲變成德國的歐洲。」領導而不是獨霸歐洲，這需要德國政治精英具備高超的素質：洞察力、前瞻力，該果斷時不猶豫，該寬厚時不小氣，一句話，做個會營造團隊氣氛的老大哥。梅克爾的表現如何呢？在歐元危機中對南歐國家不夠寬厚，得了「鐵娘子」的外號；面對難民浪潮，「鐵娘子」變成了聖母，並讓歐洲夥伴一起埋單。德國不孤立才怪。在此氛圍下，歐洲融合將進入一個相當長的停頓期。

歐盟面臨的最大威脅來自聯盟內部——各國強弱不一的民族主義勢力。匈牙利和波蘭的民粹黨已經執政，法國國民陣線和荷蘭自由黨摩拳擦掌。德國的民粹黨——另類選擇黨成立較晚，而且內部嚴重分歧。如果不是梅克爾難民政策的刺激，選擇黨根本成不了現在這樣的氣候。不管這些老牌西歐國家的民粹黨最終能有多大作為，歐洲整體向右轉已是不爭的事實。這不只因為難民危機，但難民浪潮無疑加速了這一進程。川普的當選更使它們深受鼓舞。

這些民粹黨視歐元和歐盟為眼中釘。一旦它們上臺，很可能將在本國就退出歐元和歐盟舉行全民公投，歐洲幾代政治家努力奮鬥的結果將可能毀於一旦。儘管歐盟很不完美，但如果大家散夥搞單幹，即使是實力最雄厚的德國，也將不過是一個人口和面積都不起眼的中型國家。在中國、印度等大國崛起的背景下，歐洲人也越來越意識到聯合起來的必要性。這個共識也許會在最危急的時刻保全歐盟。

民粹黨能成多大的氣候也取決於德國和歐洲是否承受得住與成百上千萬穆斯林移民之間的宗教和文化衝突。二〇一五年歐洲經歷的是難民浪潮還是民族大遷徙？已經有人聯想到五世紀西羅馬帝國的覆亡。當時的外來者是日爾曼人、匈奴人和波斯人。

注釋

173 Charles Ponzi（1882—1949）：移民美國的義大利人。

174 Bernard Madoff（1938—）：著名騙子，證券交易人，曾任納斯達克主席。

175 Philipp Krohn, Irland leidet unter Finanzkrise und Schwäche am Häusermarkt. Frankfurter Allgemeine Zeitung. 29. November 2007.

176 Emergency-Liquidity Assistance，簡稱ELA。

177 Peter Ludlow：被《金融時報》稱為最瞭解布魯塞爾內情的人，曾長期擔任布魯塞爾歐洲政策研究所的所長。

178 Henrik Müller, Euro-Vision: Warum ein Scheitern unserer Währung in die Katastrophe führt (Frankfurt: Campus, 2012)

179 指社民黨和綠黨聯合執政的政府。

180 Hans-Werner Sinn, Die Target-Falle: Gefahren für unser Geld und unsere Kinder (München: Hanser, 2012)

181 Jorge Bucay, Komm, ich erzähl dir eine Geschichte (Frankfurt: Fischer, 2011)

182 這是弗斯特教授二〇一三年接受作者的採訪時說的。

183 萬巴赫教授接受作者採訪時所言。

184 Hans-Werner Sinn, Die Target-Falle: Gefahren für unser Geld und unsere Kinder (München: Hanser, 2012)

185 馬什二〇一二年接受作者採訪時所言。

186 喬良：《帝國之弧—拋物線兩端的美國與中國》，武漢：長江文藝出版社，二〇一六年版，第十七頁。

187 美元。

188 二〇一三年德國媒體報導，總理梅克爾的手機多年受到美國情報部門竊聽。梅克爾表示了一下憤怒，但歐巴馬表示目前沒有，今後也不會竊聽她手機之後（沒有說明過去是否竊聽過），梅克爾不再追究，甚至在同年歐巴馬訪問德國時為他解圍，稱網際網路對我們來說還是一塊處女地。

189 指歐盟委員會、歐元區和歐洲央行。

190 Outright Monetary Transactions.

191 只有賽普勒斯例外。因為這個袖珍國家無足輕重，於是歐元區拿它做試驗。

192 由於德國總理梅克爾和法國前總統薩科奇合作默契，因此媒體稱他們為梅科奇。

193 德國《時代周報》派出一個記者團隊採訪了對二〇一五年九月初那個週末產生影響的所有當事人，在二〇一六年第三十五期花七版篇幅刊登題為《德國失控的那個夜晚》的大事記。我在這裡簡要編譯。

194 Marine Le Pen（1968—）：二〇〇四年進入歐洲議會，是法國極右政黨國民陣線的主席。

195 正式稱呼是外交專員，目前擔任該職的是義大利人莫格裡尼女士。

196 排在前兩位的是美國和法國，第四是荷蘭，中國排第五。

197 這是中國和中東歐十六個國家密切合作的模式。

198 二〇一一年德國對軍事干預利比亞的決議投棄權票不是德國獨立外交的例證，而不過是個例外。德國政府因此受到美國及其盟友和國內部分媒體的激烈批評。

參考文獻

1. 喬良：《帝國之弧：拋物線兩端的美國與中國》，武漢：長江文藝出版社，二〇一六。
2. 王湘穗，喬良：《割裂世紀的戰爭：朝鮮1950—1953》，北京：國防大學出版社，二〇一六。
3. 〔法〕勒內・格魯塞：《偉大的歷史》，秦傳安譯，南京：江蘇人民出版社，二〇一五。
4. 〔日〕陳舜臣：《中國歷史風雲錄》，陳亞坤譯，桂林：廣西師範大學出版社，二〇〇九。
5. Armin Fuhrer, Norman Haß. Eine Freundschaft für Europa: Der lange Weg zum Élysée-Vertrag. München: Olzog, 2013.
6. Christopher Clark. The Sleepwalkers: How Europe Wentto War in 1914. München: dtv, 2013.
7. Claude Prévost. Geschichten aus der Geschichte Frankreichs seit 1945. München: Luchterhand, 1989.
8. David Marsh. Der Euro: Die geheime Geschichte der neuen Weltwährung. Hamburg: Murmann, 2009.
9. Dietrich Schwanitz. Die Geschichte Europas. Frankfurt: Eichborn, 2003.

10. Drutmar Cremer. Maria Lach: Ort der Begegnung. Braunschweig: Buch- und Kunst, 2014.
11. Dorothea und Wolfgang Koch. Konrad Adenauer: Der Katholik und sein Europa. Erlangen: MM, 2013.
12. Eduard Erkes. China und Europa. Leipzig: Volkund Buch, 1947.
13. Ernst Deuerlein. Hitler: Eine politische Biographie. München: List, 1969.
14. Erich Maria Remarque. Im Westen nichts Neues. Köln: Kiepenheuer & Witsch, 2014.
15. Frank Sieren. Geldmacht China:Wie der Aufstieg des Yuan Euro und Dollar schwächt. München: Hanser, 2013.
16. Gregor Schöllgen. Willy Brandt. Berlin: Propyläen, 2001.
17. Günter Buchstab, Rudolf Uertz. Was eint Europa: Christentum und kulturelle Identität. Freiburg im Breisgau: Herder, 2008.
18. Hans August Lücker. Robert Schumann und die EuropäischeEinigung. Bonn: Bouvier, 2000.
19. Henrik Müller. Euro-Vision: Warum ein Scheitern unserer Währung in die Katastrophe führt. Frankfurt: Campus, 2012.
20. Hans-Joachim Noack. Willy Brandt: Ein Leben, ein Jahrhundert. Berlin: Rowohlt, 2013.
21. Hans-Peter Schwarz. Helmut Kohl. München: DVA, 2012.

22. Hans-Werner Sinn. Die Target-Falle: Gefahren für unser Geld und unsere Kinder. München: Hanser, 2012.
23. Hans-Werner Sinn. Gefangen im Euro. München: Redline, 2014.
24. Helmut Schmidt. Ein letzter Besuch: Begegnungen mit der Weltmacht China. München: Siedler, 2013.
25. Hermann Boekhoff, Fritz Winzer. Weltgeschichte der abendländischen Kultur. Braunschweig: Westermann, 1963.
26. Jean Monnet. Erinnerungen eines Europäers. München: dtv, 1983.
27. Jonathan Carr. Helmut Schmidt. Berlin: ECON, 1993.
28. Joseph Rovan. Der Aufbau der Hitlerjugend. Alfred Grosser ed. Wie war esmöglich. München: Hanser, 1977.
29. Jorge Bucay. Komm, ich erzähl dir eine Geschichte. Frankfurt: Fischer, 2011.
30. Jürgen Malitz. Nero. München: C.H.Beck, 2013.
31. Karen Armstrong. Über die Bibel. München: dtv, 2008.
32. Karl-Heinz Göttert. Die Ritter. Stuttgart: Reclam, 2011.
33. Konrad Adenauer. Erinnerungen 1945-1953. München: dva, 1987.

34. Konrad Adenauer. Erinnerungen 1953-1955. München: dva,1966.
35. Kurt Nowak. Das Christentum. München: C.H.Beck, 1997.
36. Matthias Waechter. Helmut Schmidt und Valéry Giscard d'Estaing. Bremen: Edition Temmen, 2011.
37. Otmar Emminger. D-Mark, Dollar, Währungskrisen. München: DVA, 1986.
38. Peter Longerich. Hitler. München: Siedler, 2015.
39. Philipp Bagus. Die Tragödie des €uro– Ein System zerstörtsichselbst. München: FinanzBuch, 2011.
40. Rolf Hellmut Foerster. Die Idee Europas 1300-1946 . München: dtv, 1963.
41. Thilo Sarrazin. Europa braucht den Euro nicht. München: DVA, 2012.
42. Thomas Schuman. Persönlichkeiten der Europäischen Integration:Robert Schuman. Bonn: Europa Union, 2010.
43. Tiziana Di Maio. Alcide De Gasperi und Konrad Anedauer: Zwischen Überwindung der Vergangenheit und europ ischem Integrationsprozess. Frankfurt:Peter Lang, 2014.
44. Valéry Giscard d'Estaing. Macht und Leben: Erinnerungen. Berlin: Ullstein, 1988.
45. Wilfried Loth. Europas Einigung:Eine unvollendeteGeschichte. Frankfurt: Campus, 2014.

46. Wilfried Loth, Robert Picht. De Gaulle, Deutschland und Europa. Leverkusen: Leske+Budrich, 1991.

47. Wolfgang Schluchter. Max Webers Studien über Konfuzianismus und Taoismus. Berlin: Suhrkamp, 1983.

48. Catherine Nay. Le Noir et Le Rouge: Biographyof Francois Mitterand Mitterand. Paris: Librairie generale francaise, 1996.

49. David Marsh. Beim Geld hört der Spaß auf –Warum die Eurokrise nicht mehrl sbar ist. Zurich: Europa, 2013.

50. Dominik Geppert. Ein Europa, das es nicht gibt. Zurich: Europa, 2013.

國家圖書館出版品預行編目（CIP）資料

從查理大帝到歐元：歷史激盪與變局中的歐洲統一夢 / 張丹紅著. 初版／臺北市:大寫出版:大雁文化發行, 2017.11
432面;16*22公分 (知道的書Catch On ; HC0081)
ISBN 978-986-95197-8-6 (平裝)

1.西洋史

740.1　106015263

大寫出版Catch On 書系 HC0081

從查理大帝到歐元
歷史激盪與變局中的歐洲統一夢
From Charlemagne to Euro
Europe's Dream to Be Intergraded

著　　者　張丹紅
特約編輯　于念平
封面設計　許晉維

行銷企畫　郭其彬、王綬晨、陳雅雯、邱紹溢、張瓊瑜、蔡瑋玲、余一霞、王涵、汪佳穎
大寫出版　鄭俊平、沈依靜、李明瑾
發 行 人　蘇拾平

地　　址　台北市復興北路333號11樓之4
電　　話　（02）27182001
傳　　真　（02）27181258
發　　行　大雁文化事業股份有限公司
服務信箱　andbooks@andbooks.com.tw
劃撥帳號　19983379
戶　　名　大雁文化事業股份有限公司

初版一刷　2017年11月
定　　價　新台幣480元
I S B N　978-986-95197-8-6

本書如遇缺頁、購買時即破損等瑕疵，請寄回本社更換